MINERVA
はじめて学ぶ
保育

名須川知子／大方美香
|監修|

教育原理

三宅茂夫
|編著|

ミネルヴァ書房

監修者のことば

　本シリーズは、保育者を志す人たちが保育を学ぶときにはじめて手に取ることを想定したテキストになります。保育や幼児教育、その関連領域に関わる新進気鋭の研究者や実践者の参画を得て、このテキストはつくられました。

　2015 年に「子ども・子育て支援新制度」がスタートし、2018 年には新しい「保育所保育指針」「幼稚園教育要領」「幼保連携型認定こども園教育・保育要領」が施行されました。新「保育所保育指針」においては 0 〜 2 歳児の保育の充実や、保育所における幼児教育の重要性が提示され、新「幼稚園教育要領」では、3 歳児からの教育の充実、新「幼保連携型認定こども園教育・保育要領」では、0 歳児からの 3 つの視点と、3 歳児からの 5 つの領域の連続性が示されています。また、新指針・要領共通で、小学校からの学びの基盤としての「幼児期の終わりまでに育ってほしい姿」が 10 項目の形で提示されました。

　つまり、これから保育者を目指す人たちは、今後は保育所・幼稚園・認定こども園が共通の枠組みで、高い専門性をもって、子どもの健やかな育ちや豊かな学びを支えていく時代となる、ということを理解しておかなくてはなりません。

　また、新指針・要領においては、保育における全体的な計画の作成や評価のあり方、また、小学校への接続についても充実を図る必要性が示されました。保育者は、乳幼児の自発的な遊びのなかでの学びをとらえ、一人ひとりの子どもの成長発達に合わせて、小学校へつなぎ支えていく役割であることが、ますます求められています。

　保育をめぐる現在の動向は日々変化しており、まさに激動の時期といえます。最新の動向を常に学ぼうという姿勢が、これからの保育者にはますます必要となるでしょう。そこで本シリーズでは、保育者が知っておくべき最新の動向については豊富に、これから学ぼうとする人にもわかりやすく解説しています。一方で、昔から変わらず重要とされている基礎的な事項についても押さえられるように配慮してあります。また、テキストを読んだあとで、さらに学習を進めたい人のための参考図書も掲載しています。

　みなさんが卒業し、実際に保育者になってからも、迷いがあったときや学びの振り返りとして、このテキストを手元において読まれることを期待しています。

2020 年 1 月

名須川知子

大方　美香

はじめに

「Society 5.0」、聞き慣れない言葉ですが、「第5期科学技術基本計画」においてわが国が目指すべき未来社会の姿として提唱されました。これまで人類が築いてきた社会のあり方（狩猟社会〔Society 1.0〕、農耕社会〔Society 2.0〕、工業社会〔Society 3.0〕、情報社会〔Society 4.0〕）に続く、「サイバー空間（仮想空間）とフィジカル空間（現実空間）を高度に融合させたシステムにより、経済発展と社会的な課題の解決を両立する」という新たな社会のあり方を示したものです。果たしてAIの進歩やビッグデータの活用などに象徴される社会の変化は、我々の将来を豊かに、幸福にしてくれるのでしょうか。

今後、訪れる世の中を見通すのは、さらに難しい時代となっています。社会の変化は著しく、スピードは一段と加速することが予想されるがゆえに、そうした中で「持続可能な社会」の担い手となる有意有能な人材の育成において教育への期待や要請はいっそう大きなものとなっています。不確定な時代の変化を想定しながらも、たくましく豊かに「生きる力」を備えた人間の育成を目指し、「社会に開かれた教育課程」をキーワードに保育・学校教育などで一貫した教育改革が進められています。それらはこの度の「幼稚園教育要領」「保育所保育指針」などの改訂（定）において、学校教育・保育を一貫させた「資質・能力」の育成として示され、幼保小、小中、中高連携など、生涯学習における学びの連続性として園・所・校種間の連携において具体的に進められることが推奨されています。

幼児教育や保育でも、子どもの「育ち」や「育て」における環境の大きな変革期といえます。最近においても、子ども・子育て支援制度、幼児教育・保育の無償化など大きな制度改革が実施されています。このような現代だからこそ、改めて子どもの生涯にわたる人間形成に大きく寄与する教育・保育という営みの再検討・再構築が求められます。保育者には、教育・保育の「不易」である部分を踏まえながらも、深遠な視点で現状にあわせて「流行」を捉えていく専門性が求められます。

その足がかりとなるのが教科目としての「教育原理」です。「教育原理」は、幼稚園教諭免許課程では「教育の基礎的理解に関する科目」、保育士課程では「保育の本質・目的に関する科目」に位置づけられ、教育という営みの基本原則などの理解を目的とする科目です。また、専門性として今後学ぶそれぞれの分野への展開の道筋を明らかにする科目でもあります。そこで本書は、①「教育の意義、目的及び児童福祉等との関連性」、②「教育の思想と歴史的変遷」、③「教育の制度」、④「教育の実践」、⑤「生涯学習社会における教育の現状と課題」について、理解を図ることを目的としました。

本書が教育・保育に携わる人や志す人々の「子どもってすごい」「教育・保育ってすばらしい」「いい保育者になりたい」と思うきっかけや糧となり、すばらしい保育者になるために多くのみなさんにご活用いただけましたら幸いです。

2020年1月

三宅　茂夫

「指定保育士養成施設の指定及び運営の基準について」（平成15年12月9日付け雇児発第
1209001号、最新改正子発0427第3号）において5つの目標が明示されている。①教育の
意義、目的及び子ども家庭福祉等との関わりについて理解する。②教育の思想と歴史的変
遷について学び、教育に関する基礎的な理論について理解する。③教育の制度について理
解する。④教育実践の様々な取り組みについて理解する。⑤生涯学習社会における教育の
現状と課題について理解する。本書も、これらの目標を達成するように、内容を考えてい
る。

第 1 章

教育の意義、目的および児童福祉等との関連性

本章では、「教育」という言葉の意義や目的、教育と福祉等との関連性について学んでいきます。また、家庭や地域、社会等と関連しながら行われている人格・人間形成について、今日的な課題や取り組みを踏まえたうえで学習していきましょう。

教育の意義

このレッスンでは、「教育」という言葉にはどのような意味や意義があるのかについて学びます。「教育」については、立場によってさまざまな受け止め方があります。このレッスンでは、「公教育」としての観点から、「教育の基本」を導き出してみます。

1．「教育」をめぐる語源・語義

　教育は、人々の、とりわけ子ども一人ひとりの「成長」「成熟」「発達」「育ち」のための計画的・意図的営為です。慈愛に満ちた、温かいまなざしを惜しみなく向ける、こだわりの関わりです。「慈愛に満ちた、温かい」といっても、その過程にあっては、必ずしも「穏やか」「ほんわか」「優しい」「笑顔」などの表現や行為にとどまるものではありません。時には「厳しい」「緊張」「真剣」「怖い」などといった表現や行為もあります。こうした表現性に織りなされてこそ、ふくらみのある実践としての教育があります。

1　educationの語源

　「教育」をめぐる語源にも、その言葉に込められているさまざまな意味があります。英語では、“education”です。フランス語にもドイツ語にも、これに類似する語彙があります。16世紀ルネサンスの人文主義者たち（ギリシャ・ローマの古典学の復興者）が使用しはじめたとされます。ラテン語の“educatio”を音訳したものであり、“educare”にも相当するものです。ラテン語の“educatio”は、「指導者」を意味する“dux”と“ducis”を語源としています。この概念が発展して、動詞の“ducere”（導く／命令する）が派生し、この動詞から、“educere”（外に引き出す）と“educare”（外から形づくる）の対称的関係性にある語彙が派生したとされています。“e”は「外へ」、“care”は「引き出す」の意味が、語源的には含まれているようです。

　こうした相反する方向性を含む二重の意味は、「教育」の本質に関わる概念を構成する基盤となっています。たとえば、「自己成長」と「教授」は、対極にある概念でありながら、交錯的関係にあることを示唆するも

のです。教育における表裏一体的な概念枠です。とりわけ子どもの教育とは、子どものなかにある素質なり可能性を、さまざまな能力へと引き出し、形づくっていく意図的・計画的営みであるとする点は、少なからず共通のものとして理解されているところです。

2　ドイツにおける教育学的語義

　ドイツにおける教育学的語義からは、"Bildung"があります。この言葉は、"bebauen"（切る）、"glatten"（磨く）などの意味を内在する"bil"から導かれるものです。ここから、"Bildung"は、"Bebauen Formen"（切り整えられた形）を意味する言葉として受け止められて、技術的・芸術的な造形の意味で用いられてきました。その後、有機的本質である人間の内的形式を表現する言葉として解釈されるようになりました。今日のドイツ教育学では、「個性ないし人格の形成」あるいは「人間の諸能力の総体的・調和的統一」と定義づけられています。

　一般的には、"Bildung"は「陶冶」と訳され、学校教育では、教科指導および学習指導のこととして受け止められています。これ以外の教育活動については、"Erziehung"（訓育）が用いられています。具体的な教授活動については、"Unterricht"（教授）が用いられています。

3　「教育」という漢字の語源

　「教育」という漢字にも、それなりの語源があります。中国語としての「教」と「育」の合成語です。「教」には、その文字の形には変化があるものの、語源的には次のような解釈があります。子どもが、屋根のある家のなかで、台の上に両手をのせて、木片を交差させて文字を書いている様子と、子どもの活動が首尾よく行えるように、その傍らで、大人もしくは教師が鞭をかざして管理・監督をしている様子が合わさった状況を表しているといわれています。子ども自らが「学ぶ」ことと、子どもに「教える」ことは、同時的・即時的であって、その一体化された概念が、漢字の「教」には含まれているようです。「育」にも、その文字の形には変化があるものの、語源的には次のような解釈があります。この漢字は、母親が子どもを産んでいる状態を示したものです。母親の肉体から逆さの状態で生まれた子どもに、肉づけをしながら正常な子どもにしていくとする意味の響きがあるといわれています。

　このように、「教」と「育」の合成語としての「教育」は、それぞれの二面性によってその概念が構成されていると受け止めてもよさそうです。大人や教師が、子どもに対して愛の鞭を行使しながらも、文字を習

得させるとともに、子ども自身で学ばせながら肉づけをさせ、人間へと歩むように導いていくといった意味が、「教育」の語源にあります。時代をはるかに超えた今日の「教育」にあっても、少なからず、多面的な意味や概念が把握されるのではないでしょうか。

2．「教育」の多様な言い表しと類似語

「教育」をめぐっては、多様な言い表し方があります。「教育」の類義語を列記すると、「保育」「養育」「育児」「保護」「育成」「養護」「子育て」「指導」「援助」「支援」「配慮」など、いずれも日常的に用いられている語です。これらは、意識的にというよりも、無意識的に、文脈の自然な流れのなかで使い分けられています。

家庭の場面では、「育児」「養育」「子育て」「保護」「育成」をはじめ、「家庭保育」「家庭教育」などの語も使われています。保育所、幼稚園、認定こども園、また児童福祉施設などの場面では、幼児期の「教育」「保育」をはじめ、「養護」「保護」「援助」「支援」「指導」「配慮」「育成」などが使われています。小学校や中学校などの「学校」の場面では、「教育」「指導」「支援」「援助」「配慮」などが使われています。

これらの語の概念や用い方は、辞書的には規定されているとしても、必ずしも明確な境界線があるわけではありません。「教育」をめぐっては、さまざまな含みをもった意味世界があります。そのため、「教育」という言葉は、限定的ではなく柔軟に受け止めていくことが必要です。

3．　教育のシステム・パラダイム

✖ 用語解説
パラダイム
もののとらえ方や考え方のこと。

「教育」は、どのような**パラダイム***として把握できるのでしょうか。「教育」という言葉のみにこだわった受け止め方では、「教育」というものの本質を見失ってしまいがちです。ここでは、「教育」を社会的システムとして受け止め、「教育」の意味世界を探りながら、「教育」の輪郭を可視化してみましょう。

▌1▶ 教育構造の多重性

「教育」の構造には、大まかにいうと見える表層構造と見えにくい深層構造があります。ここで示す「表層構造」（顕在構造）は、容易に観察することのできる教育構造です。学校教育においては、「教育内容」「教

育時間」「教材」「教科書」「教師行動」「座席配置」「記述された教育計画」
（学校要覧、教育課程、指導計画）、「時間割」「服装」「通学方法」「校舎」
「校地環境」「設備」「教室環境」「学級規模」「教職員の構成」などです。
「深層構造」（潜在構造）は、容易には観察されにくい教育構造です。教
育活動やカリキュラムにそれとなく映し出される教師の教育観、子ども
観、発達観、教材観、学力観、基礎学力、社会人基礎力、専門的知識・
技術力、人生観、職業観などです。これらは見えにくいところがあると
しても、教師の資質・能力として、受け止めることができます。いわば
教師の教育に関するイデオロギーでしょうか。

　かつて「オープン・エデュケーション」が、授業の考え方や進め方と
して推進されたことがあります。オープン・エデュケーションでは、多
くの「コーナー」（ブース）が設定されて、幼児・児童の多様な学びを
誘引するような授業の展開が行われていました。「コーナー」を設定す
ることが、学びのアラカルトを保障するかのごとく錯覚されていたよう
です。「コーナー」を設けるという授業形態に重点が置かれる傾向があ
りました。しかし、こうした傾向に警鐘をならしたのは、**スポデック**[*]
やウォルバーグ（Walberg, H. J.）らのグループの人たちです。「オー
プン・エデュケーション」は、形態としての「コーナー」に教育の特色
があるのではなく、むしろ子どもたちの学びの自由度を高めることにあ
ると、彼らは指摘しています。オープン・エデュケーションは「デモク
ラシー」を基盤にした教育システムであり、今日的なキーワードで受け
止めるならば、「インクルーシブ教育」につながる、教育戦略への試み
であったといえます。表層構造としての「コーナー」は、深層構造とし
ての「デモクラシー」が滲み出す構造です。

　同様の図式については、**キング**[*]にも指摘されています。キングは、
イギリスの幼児学校の教育実践について、教師行動（表層構造）と教師
が無意識に潜在させている教育イデオロギー（潜在構造）とをつなぎな
がら、長期的な参与観察を通して、その把握を解き明かしています。教
師の授業実践における「表」と「裏」の一体的な文脈を検証しています。

　教師の教育に関する考え方が、教育の形態や方法などの振る舞いに見
え隠れするとすれば、何気ない教師の総体としての教育ストラテジー（戦
略）は、子ども一人ひとりの生涯を大きく左右する背景基盤になりそう
です。

2　教育の成果・効果を生み出す教育装置

　「**教育装置**[*]」として、教育を社会システムから受け止めてみましょう。

👤人物

スポデック
（Spodek, B.）
1931年〜
アメリカの幼児教育学者で、
幼児期のカリキュラム開発
の指導者。研究同人とし
て、ウォルバーグが参画し
ている。主な著書に『オー
プン・エデュケーション入
門』がある。

キング
（King, R.）
1934年〜
イギリスの教育社会学者。
学級社会のエスノメソドロ
ジー研究の第一人者。主な
著書に『幼児教育の理想と
現実』がある。

❇用語解説
教育装置
社会科学概念である「装置
論」をもとにした概念モデ
ル。主として教育社会学の
分野で、学校教育をシステ
ムおよび教育の成果（例：
子どもの育ち、成績等）と
してのアカウンタビリティ
の観点からとらえる図式。

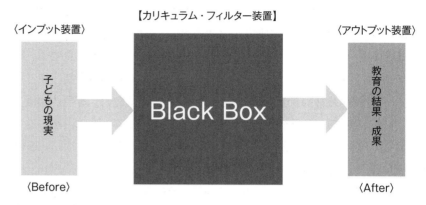

図表1-1 教育装置モデル

出典：田中亨胤『教育原理（第2版）』近大姫路大学、2015年、5頁をもとに作成

「教育装置って？」「何かの機械？」「学校の校舎や設備？」「学校は工場のようなところなの？」などの「教育装置」から受ける印象は、あながち間違いでもありません。そもそも「装置」は、何かを「つくる」「生み出す」「動かす」といった機能を内包した容器なのです。「魔法の箱」なのかもしれません。「教育」に重ねてみると、少しは納得できそうです。教育の「何かを、つくりだす、生み出す、動かす」といった機能を発揮するしくみ（システム）です。「教育装置」は、機能性をもった箱です。

また、「教育装置」は、3つの構造から成り立っているシステムです。この基本は、情報処理の図式と同じです（図表1-1）。

第1の構造は、「インプット装置」です。教育への取り組みの前提になります。「現実」「諸課題」「期待」「要求」などです。これらのインカム内容は、第2の構造である「カリキュラム・フィルター装置」に送りこまれます。「カリキュラム・フィルター装置」は、整流器の役割を果たす装置でもあります。インカム内容のさまざまを、「整える」「方向づける」「補完・修復する」などの教育的営為が行われることになります。教育の具体的な取り組み（教育実践）が、意図的・計画的に展開される、教授−学習過程や授業であり、学校生活です。第3の構造は、「アウトプット装置」です。教育の「成果」「効果」「結果」などを担保して、点検・評価を行うことになります。子どもの確かな育ちを求める教育のアカウンタビリティ（説明責任）が問われる装置です。

「教育装置」の3つの構造は、子どもの育ちの「before」「after」を有機的・文脈的・論理的につなぐ機能を発揮する装置です。「教育装置」とは、子どもの最善の利益と幸せを保障し、より善い育ちを願い、そのためのきめ細やかな営為が組み込まれた科学的・文化的装置です。建物、

設備、機械などを第一義的に意味するものではありません。

3　公教育としての学校と社会の関係システム

　学校と社会との不可分な関係から教育システムを受け止めてみましょう。「学校」や「教育」は、社会的に必要なものです。そして、国家、地域などの社会的基盤の維持・発展には、「学校」や「教育」が不可欠です。今日のような「学校」や「教育」の成立をさかのぼれば、近代になってからの「**公教育***」の制度化があります。「教育は百年の計」だとか「教育立国」だとかいわれます。このような諺・格言は、わが国に限らず、いずれの国においてもあります。「学校」や「教育」には、それだけ国や社会が力を入れているということなのです。国や社会の近代化において、教育は基本の社会システムであると考えられてきました。

　「学校」や「教育」に向けられるこの思いは、現代に至るまでに、そのありように揺れ動きはあるとしても、これからも変わるものではありません。この意味で、「公教育」は、「学校」や「教育」のシステム概念です。「公教育」を維持・発展させる学校と社会の関係システムを支えている、「学校」や「教育」への取り組み例を**列記**しておきます。

　　文化財の伝承と革新／国や社会を維持していく市民の形成・育成／社会の平等化への推進／民主主義的社会の構築と平和への実現／基本的人権を尊重・遵守する教育／生涯学習社会体系における教育／国際通用教育／インクルーシブ教育

4．「児童中心」と「教師中心」の教育

　教育の考え方について、「児童中心主義」か「教師中心主義」か、などと対比し、とらえられることがあります。このような把握の図式は、あながち間違いとも断定できないものの、固定的な教育の受け止め方であってはなりません。教育思想の歴史からは、確かに近代における教育思想には、ヒューマニズムの思想が展開されて、幼児期の教育・保育をはじめとする初等教育が構想され、実践にも取り組まれてきました。この視座は、現代においても教育視座の基本として受け止められています。

　「児童中心の教育」を標榜したのは、『児童の世紀』（**エレン・ケイ***）であるとされています。「これからは、児童の世紀である」と、詩的な表現でもって、教育の視座を強調しました。その後、**デューイ***の言説にみられる「コペルニクス的転回」によって、教育の実践的スタンス

でもある「経験主義の教育」が示され、「児童中心の教育」は、現代もなお教育の基本です。「教師中心主義」は、結果的には「児童中心主義」の裏返しの教育視座として位置づけられるところがあります。近代に至るまでの教育の進め方は、ひとくくりに「教師中心主義」の教育であるとされるようです。

このような二分法は、必ずしも確定的・固定的な図式ではありません。教育の進め方において、「児童中心主義」や「教師中心主義」の是非、そしてこれら2つは相反する教育主義であるなどと印象的に情緒的に鵜呑みにすることには、慎重にならなければなりません。それぞれの教育主義は、教育を受け止める場合の仮説的な両極であるとした方が、現実的であり、実践的な態度であると思われます。これらは教育を手堅く進めていくうえで関係し合う両面性です。この2つの極の間を、時代の流れ、社会の状況のなかで、教育の重点が揺れ動いているわけです。

このような揺れ動きの軌跡を俯瞰してみると、時計の振り子の動きに似ていることから「振り子モデル*」ということがあります。社会思潮でも、「保守」と「革新」があるように、教育の重点の置き方の流れにも、「児童中心」と「教師中心」があるわけです。いわば二律背反の関係が、対

＊用語解説
振り子モデル
フランスの歴史・文明評論家であるモーロア（Maurois, A.）の歴史・文明の社会史的仮説をもとにした試論モデル。学校教育の揺れ動きを、教育観の社会史として把握する理論仮説（田中亨胤『幼児教育カリキュラムの研究』日本教育研究センター、1994年参照）。

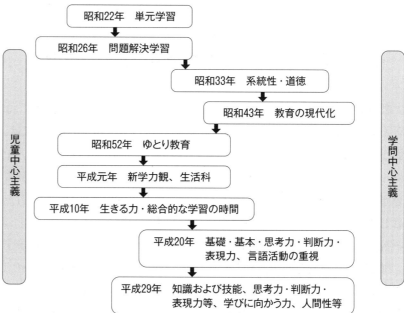

図表1-2　学習指導要領の変遷の軌跡

生活経験カリキュラム ⟺ 系統主義カリキュラム

昭和22年　単元学習
昭和26年　問題解決学習
昭和33年　系統性・道徳
昭和43年　教育の現代化
昭和52年　ゆとり教育
平成元年　新学力観、生活科
平成10年　生きる力・総合的な学習の時間
平成20年　基礎・基本・思考力・判断力・表現力、言語活動の重視
平成29年　知識および技能、思考力・判断力・表現力等、学びに向かう力、人間性等

児童中心主義

学問中心主義

出典：田中亨胤監修、金岩俊明・田中亨胤・和田真由美編著『教育課程論』近大姫路大学、2015年、63頁をもとに今回の改訂（平成29年）を踏まえて作成

立ではなく、つながりとしてあります。たとえば、わが国における戦後
の「学習指導要領」の変遷にも、「振り子モデル」の様相が把握できます。
これは、図表1-2のように図示できます。

　「**学習指導要領**[*]」は、告示として法律的拘束力を有するものとして、
公教育の方向性を示すものとなっています。改訂・告示される背景には、
その社会における必要性や、社会的展望から受け止められる教育の現実
や課題があります。その時々において、「教師の指導性を顕在化したス
タンス」であったり、「児童の生活や体験を顕在化したスタンス」であっ
たりに重点が置かれることになります。2つの極の振れ幅は、初等教育
や中等教育における振れ幅に比べれば、幼児期の教育・保育における振
れ幅のほうが狭いようです。幼児期の教育・保育では、その思想的歴史
性にあるように、「子ども」に限りなく視点を置くことによる振れ幅の
狭さがあります。

　図表1-2において両極に位置づけられる主義には、水と油ほどの違
いがあるわけではありません。どの「学習指導要領」に組み込まれてい
る教育視座も、公教育を担うことを前提にしており、軸の受け止め方の
微妙な違いにすぎません。たとえば、教育の対象としては「子ども」を
想定し、子どもの育ちを求めることに主眼が置かれています。どのよう
な学力観や育ちの側面を想定するのか、この点からは、子どもの育ちを
追求する教育の方法、課程、教材観が異なってくるのも事実でしょう。

5.　意図的・計画的営為と無意図的営為

　教育の進め方において、「指導」か「援助」なのかを問うことがあり
ました。「指導」は、その言葉の響きから、「教師主導」の教育であり、「援
助」は、「子どもの自発性」に主眼を置く教育であると、短絡的に対比
されて、異次元の教育スタンスだと思われてきました。1989（平成元）
年の「学習指導要領」や「**幼稚園教育要領**[*]」などの『解説書』をはじめ、
「啓発資料」「実践資料」には、「指導ではなく援助」を思い込ませる記
述が散見されます。「主体的な学習」「新学力観」「生活科」「自発的な遊
び」「主体的な生活」「問題解決的姿勢」などの概念が強調されることに
よるものと思われます。

　公的には、そのような受け止めを求めているわけではありません。教
育においては「指導」が基本です。「援助」は、「指導」に組み込まれて
います。「指導」は、あらゆる教育活動の包括的概念です。このように

✴ 用語解説
学習指導要領
「学校教育法」第1条に規
定される諸学校における
「教育課程」の基準を示し
たもの。当初は、「試案」
として示された。現在は
「告示」として示されてお
り、法律的拘束力を有する
「教育課程の基準」である。

✴ 用語解説
幼稚園教育要領
「学校教育法」に定める幼
稚園の教育課程についての
基準を示したもの。「学習
指導要領」と同様に、「告
示」として示され、法律的
拘束力を有する。

受け止めると、「指導」か「援助」かというようなとらえ方は、想定できません。「指導」については、次のような誤解もあります。「指導は、意図的・計画的営為」であり、「援助は、無意図的営為」であるとするものです。このような把握図式は、これまでにもありました。子どもの教育の理想においては、意図的・計画的営為としての教師主導の「指導」よりも、無意図的営為としての子ども主体の「援助」が基本であるとする考え方です。このような受け止め方だと、「指導」も「援助」も限定的なものになってしまいます。子ども主体の「援助」は、「意図的・計画的営為」としての「指導」の範疇にある実践的概念です。

6．諺・格言に潜在する教育的意義の複合的視座

　公教育をめぐる「教育の意義」の整理からすると、教育の意義は、必ずしも一本調子、一筋縄では把握できません。教育の意義には複合的な視座がある、とするのが正しいでしょう。ここでは、そうした「教育の意義」に通底している複合的な意味合いを、世間で伝えられている諺・格言、著名人の名言などを通して、感じ取ってみましょう。

■1■ 諺・格言に潜在する生活・教育・成長の含蓄

　人類が長年の経験値から感じ取っている一理として、諺や格言があります。諺や格言には、明確な根拠がないとしても、素朴に頷いてしまうところがあります。それは、「当たらずとも遠からず」であるからでしょう。一人ひとりの経験知を集積したものが、諺・格言になっているのであれば、それはかなり客観化された理論的仮説であるのかもしれません。生き方、考え方、子育て、親子、家族、地域社会などに対するぶれないメッセージが潜在しているようです。「教育の意義」にも有意な示唆がありそうです。ここでは、人々の間に広く知れ渡っている諺・格言のいくつかをあげてみます。

　　〈幼児期の大切さ〉
　　・「三つ子の魂百まで」（幼い頃の性質は一生変わらないものだ）
　　・「三歳定終身」［中国］
　　・「雀百まで踊り忘れず」（小さいときに覚えたり身につけたりしたことは、年をとっても忘れない）

・「昔とった杵柄」（若いときに身につけた腕前は、年をとって
　も自信をもってふるまえるものだ）

〈親子の間柄〉
・「蛙の子は蛙」（子どもはたいてい親に似る）
・「瓜の蔓には茄子はならぬ」（平凡な親からは非凡な子は生ま
　れない）
・「鳶が鷹を生む」（平凡な親が優秀な子どもを生む）
・「負うた子に道を教えられる」（時には自分よりも未熟な者か
　ら教えられることもある）
・「老いては子に従え」（年をとってからは、出しゃばらずに子
　どもの意見に従ったほうがいい）
・「親の心子知らず」（子を思う親の気持ちを察しないで、子は
　自分勝手な行動をするものだ）
・「親はなくとも子は育つ」（親がいなくても、子はどうにか育っ
　ていく）
・「かわいい子には旅をさせよ」（子どものためを思うなら、甘
　やかさずに苦労をさせたほうがよい）
・「かわいくば、二つ叱って三つ褒めて、五つ教えてよき人に
　せよ」
・「孟母三遷の教え」「孟母断機の教え」［中国・列女伝］
・「父母の恩は山よりも高く、海よりも深し」（父母の恩は、絶
　大である）
・「親思う心にまさる親心」（子が親を思う以上に、親が子を思
　う心は深い）
・「這えば立て、立てば歩めの親心」
・「子をもって知る親の恩」（自分が親となり、子育ての苦労を
　経験して、初めて親のありがたさがわかる）
・「子をみること親に如かず」（子の性質や才能は、親が一番よ
　く知っており、子を知る者は親である）

〈課題との向き合い〉

・「雨だれ石を穿つ」（力は不足していても、根気よく繰り返しやれば、最後は成功する）

・「失敗は成功のもと」（失敗しても、その原因などを究明することで、次の機会に生かして成功するようになる）

・「好きこそものの上手なれ」（何事によらず、好きであれば自然にそれに熱中するので上達する）

・「念には念を入れよ」（注意したうえにも、なお一層の注意をはらえ）

・「案ずるより生むが易し」（心配していたことも、実際にやってみれば案外たやすくできる）

・「怪我の功名」（しくじったことや何気なくやったことが、かえって良い結果を生む）

・「後悔先に立たず」（ことが終わったあとであれこれと悔やんでもしかたがない）

・「急いては事をし損じる」（焦ってやると失敗しやすい）

・「二兎を追う者は一兎をも得ず」（同時に2つのものをねらうと、どちらも成功しない）

〈生活や学習の心がけ〉

・「情けは人のためならず」（人に親切にしておくと、それが巡り巡って、いつかは自分のためになる）

・「能ある鷹は爪を隠す」（実力のある者ほど、人前でやたらとそれを披露しない）

・「人のふり見て、我がふり直せ」（他人の良くない行動を参考にして、自分の行動を反省する）

・「親しき仲にも礼儀あり」（どのように親しい関係でも、最低限の礼儀は必要である）

・「笑う門には福来たる」（いつも明るい家には、自然と運が向いてくる）

・「待てば海路の日和あり」（今は悪くとも、待っていればよい機会が訪れる）

・「渡る世間に鬼はない」（世のなかは冷たい人ばかりではなく、優しい人もいる）

・「重箱の隅を楊枝で穿る」（細かいところまで取り上げてうる
　さく言う）
・「一寸の虫にも五分の魂」（どのように小さい命にもそれなり
　の意地や主張がある）
・「一を聞いて、十を知る」［論語］
・「猿も木から落ちる」「弘法も筆の誤り」「河童の川流れ」
・「弘法は筆を選ばず」
・「高い山があるからといって、登らない理由にはならない」［モ
　ンゴル］

2 ▶ 著名人等の名言

　教育者をはじめ、偉大な人たちの言説には、含蓄のある印象的な名言
が数多くあります。それは教育や学習の基本原理や構えに通じるところ
があります。今でも、新鮮な示唆に富んでいます。

・「しつけの目的は、自分で自分を支配する人間をつくること
　であって、人に支配される人間をつくることではない」（ス
　ペンサー）
・「習慣は、万物の指導者である」（プリウス）
・「習慣は、理性よりもいっそう恒常的に働き、かついっそう
　容易に働く」（ロック）
・「習慣は、少しずつそっと我々のうちにその権力の根を植え
　付ける。初めこそ優しく慎ましやかであるが、ひとたび時の
　力を借りてそれを植え付けてしまうと、たちまちに恐ろしい
　暴君のような顔を現す」（モンテーニュ）
・「褒めることも、叱ることもしないで、教育を行うことは不
　可能だと、私は信じている。けれども、この2つのことにつ
　いては、ある程度の用心が必要である」（ラッセル）
・「太陽は、我々に訓練の最もよい方法を教える。すなわち、
　太陽は成長するすべてに対して、絶えず光と熱を与え、しば
　しば雨と風とを与え、まれに電光と雷鳴とを与える」（コメ
　ニウス）
・「年齢が進むにつれて、子どもには自由が与えられなければ
　ならない」（ロック）

・「子どものしつけの大原則は、降参するな、しかし、罰するな、ということである」（ラッセル）
・「体罰を行う教師は、ちょうど楽器がよい音を出さないからといって、自分の耳や手を訓練しようとはしないで、かえって拳を振るってその楽器を打ち砕くようなものである」（コメニウス）
・「自制の欠乏、知性の欠乏、忍耐の欠乏、品位の欠乏——体罰はこの4つの礎石を土台としている」（エレン・ケイ）
・「体罰は、どのようなことがあっても正しくないと、私は信じている」（エレン・ケイ）
・「懲罰は、常に子どもらの悪い行為の自然の応報として彼らにやってくるように、仕向けなければならない」（ルソー）
・「自分には夢があるから、その夢に向かって努力できる」（中学生）
・「日頃の練習は、実践で嘘をつかない」（スポーツ選手）
・「基礎基本が教えられ、身についていないと、一流にはなれない」（スポーツ選手）
・「人生に必要な知恵は、すべて幼稚園の砂場で学んだ」（ロバート・フルガム）

演 習 課 題

①諺や格言は数多くあります。テキストで紹介しているリストを参考にして、教育に関する諺や格言を検索してまとめてみましょう。
②「児童中心の教育」の思想史をたどりながら、教育思想家の著作物の年表を、グループの人たちと手分けして作成してみましょう。
③学校教育は「公教育」です。著作や資料にあたって、「公教育」について調べ、基本の考え方や歴史について、話し合ってみましょう。

教育の目的

このレッスンでは、「教育の目的」について、今日的な課題を踏まえる教育の視点とともに、未来志向としての教育の視点から、その全体像を理解することにします。あわせて、「公教育」として教育に責任を担っている諸学校における「教育の目的」についても、理解していきましょう。

1．人間へのまなざしと教育

教育の対象は、「ヒト」「人」「人間」であることを想定して、ここでは、「教育の目的」を考えてみます。「人間」に向けられる慈愛に満ちた真摯なまなざしをもって教育を進めることが、教育の目的になると考えます。「人間教育」の視点から、教育目的の骨格を把握してみましょう。

1　基本的精神としての人権と権利

現行の「日本国憲法」では、「この憲法が日本国民に保障する基本的人権は、人類の多年にわたる自由獲得の努力の成果であって、これらの権利は、過去幾多の試練に堪へ、現在及び将来の国民に対し、侵すことのできない永久の権利として信託されたものである[†1]」と、「基本的人権」について、高らかに謳われています。この精神は、「教育基本法」や「学校教育法」をはじめとした教育関連の諸法令においても遵守されるものであるとされています。

「子どもの権利」の精神も、教育の基本的精神になっています。子どもに権利があるとする思想は、ヨーロッパにおいて醸成されてきました。第一次世界大戦による子どもたちの悲惨な現実を受けて示された「ジュネーヴ宣言」（1924年）や、その後の「児童権利宣言」（1959年）に「子どもの権利」が明言されています。ナチス・ドイツの犠牲になっている子どもたちを守ろうとしたポーランドの**コルチャック**[*]の思想基盤にも、この「子どもの権利」の思想が込められています。

一連の権利宣言には、差別を受けない権利や社会保障の思想に与える権利、健全な成長と発達を遂げるための教育を受ける権利を有することなどが示されています。「子どもの最善の利益」の考えも、通底する概念として表明されています。人類という枠組みで、「子どもの権利」

▶ **出典**
†1 「日本国憲法」第97条

🧑 **人物**
コルチャック
(Korczak, J.)
1878～1942年
医師、教育家、児童文学者。ユダヤ系ポーランド人で、ナチス・ドイツの迫害を受けながらも、最後まで孤児たちのそばにいることを選ぶ。「子どもの権利条約」の原点。

の追求が根拠づけられ、正当化されています。このように、「人権」は、子どもを含むすべての人にとっての権利であることが明言されました。この「基本的人権」「子どもの権利」「子どもの最善の利益」の考え方は、近代の人権思想の発展したものとして構想され、構築された概念であり、人類の英知です。とりわけ子どもは、「保護の対象」にとどまらず、「権利の主体」であるとの認識が定着するようになりました。

1989年に「**子どもの権利条約***」が制定されました。「意見表明権」「表現・情報の自由」「思想・良心・宗教の自由」「結社・集会の自由」「プライバシー・通信・名誉の保護」などについて、すべての子どもを対象とした「人権」や「権利」の基本が組み込まれました。わが国は、1994年にこの「子どもの権利条約」に批准しました。

「基本的人権」をはじめとする「子どもの権利条約」に示された基本的精神を踏まえた教育・保育、あるいは福祉の取り組みにおいて、解決され、整理されなければならない課題があります。たとえば、「生活・生命の保障」（医療・栄養・福祉）、「環境の提供」（遊び場や文化環境）、「発達の保障」（知識や技術の学びと教育）、「社会的保障」（差別・虐待・酷使からの保護）などです。これらはいずれも、子ども期における家庭生活や教育、学校生活や教育、地域社会の生活や教育、国の政策の基本的なあり方を問う課題です。

> ＊ 用語解説
> **子どもの権利条約（児童の権利に関する条約）**
> 国連において、子どもの基本的人権を国際的に保障するために定められた条約。子どもの生存、発達、保護、参加という包括的な権利を実現、確保するための事項を規定する。

2　人格形成・人間形成

教育の基本軸として、「人格形成」と「人間形成」は不可分の概念です。生涯にわたる「人間」としての成長・発達の課題です。教育目的に最優先に位置づけられるこれらの概念は、わが国も含めた世界の国々における教育の歴史的変遷とともに不動の視座として醸成されてきました。

旧「**教育基本法***」第１条では、教育の基本および目的について、「教育は、人格の完成をめざし、平和的な国家及び社会の形成者として、真理と正義を愛し、個人の価値をたっとび、勤労と責任を重んじ、自主的精神に充ちた心身ともに健康な国民の育成を期して行われなければならない」と規定しています。このことに基づく具体的な教育目標については、「学校教育法」や「学習指導要領」において規定され、示されました。

これに対して、現行の2006（平成18）年改正の「教育基本法」第１条では、「教育は、人格の完成を目指し、平和で民主的な国家及び社会の形成者として必要な資質を備えた心身ともに健康な国民の育成を期して行われなければならない」と規定されています。教育においては、「人格の完成」と「国民の育成」を目指すことのみが示されています。教育の目標につ

> ＊ 用語解説
> **教育基本法**
> 日本の教育に関する基礎的な法律。「教育の憲法」ともいわれ、教育に関する法令の運用や解釈の基準となる。1947（昭和22）年に公布・施行され、2006（平成18）年に改正された。

いては、次のような諸点として示されています†2。道徳心、自律心、公共の精神など、今の時代や社会に求められている人間的生活課題が、教育目標として具体的に示されています。

▶ 出典
†2 「教育基本法」第2条

一　幅広い知識と教養を身に付け、真理を求める態度を養い、豊かな情操と道徳心を培うとともに、健やかな身体を養うこと。

二　個人の価値を尊重して、その能力を伸ばし、創造性を培い、自主及び自律の精神を養うとともに、職業及び生活との関連を重視し、勤労を重んずる態度を養うこと。

三　正義と責任、男女の平等、自他の敬愛と協力を重んずるとともに、公共の精神に基づき、主体的に社会の形成に参画し、その発展に寄与する態度を養うこと。

四　生命を尊び、自然を大切にし、環境の保全に寄与する態度を養うこと。

五　伝統と文化を尊重し、それらをはぐくんできた我が国と郷土を愛するとともに、他国を尊重し、国際社会の平和と発展に寄与する態度を養うこと。

旧および現行の「教育基本法」において「人格の完成」が強調されています。「人格の完成」をどのように受け止めるのかは、難しいところがあります。1966（昭和41）年の答申「後期中等教育の拡充整備」の別記では、「人格」の概念を「人間像」として論議し、「期待される人間像」として、具体的な人間像が提案されました。

「人格の完成」における「人格」の概念は、個人に重点が置かれています。個人の人格が尊重されることを教育目的とした理由には、教育の経典にも等しかった戦前の「**教育勅語**[*]」の反省があります。人格形成は個人に重点が置かれるとしても、旧および現行の「教育基本法」には、「人格の完成」のために「人格の形成」による「国民としての育成」をする方向性が込められています。

現行の「教育基本法」に基づく「学習指導要領」「幼稚園教育要領」「保育所保育指針」「認定こども園教育・保育要領」では、「人格形成」および「人間形成」として、「人格の完成」を個人の域にとどめない視点がみられます。「人格の完成」への過程においては、「ヒト」→「人」→「人間」への成長過程、「人格形成」→「人間形成」への成長過程が想定されています。この成長過程は、学校をはじめ保育所、認定こども園等における教育・保育の展開、生活展開において、基本となる実践的構えで

✖ 用語解説
教育勅語
正式には「教育ニ関スル勅語」。1890（明治23）年に発布され、当時の国民道徳の基本、教育の規範とされた。天皇中心の国体思想を軸に、国民に推奨されるべき道徳が説かれている。

す。子どもたちが身につける力として、「コミュニケーション能力」「人間関係構築力」「表現力」あるいは総体としての「人間力」といった汎用的能力が求められるゆえんも、「人間形成」に重点が置かれるからです。

3　民主社会人の育成

　学校教育における人間形成をめぐる改革論議のなかで、重要な概念が提起されています。「自律」「自主」「協同」「私と公」「自分と他者」「対話的能力」「コミュニケーションの生成」「問題解決的姿勢」「規範意識」「道徳性」「信頼関係」「人間関係構築」「共生社会」などの多くの概念が、教育の図式を構成する要素として取り上げられています。このような概念に通底する「人間観」は、教育目的の中核であるはずの「人格性」「人格形成」「人格の完成」「人間性」「人間形成」などの概念からは、説明しがたいところがあります。現行の「教育基本法」とも関連させて、そこには、格別に新しい概念ではない「**民主社会人**[*]」の概念が想定されているようです。

　「民主社会人」の概念は、その基盤を端的にとらえるならば、「わたし」と「あなた」とが紡ぎ合う成熟関係を方向づけるものです。世俗的な言い表しである「育ち合う」「関わり合う」「伝え合う」などの「**互恵的関係**[*]」とも重なる概念です。「わたし」と「あなた」との間の「第一次間主観性」を意義深く成熟させていく「生き方の追求」によって、「民主社会人」として成長していく歩みになります。「親と子」「きょうだい」「友達」「教師と子ども」「子どもと地域の人たち」「日本人と外国人」など、その間柄や関係の範囲はさまざまに異なります。互いが距離感をもったままの平行的な関係の維持ではなく、互いに「異なる」「違う」であろう個性的な「わたし」と「あなた」との関係を練り合っていく生活状況を、教育の基盤としていくことによって、自分自身の、互いの人間学的な枠組みは広く深まっていきます。互いの関係構築の過程では、「**共生的関係**[*]」から「**共創的関係**[*]」へと歩むこと、「社会に生きる人間」「民主社会人」として歩むことを、教育目的として位置づけることができるのではないでしょうか。

2．「生きる力」を育む学びの生活と教育

　教育目的としての「人格形成」「人間形成」は、公教育の観点からは、「民主社会人」を育てる教育になります。今回の「学習指導要領」「幼稚

園教育要領」等の改訂において、この観点は、「生きる力」の育みにおける基本とされています。ここに改めて「民主社会人」として、私たちは一人ひとりが自律的に、互いの関係構築を図りながら歩むことが求められます。この歩みには、具体的な「生きる力」を培うことが求められています。

1　「生きる力」の提言

「生きる力」の考え方を提言したのは、1996（平成8）年の**中央教育審議会答申**[*]です。「生きる力」については、次のような側面の力として示されました[†3]。

⊠ 用語解説
中央教育審議会答申
文部科学省に置かれる中央教育審議会が、文部科学大臣からの諮問に応じて、教育の振興、生涯学習を活かした人材育成に関する重要事項を調査審議し、答申したもの。

▶ 出典
†3 「21世紀を展望した我が国の教育の在り方について」1996年7月

・自分で課題を見つけ、自ら学び、自ら考え、主体的に判断し、行動し、よりよく課題を解決する能力
・自らを律しつつ、他人と協調し、他人を思いやる心や感動する心など豊かな人間性とたくましく生きるための健康や体力

この答申を踏まえて、その後の「学習指導要領」をはじめ教育関連の諸報告において、「生きる力」が、教育のあり方におけるさまざまな次元において強調されています。「生きる力」の育成は、1998（平成10）年告示の「学習指導要領」の総則における「教育課程編成の一般方針」として掲げられ、各学校における教育目標の理念とされました。

2008（平成20）年の中央教育審議会答申「幼稚園、小学校、中学校、高等学校及び特別支援学校の学習指導要領等の改善について」では、「生きる力」については、教育の基本理念とその具体的方策の共通理解が十分には浸透しなかったと指摘しています。この指摘に至った背景には、教育界において、具体的な受け止めが徹底されなかった現実があるようです。その理由として、次のような諸点をあげています。

・「生きる力」とは何か、「生きる力」がなぜ必要なのかについての趣旨の周知徹底が不十分であったこと。
・子どもの自主性を尊重するあまり、教師が指導を躊躇する状況が生まれたこと。
・各教科と「総合的な学習の時間」との間のつながりが乏しく、思考力、判断力、表現力等が十分に育成されなかったこと。
・習得した知識・技能を活用し、発展させる学習活動を行うた

めには、授業時間が十分ではなかったこと。

　これらの指摘を踏まえて、この答申では、「生きる力」について、その概念を教育の基本的理念として共有化を図ることをねらいとして、「生きる力」の再定義を次のように行っています。

・基礎・基本を身に付け、いかに社会が変化しようと、自ら課題を見つけ、主体的に判断し、行動し、よりよく問題を解決する能力
・自らを律しつつ、他人とともに協調し、他人を思いやる心や感動する心などの豊かな人間性
・たくましく生きるための健康や体力など

　この答申では、「基礎・基本を身に付けること」（基礎的・基本的な知識・技能の習得）が「生きる力」の大前提になることを示しています。**知識基盤社会**[*]における「生きる力」には、基礎的知識や技能の習得が不可欠であるからです。知識基盤社会は、これからにおいて持続可能な社会基盤であり、固定化されたものはなく、変動し続ける社会基盤の様態です。基礎的知識や技能の習得に終始する教育であるとすれば、変動する社会への参画に限界もあります。この点からは、今回（2017［平成29］年）改訂の「学習指導要領」において、さまざまな社会変化にも対応していく確かな学力を身につけていくことによって「生きる力」を培うことを、改めて確認することが強調されています。基礎的知識や技能が、変動する社会変化の流れや文脈に活用されるとともに、自らの学習力を向上させていくとする教育推進が求められています。同様の受け止めは、今回（2017［平成29］年）改訂（定）の「幼稚園教育要領」「保育所保育指針」等においても「育みたい資質・能力」（10の姿）として示されているところでもあります。これからも激動し続ける近未来社会を歩む子どもたち一人ひとりに、育む「生きる力」あるいは「生きぬく力」を学校教育としてどのように位置づけるのか、これは、教育に関わる急を要する課題でもあります。

2 「生きる力」の育み

　「生きる力」は、中央教育審議会答申に示されているように、その概念の受け止めは多義にわたります。「生きる力」は、個別学力として列記されるものではありませんし、学校教育の各段階で輪切りにされては

⊞ **用語解説**
知識基盤社会
新たな知識や情報、技術が社会のあらゆる領域での活動の基盤として求められる社会。

らまかれるものでもありません。「生きる力」の育みの太い幹は、社会変化に対応し、持続可能なる生活基盤づくりとして生涯にわたって汎用性のある「生きる力」の育みです。この育みは、学校をはじめ、家庭、地域、職場などで求められています。このような「生きる力」には、具体的にどのような汎用性のあるものが想定されるのでしょうか。ここでは、たとえば「幼児期の終わりまでに育ってほしい姿」としての基盤になる次のような「生きる力」あるいは「生きぬく力」の基本的要素を5点示しておきます。

①知性を育む

　子ども期には他の時期よりも、まわりの環境に一層の好奇心を向けるようです。自分なりのしかたで、環境に関わっていきます。大人とは少し違う環境との向き合い方です。環境は、たとえば、人・物・事であったりします。環境に向けられる「好奇心」によって、環境から感じ取る「不思議」と向き合うような学習状況が生まれます。素朴な「疑問」から誘発される「関心」や「興味」が湧いてきて、「見る」「調べる」「探す」「試みる」「工夫する」などの学習活動の第一歩を踏み出す衝動に駆られます。これが環境に具体的に関わる動機になります。

　子どもの環境への向き合いは、「遊戯的探究」としての「学び」でもあります。幼児教育・保育の基本として、かつて示された「遊びを通しての指導」（「幼稚園教育要領」2008年）は、幼児期の教育・保育にとどまらない、不動の教育の原理であります。「遊び」は、自発活動として、環境にふれながら誘発されていきます。好奇心を向ける環境が応答的なものであれば、子どもはその環境に魅了されていきます。環境への関わりには意欲的な姿を見せて、こだわり続け、その積み重ねのなかで、子どもには主体的な学習への構えが身についていくことになります。子どもは、環境から伝わってくる「不思議」をわかりたいと思い、次々と「新たな不思議」と出合い、自分や自分たちがもち合わせている知性や技能をぶつけながら、さまざまな環境に接近を試みます。その姿は、真剣で本気です。瞳が輝いています。環境が応答的であれば、その環境に関わることの楽しさや喜びを体感していくことになります。

　子どもたちの学びは、その内容においても、学び方においても、体験的な学びこそが身についた学びになり、子どものぶれない知性や技能の蓄積になっていきます。学習の自律力を身につけることは、知識基盤社会の変化にも対応していく「生きる力」や「生きぬく力」となっていきます。「知性的な生き方」を培うことは、学校教育における重要な課題です。

②感性を育む

　子ども期のさまざまな感情や価値体験が、心の豊かさや生き方の豊かさを育んでいきます。「真実なもの」「善いもの」「美しいもの」など、本物にふれる生活には「感動」があります。この「感動体験」をはじめとして、「もどかしさ」「悔しさ」「楽しさ」「悲しみ」「憤り」「苦しみ」「苛立ち」「喜び」などのさまざまな感情が、日常の生活では生起します。「楽しい」「嬉しい」といった面のみの生涯を歩むことは、現実的ではありません。生涯を、自らが責任をもって自覚しながら歩むためには、さまざまな感情を体感しておくことが、その感情を調整し、表現していく力の基盤になります。少々ではへこたれない、しぶとく歩む体質を培っていくことになります。

　子ども期には、感情体験とともに、さまざまな価値体験も、心の豊かさや生き方の豊かさを育みます。各人の限られた価値の尺度のみでは、まわりの「人・物・事」の存在とその素晴らしさを実感することには、限界があります。あくまでもその人の感じ方、受け止め方、了見による価値受容になってしまいます。子ども期にさまざまな価値体験の生活を配慮していくことによって、価値観のモノトーンは克服されていきます。

　「感動」「感情」「価値」を体感していくことは、知性的な生き方でもあり、自分自身の生き方を豊かにするのみならず、他者との生活も豊かにしていきます。「感動」「感情」「価値」をやりとりできること、理解し合えること、このような生活態度は、**社会的知性***を育むことにもなります。「生き方の追求」に不可欠な「生きる力」の基礎になります。

③野性を育む

　子どもには、「覇気がない」「生気がない」などといわれることがあります。そのような子どもの姿もあながち虚像ではなく、ある部分では事実のところもあります。子どもに限らず、私たちが、生涯にわたって「快活さ」「元気さ」「明るさ」「躍動感」「驚き」「ときめき」「緊張感」「手ごたえ感」などをもち合わせていくと、まわりの状況、環境、雰囲気に近づき、関わってみようとする姿勢を、何気なく自分からつくっていけます。

　野外の環境にふれる生活や活動は、子どもたちの「心と体」をくすぐり、揺り動かす仕掛けになります。野外の環境は、学校内の環境とは異なっています。時に厳しく、時に感動的な環境です。自分の心と能力が試されることもあります。荒々しい環境であっても、環境に挑んでいき、環境に適応していけることを実感すると、安心や自信を得ていくことになります。ふざけたり、緊張感をもたずに関わったりすると、危険もあります。真剣に本気で関わると、環境との距離感は縮まっていきます。環

境に新たな親しみを感じたり、愛着を覚えたりします。自分自身が、よりよい自分に成長していきつつあることを実感できます。

　「自発的」「意欲的」「主体的」などの姿勢が、子どもの学習への過程において求められています。子どもたちの「心を動かす」「体を動かす」などの仕掛けは、学校の生活、教育、環境そのものを広げ深めることに潜在しています。環境と関わる野性的な生活や活動が仕掛けられれば、間違いなく子どもたちの学習心を動機づけることになります。

④人間性を育む

　崇高なる「人間性」は、子ども期から育つわけでありません。「ヒト→人→人間」への育ちの過程において、よりよい「人間」としての資質や能力が身についていくのです。生涯の歩みを見通して、子ども期におろそかにしてはならない「人間性」を育む教育的営為があります。

　「群れる」ことには、育ち合う生物学的・社会学的基盤があります。他者の存在があればこそ、「人間」への歩みを進めることができます。他者の存在は、重要な環境基盤になります。互いが関係をもちながら生活すると、人間としての基本的な「生きる力」が少なからず身についていきます。

　動物園のサル山や野猿の観察からは、「群れる」ことの意味が伝わってきます。「仲間づくり」「異性愛」「関わり合いの遊び」「世話」「育児」などが、あるがままの自然な姿として観察されます。「群れる」生活環境にない「隔離された」生活環境では、サル同士の関係構築が難しいのではないでしょうか。他のサルとの距離は縮まることなく、何気ないやりとりもなく、「孤立」「無視」の空ろなサルの姿を想像してしまいます。日頃からの関係がない場合には、互いの生活圏（縄張り）にうっかり侵入しようものなら、激しい攻撃が執拗に繰り返されたりします。関係性が剥奪されたことの結果でしょう。

　人間の場合も同様だと考えられます。関係性が十分でない生活環境では、まわりの存在とのチャンネルが構築されにくい状況があります。他者との関係構築に必要な学習機会が、結果として得られないからです。この点からすれば、学校という場所は、その基盤において、子どもの「人間性」の基礎力を培うのにふさわしい環境です。学校では、まわりの人たちとの緩やかな関係をもちながら、その人たちのふるまいを自分なりに取り入れていく生活があります。取り入れていく過程にあっては、「**コミュニケーションの生成**」が少なからず図られていきます。「言葉を交わす」「気持ちが通じ合う」「気持ちをわかり合う」「互いを認め合う」「互いが変わり合う」といったコミュニケーションにおいて、力みのないや

✚補足
サルに関する関連研究
サルの観察・実験研究に関しては、大阪大学の観察・実験研究、京都大学霊長類研究所による観察・実験研究などが知られる。

✚補足
関連の学理論
コミュニケーションの生成に関しては、デューイやハーバーマスらの学説理論が参考となる。他者存在の効果や意義については、「モデリング」「インプリンティング」「ミラー・ニューロン」などの学説理論にある知見から、説明される。

23

りとりがあります。コミュニケーションの厚みを増していく過程において、私たちは互いに「育ち合う」間柄であることを確認していくことになります。まわりの人たちが、自分にとってかけがえのない存在であることを体感していきます。こうした厚みのあるコミュニケーションの生成が可能な生活があるとすれば、「人間性」を培うということにおいて、学校には格別の意味なり意義があります。

⑤健性を育む

　生涯を生き生きとたくましく歩む基盤は、「健康」「体力」「気力」「生活」「暮らし意識」「教育と学習」などの複合的な環境要因の総体にあります。「病気ではない」から「健康」であるとか、「運動ができる」から「体力」があるとかの判断ではありません。

　子どもたちに限ったことではなく、私たちの生活は揺らいでいる状況にあります。その一つとして、「生活習慣病」があります。「生活習慣病」は、生涯健康にとって、個人のみならず国としても克服されるべき課題となっています。わが国においてはじめて「食育基本法」（2005年）が制定され、家庭生活、学校・園、職場、地域社会において、生活環境の課題、教育の課題として認識されているところです。国民一人ひとりの健康を支える生活基盤づくりや教育推進に、国をあげて取り組むことが求められています。健康の基盤は、何よりも食生活にあると考えられているからです。

　私たちの健康を揺るがす深刻かつ有害な環境として「環境ホルモン」（内分泌攪乱化学物質）が知られています。「環境ホルモン」は、大気、建材、玩具、食器、医薬品、食材・食品など、私たちの日常の身近な環境に含まれています。形として見えるものではなく、すぐに健康を害するわけでもありませんので、自分には無縁のもののように思ってしまいます。しかし、家庭教育はもちろんのこと、学校教育においても、「環境ホルモン」は、子どもの長期的な健康維持・発達の点から、重要な教育課題となっています。

　ストレスフルな生活は、私たちの安定感をぐらつかせる要因になります。「慌しい生活」「ぎくしゃくとした家庭生活」「単調な生活」「学校での部活や学級での人間関係」「教師との関係」などが引き金となって、子どもの生活に不安定感を増幅させてしまうことがあります。過度のストレス状態にあると、子どものみならず大人でも、本来の快活さ、明るさ、生き生きした感じが後退していき、生気のないうつろな表情になったりします。学校生活における健康的な環境づくりには、まさに子どもの「**健性**」を育む格別の配慮が求められています。

✚補足

健性と食育

「健性」は、造語。ここでは、複合的な概念として規定している。

「食育」は、造語であったが、2005年の「食育基本法」（内閣府）により、公的な概念として位置づけられ、これにより学校における食育ガイドラインが作成された。保育所においては、「楽しく食べる子どもに──保育所における食育に関する指針」（2004年）が厚生労働省から示されており、これをもとに、今日の「食育」の推進が図られている。

3．諸学校における「教育目的」

　公教育の機関として「**学校**」があります。学校には学校としてのミッションがあります。学校における教育目的や目標は、教育の基本から外れるものではありません。諸学校の教育目的なり教育目標は、法律に基づくものとして示されています。ここでは、「学校教育法」第1条に定められた諸学校における、教育目的および教育目標を示しておきます。また、「児童福祉法」に基づく幼児期の教育・保育の機関としての保育所における目的も示しておきます。

✚ 補足
学校の定義
「学校教育法」第1条に示されている学校を、通称「1条校」という。「この法律で、学校とは、幼稚園、小学校、中学校、義務教育学校、高等学校、中等教育学校、特別支援学校、大学及び高等専門学校とする」。

1　幼稚園の教育目的

　「幼稚園は、義務教育及びその後の教育の基礎を培うものとして、幼児を保育し、幼児の健やかな成長のために適当な環境を与えて、その心身の発達を助長することを目的とする[4]」。

　2007（平成19）年の「学校教育法」の改正において、「義務教育及びその後の教育の基礎を培うものとし」が付け加えられました。これにより、幼稚園は学校教育体系の基礎的段階の教育を担う学校であることが、より明確に規定されました。上記の教育目的に基づいて、以下のような教育目標が示されています[5]。

▶ 出典
[4]「学校教育法」第22条

▶ 出典
[5]「学校教育法」第23条

> 一　健康、安全で幸福な生活のために必要な基本的な習慣を養い、身体諸機能の調和的発達を図ること。
> 二　集団生活を通じて、喜んでこれに参加する態度を養うとともに家族や身近な人への信頼感を深め、自主、自律及び協同の精神並びに規範意識の芽生えを養うこと。
> 三　身近な社会生活、生命及び自然に対する興味を養い、それらに対する正しい理解と態度及び思考力の芽生えを養うこと。
> 四　日常の会話や、絵本、童話等に親しむことを通じて、言葉の使い方を正しく導くとともに、相手の話を理解しようとする態度を養うこと。
> 五　音楽、身体による表現、造形等に親しむことを通じて、豊かな感性と表現力の芽生えを養うこと。

　これらを受けて、「幼稚園教育要領」（2017年）が改訂・告示され、生活や遊びを基盤にした「主体的・対話的で深い学び」を通して身につく

「幼児期の終わりまでに育ってほしい姿」（10の姿）が示されました。子どもたちの「学びの園生活」として受け止めることができます。

2　保育所

　保育所における目的は、保育所への児童（乳児・幼児）の受け入れ条件から、次のように規定されています†6。

> 　保育所は、保育を必要とする乳児・幼児を日々保護者の下から通わせて保育を行うことを目的とする施設とする。
> 　保育所は、前項の規定にかかわらず、特に必要があるときは、保育を必要とするその他の児童を日々保護者の下から通わせて保育することができる。

　この目的を受けて、「保育所保育指針」には、保育所における保育の目標が、以下のように示されています†7。

> （ア）十分に養護の行き届いた環境の下に、くつろいだ雰囲気の中で子どもの様々な欲求を満たし、生命の保持及び情緒の安定を図ること。
> （イ）健康、安全など生活に必要な基本的な習慣や態度を養い、心身の健康の基礎を培うこと。
> （ウ）人との関わりの中で、人に対する愛情と信頼感、そして人権を大切にする心を育てるとともに、自主、自立及び協調の態度を養い、道徳性の芽生えを培うこと。
> （エ）生命、自然及び社会の事象についての興味や関心を育て、それらに対する豊かな心情や思考力の芽生えを培うこと。
> （オ）生活の中で、言葉への興味や関心を育て、話したり、聞いたり、相手の話を理解しようとするなど、言葉の豊かさを養うこと。
> （カ）様々な体験を通して、豊かな感性や表現力を育み、創造性の芽生えを培うこと。

　保育所の目標は、養護と教育の一体的な保育展開として示されています。保育所における「園生活」では、幼稚園と同様に**「幼児期の終わりまでに育ってほしい姿」**（10の姿）も基軸にされています。
　幼稚園と保育所のいずれも、幼児期の教育・保育を担うことにおい

て、「生きる力」を育むために、「知識及び技能の基礎」「思考力、判断力、表現力等の基礎」「学びに向かう力、人間性等」を基礎とした資質・能力を一体的に育むこととしています。この教育・保育の進め方が、幼・保・小の連携にもつながることとして受け止められています。

3　小学校

「小学校は、心身の発達に応じて、義務教育として行われる普通教育のうち基礎的なものを施すことを目的とする[8]」。

この教育目的に基づいて、義務教育としての教育目標が以下のように示されています[9]。

▶ 出典

[8]「学校教育法」第29条

[9]「学校教育法」第21条

一　学校内外における社会的活動を促進し、自主、自律及び協同の精神、規範意識、公正な判断力並びに公共の精神に基づき主体的に社会の形成に参画し、その発展に寄与する態度を養うこと。

二　学校内外における自然体験活動を促進し、生命及び自然を尊重する精神並びに環境の保全に寄与する態度を養うこと。

三　我が国と郷土の現状と歴史について、正しい理解に導き、伝統と文化を尊重し、それらをはぐくんできた我が国と郷土を愛する態度を養うとともに、進んで外国の文化の理解を通じて、他国を尊重し、国際社会の平和と発展に寄与する態度を養うこと。

四　家族と家庭の役割、生活に必要な衣、食、住、情報、産業その他の事項について基礎的な理解と技術を養うこと。

五　読書に親しませ、生活に必要な国語を正しく理解し、使用する基礎的な能力を養うこと。

六　生活に必要な数量的な関係を正しく理解し、処理する基礎的な能力を養うこと。

七　生活にかかわる自然現象について、観察及び実験を通じて、科学的に理解し、処理する基礎的な能力を養うこと。

八　健康、安全で幸福な生活のために必要な習慣を養うとともに、運動を通じて体力を養い、心身の調和的発達を図ること。

九　生活を明るく豊かにする音楽、美術、文芸その他の芸術について基礎的な理解と技能を養うこと。

十　職業についての基礎的な知識と技能、勤労を重んずる態度

及び個性に応じて将来の進路を選択する能力を養うこと。

4 ▶ 中学校

「中学校は、小学校における教育の基礎の上に、心身の発達に応じて、義務教育として行われる普通教育を施すことを目的とする[10]」。

中学校教育は、小学校教育を基礎とする義務教育かつ普通教育で、高等学校において示されている専門教育とはされていません。教育目標は、義務教育として行われる普通教育であることから、小学校の教育目標と同様のものとなっています。

5 ▶ 高等学校

「高等学校は、中学校における教育の基礎の上に、心身の発達及び進路に応じて、高度な普通教育及び専門教育を施すことを目的とする[11]」。

この目的に基づいて、「全日制の課程」「定時制の課程」「通信制の課程」が置かれ、進路に応じた「学科」が設けられています。教育目標については、教育目的に基づいて以下のように示されています[12]。

一　義務教育として行われる普通教育の成果を更に発展拡充させて、豊かな人間性、創造性及び健やかな身体を養い、国家及び社会の形成者として必要な資質を養うこと。

二　社会において果たさなければならない使命の自覚に基づき、個性に応じて将来の進路を決定させ、一般的な教養を高め、専門的な知識、技術及び技能を習得させること。

三　個性の確立に努めるとともに、社会について、広く深い理解と健全な批判力を養い、社会の発展に寄与する態度を養うこと。

---

6 ▶ 中等教育学校

「**中等教育学校**は、小学校における教育の基礎の上に、心身の発達及び進路に応じて、義務教育として行われる普通教育並びに高度な普通教育及び専門教育を一貫して施すことを目的とする[13]」。

中等教育学校の修業年限は、6年とされています。中学校における普通教育、高等学校における高度な普通教育、さらに高等学校における専門教育を統合して、中等教育学校として教育を行っています。中等教育学校に準ずる学校として、「中学校・高等学校一貫校」（通称）がありま

▶ 出典
[10] 「学校教育法」第45条

◆ 補足
義務教育学校
「義務教育学校」は、「学校教育法」一部改正により、2010年より設置。小学校（教育）課程から中学校（教育）課程までの義務教育を一貫して行う学校で、小中一貫校の一種である。

▶ 出典
[11] 「学校教育法」第50条

[12] 「学校教育法」第51条

◆ 補足
中等教育学校
中学校段階と高等学校段階を総合的に編制する学校。中学校段階の教育課程を「前期課程」、高等学校段階の教育課程を「後期課程」に区分。

▶ 出典
[13] 「学校教育法」第63条

す。中等教育学校における教育目的に基づいて、以下のように教育目標が示されています[14]。

一　豊かな人間性、創造性及び健やかな身体を養い、国家及び社会の形成者として必要な資質を養うこと。

二　社会において果たさなければならない使命の自覚に基づき、個性に応じて将来の進路を決定させ、一般的な教養を高め、専門的な知識、技術及び技能を習得させること。

三　個性の確立に努めるとともに、社会について、広く深い理解と健全な批判力を養い、社会の発展に寄与する態度を養うこと。

▶出典
[14]「学校教育法」第64条

7　特別支援学校

「特別支援学校は、視覚障害者、聴覚障害者、知的障害者、肢体不自由者又は病弱者（身体虚弱者を含む。）に対して、幼稚園、小学校、中学校又は高等学校に準ずる教育を施すとともに、障害による学習上又は生活上の困難を克服し自立を図るために必要な知識技能を授けることを目的とする[15]」。

特別支援学校の設置は、基本的には各都道府県が行うことが義務づけられています[16]。特別支援教育の観点からは、状況に応じて各学校に「特別支援学級」が設置されています。

特別支援学校における教育目標については、特別支援学校における教育目的に基づいたものとなっています。「幼稚園教育要領」をはじめ、小学校・中学校・高等学校の各「学習指導要領」に準拠するとともに、**合理的配慮を踏まえた観点**から、教育目標が示されています。

▶出典
[15]「学校教育法」第72条

[16]「学校教育法」第80条

◆補足
合理的配慮を踏まえた観点
特別支援教育の様態が多様であることを踏まえ、合理的配慮を踏まえた観点からの教育目標となっている。

演 習 課 題

①現行の「学校教育法」や「学習指導要領」を参照して、諸学校における「教育の目的」「教育の目標」を確認しておきましょう。

②学校教育においては、子どもたちに「生きる力」を育むことを重視しています。「生きる力」の受け止め方について話し合ってみましょう。

③「子どもの人権」を尊重する教育の考え方や進め方について、関連する資料を参考にして、まとめてみましょう。

教育と児童福祉の関連性

教育の具体的な展開や推進においては、多面的な背景や観点に配慮することになります。このレッスンでは、学校教育における「児童福祉」との関連から、教育の基本的な視座を示します。学校教育を社会システムとすれば、「児童福祉」のみならず「社会福祉」の観点からも、教育との関連を取り上げる必要があります。

1. ユニバーサル社会における教育

未来志向としての教育展開や社会構築において、**ユニバーサル・デザイン**というキーワードが用いられるようになりました。その定義は、一言では表しにくいところもあります。ここでは「誰もが、どこでも、あたりまえのように受け止められ、個人としても尊重される」としておきます。これまでは、建築、施設、製品、用具、情報設計、介護用品などの仕様に関する概念として用いられてきました。現在では、社会システム、社会生活、生活感覚、人間感覚なども含めて、「万人のあたりまえと幸せ」を含む概念の言葉として用いられるようになりました。学校生活や教育活動と密接な関係にある環境基盤になっています。

1 学校施設のバリア・フリー

バリア・フリーは、障害者に対して配慮された環境として受け止められてきました。車いす利用の場合のスロープ、エレベーター操作の点字パネル、歩道の点字ブロック、信号の音声、多目的トイレ、駅のプラットフォームの誘導ブロックなど、市民の社会生活では当然の環境になっています。

学校にあっても、施設環境のバリア・フリー化が進んでいます。特に新設校舎では、基本設計になっています。改修工事においても、可能な限りの環境改善が図られています。障害のあるなしにかかわらず、子どもたち一人ひとりが、学校において負担なく自立的な生活を進めることができるための環境配慮です。ユニバーサル・デザインとしての福祉的環境でもあります。

⊞ **用語解説**
ユニバーサル・デザイン
（Universal Design：UD）
文化・言語・国籍の違い、老若男女といった差異、障害・能力のいかんを問わずに利用することができる施設・製品・情報の設計。

⊕ **補足**
ユニバーサル・デザインに関するワーク
ユニバーサル・デザインに配慮した環境や教材・教具・用具などを、学校、家庭、地域のなかで確認し、リストを作成し、授業においてその実際を共有してみるとよい。

2　教材・教具のデザイン

　学習活動では、さまざまな教材や教具を使うことになります。ユニバーサル・デザイン教材・教具です。たとえば、左利きの子どもには、左利きのハサミ、ナイフ、野球のグローブなどが配慮されています。大人の生活でも、左利き家庭用品の品揃えが、一般的な店舗の構えになってきました。

　特別支援教育においては、点字教科書、鈴音の鳴るボール、拡大パネル、ソフトタッチ教材・教具など、子どもたちの現実に合わせた自立教材が配慮されています。幼児期の教育・保育を行う幼稚園・保育所・認定こども園などの環境構成においても、乳児や幼児の発達・成長に合わせたユニバーサル・デザイン環境が格別に配慮されています。

3　学校教育のジェンダー・フリー

　男女共同参画社会の構築は、わが国に限らず、グローバルなスタンダードとして、社会や生活のシステム、ものごとの考え方、実際の暮らし方などにおいて避けて通れない取り組みになっています。男女共同参画は、必ずしも「男性」「女性」間の課題にとどまるものではありません。ユニバーサル・デザインとしての文脈において受け止める課題でもあります。

　現在も名残はありつつも、かつては「家事」「育児」「介護」などは「女性」が主として担うものだとの印象や思い込みがありました。ジェンダー間の固定化された偏見でもあります。これらの日常的な生活課題は、まさに男女共同参画による社会システム構築の基盤になります。わが国は、戦後の教育制度設計において「男女共学」システムを導入しました。学校教育では、教科内容において、男女で微妙に棲み分けられていた学習内容も、「共修」になっています。名簿作成をはじめ幼児・児童・生徒の呼称のあり方も、教育課題となっています。男女間の固定的概念の拡大再生産を払拭し、ジェンダー・フリー*への教育推進も行われています。

2．インクルーシブ教育

　障害理解教育、あるいは特別支援教育の新たな展開において、インクルーシブ教育（inclusive education）なる概念が示されています。このインクルーシブには、多様な現実と意味が込められていて、その概念の確定は難しいところがあります。インクルーシブ教育の意義を探ってみます。

✳ 用語解説
ジェンダー・フリー
性による社会的、文化的差別をなくすこと。性別にとらわれず、それぞれの個性や資質に合った生き方を選びとれる社会を提示する。

■1▶ インクルーシブ教育の背景

　すべての子どもには学ぶ権利があります。この考え方は、世界的に共有されています。インクルーシブ教育が醸成<ruby>じょうせい</ruby>されていくさまざまな取り組みがあります。以下にそれらを列記してみます。

・国連：「障害者の権利宣言」(1975年) ／「国際障害者年」(1981年) ／「障害者に関する世界行動計画」(1982年) ／「児童の権利に関する条約（子どもの権利条約)」(1989年) ／「国連・障害者のための機会均等化に関する基準規則」(1993年)
・ユネスコ：「サラマンカ宣言」(1994年)

　これらの宣言・計画案・条約・規則などの文書は、いずれもインクルージョン（inclusion）を推進していくための大きな根拠や背景となっています。各国政府の計画におけるインクルーシブ教育を位置づける機会を、具体的かつ強力に与えるものとなっています。「児童の権利に関する条約」で明文化されている権利には、機会の平等を基盤とした教育を受ける権利が含まれています。すべての子どもがともに学ぶ環境で、障害のある人への教育を行うことを求めています。

　このインクルージョンの精神は、わが国の現行の「教育基本法」や「学校教育法」において、特別支援教育やインクルーシブ教育の基本視座として位置づけられています。「障害者の権利に関する条約」（国連）を受け、「障害者基本法」の改正、「障害者差別解消法」の成立、「学校教育法施行令」の改正を行っています。これらの諸法令と連動させて、「中央教育審議会初等中等教育分科会報告～共生社会の形成に向けたインクルーシブ教育システム構築のための特別支援教育の推進」(2012年) が示されています。このように、インクルーシブ教育は、教育関連の諸法令等をもとにした公的な教育の基本として、位置づけられています。

　インクルーシブ教育は、「万人のための学校」であり、「万人のための教育」(Education for all）を効果的なものにするための教育スタンスであると受け止められています。インクルーシブ教育は、「障害児教育」や「特別支援教育」に重点が置かれて受け止められるとしても、「障害児教育」や「特別支援教育」を包括・包摂するものであるとの考え方になります。

■2▶ インクルーシブ教育の実践原理

　インクルーシブ教育を端的に言い表すとすれば、「誰をも排除しない

教育」です。障害があろうとなかろうと、民族が同じであろうとなかろうと、そうした違いの有無によって分けない教育そのものなのです。学校や教室では、性、言語、文化、個性などの違いをもった子どもたちであったとしても、同じ空間で学ぶという教育システムなのです。子どもたちのもつ課題や問題の原因や背景を、子どもに求めるのではなく、学びの環境との関係から受け止めて、子ども一人ひとりの「生きにくさ」を克服していこうとする教育実践の構えでもあります。そのためには、学校の施設・設備、教育カリキュラム、教員による指導方法、教材・教具などに合理的かつ最善の配慮をしていくとする、原理が求められていきます[1]。このような教育の基本に照らして、以下の論点を、子どもたち一人ひとりの育ちゆく姿や配慮として受け止めることができます。

▶出典
[1]　堀智晴編著『ちがうからこそ豊かに学びあえる ──特別支援教育からインクルーシヴ教育へ』明治図書出版、2004年、34-35頁

- 同じ空間や場の共有：自分の居場所があり、他児と場や空間を共有し、相互に学び合う。
- 自己決定の尊重：本人が判断する、選ぶ力を育てる。本人の感じ方、考え方、生き方を受け止め、自分の直面する問題を解決する力をつける。
- 自立と共生の関係を重視：自己決定は、一人ひとりが決定し合う友達の中でこそ育つ。子ども同士での育ち合いが教育基盤となる。
- 多様な学習形態による柔軟な教育：個別学習、グループ学習、集団学習の柔軟な組み合わせによる学習活動。教科学習、合科学習、総合学習との連関による学習。

3　インクルーシブ教育理念の展開

わが国は「サラマンカ宣言」を受託し、特別支援教育にかかわる「学校教育法」の一部改正を行っています。「世界の動向はインクルージョンである」との認識をもとにした教育法規等の整備です。世界各国やわが国における「障害児教育」あるいは「特別支援教育」は、その流れにあります。「障害児教育」や「特別支援教育」におけるインクルージョン概念に至るまでには、次のような多少の揺れ動きがあります[2]。

▶出典
[2]　[1]と同じ、17頁

Exclusion （排除）	→	Segregation （分離）	→	Integration （統合）	→	Inclusion （包括）

こうした概念の用法や教育イノベーションの下地になっているのは、ノーマライゼーション（Normalization）という概念です。ノーマライゼーション理念のもとに展開された統合教育運動は、「アメリカ合衆国連邦教育法」（1975年）をはじめとした定義において、2つの要件が示唆されています。「可能な限り地域の通常の学級で」と「適切な教育を保障」です。この2つの要件は、インクルーシブ教育を定義する場合の重要なキーワードになっています。アメリカの取り組みを整理することをもとにすれば、次の3点にインクルーシブ教育の基本視座があるとされます[3]。

▶出典
†3　山口薫『特別支援教育の展開──インクルージョン（共生）を目指す長い旅路』文教資料協会、2008年、67頁

> ・すべての子どもは、自分の家の近くの学校の通常の学級に通って、適切な支援を受ける。
> ・すべての教師が、適切な支援と研修の機会をもちながら、すべての子どもについて責任をもつ。
> ・学校は、学校の組織、カリキュラム、アセスメントの方法を再構築し、学習参加への障害を克服するために、学校や地域でどのような子どもも一人残らず育てるために、学校の価値について再考する。

インクルーシブ教育に関する上記の定義は、「障害児教育」や「特別支援教育」の視座や課題を含みながらも、特化したものにはなっていません。ここに、インクルーシブ教育の包括的性格があります。インクルーシブ教育＝「障害児教育」「特別支援教育」ではありません。

4　学級のなかのインクルーシブ教育

学校はもちろんのこと、学級にもさまざまな子どもが在籍して、学習を進めています。学級では、その規模は別としても、「気になる子ども」「軽度の障害のある子ども」を受け入れています。「特別支援学級」の子どもが通常学級で学習を進めることもあります。そこでは、そうした子どもたちを排除して生活や学習の状況がつくられるわけではありません。「合理的配慮」をもとにした、学級での個別支援計画によって、通常の生活や学習が進められていくことになります。

アメリカの初等教育学校の学級では、「障害児教育」「特別支援教育」に限らないインクルーシブ教育の実際があります。ノーマライゼーションを下地とした教育への取り組みです。その一つとして、学級の担任には、一人であろうと複数であろうと、在籍する子どもの現実に合わせた教育スタンスが求められます。たとえば、多文化あるいは多言語の子どもた

ちが学級に在籍する場合には、担任には、その子どもたちの状況に合わせた適切な対応が求められます。学級担任にあっては、英語を基本として、平均的には、**複数言語**（3つの言語）を使用できることが条件のようです。文化的に特別なニーズ（SNE：Special Needs Education）のある子どもへの配慮です。

　担任は、英語、フランス語、ドイツ語、スペイン語、ベトナム語、中国語などといった複数の言語を学級で駆使していくことになります。アメリカであるから、英語のみで生活や学習を進めるとする原則はありません。外国籍の子どもたちは、初期の段階では、可能な限りは自分たちに対する配慮（母国語環境）を受けながら、学習困難を克服していくとする考え方が、学級経営や教育のカリキュラムにあります。いずれはアメリカ化していく方向で、子どもたちがアメリカ市民として言語的・文化的に自立していくことが想定されている教育スタンスです。

　わが国では、小学校教育において、「外国語活動」あるいは「外国語教科」へのカリキュラム変換が話題になっているとしても、学校の環境、教師の条件を大きく変えるものにはなっていません。やがては、日本語を基本にして、学級の子どもの言語的現実に配慮する言語能力を有することが条件になるのではないでしょうか。外国籍の子どもたち、帰国子女の子どもたちが学習に困難を感じる原因は、彼らにあるわけではありません。この点からのインクルーシブ教育も大きな流れになっていくことになります。

◆補足
複数言語
事例の出典は、筆者がイリノイ大学客員研究員（1983年）として観察収集したもの。

3．特別支援教育と学校

　特別支援教育は、「特別支援学校」において行われるだけでなく、通常の学校においても行われています。小学校などでは、「特別支援学級」や通常の「学級」において、日常的な教育として進められています。「特別支援教育」に公的に込められている教育視座を受け止めることにします。

1　特別支援教育の黎明

　わが国では、かつて「特殊教育」の名称が一般的に使われていました。旧文部省においても「特殊教育」の部門が設置されていました。特殊教育としての歴史をたどれば、「京都盲唖院」（1878年）の設立が始まりです。そのあと、第2次「小学校令」（1890年）、第3次「小学校令」（1900年）が示され、障害のある子どもの就学についての規定が定められています。

通常の教育から、障害のある子どもの教育が別格扱いになっています。

　知的障害児（学業不振児）に対する教育への対応策から、「特殊学校」や「特別学校」が設置・設立されるようになりました。長野県松本尋常小学校「落第生学級」（1890年）や長野県長野尋常小学校「晩熟生学級」（1896年）、神奈川県茅ヶ崎にわが国最初の病弱児学校「白十字会林間学校」（1917年）、わが国最初の肢体不自由児学校「東京市立光明学校」（1932年）、わが国最初の知的障害児学校「大阪市立思斉学校」（1940年）などがあります。この間、「盲学校及聾啞学校令」（1923年）が制定されています。

２　特別支援教育の義務化と特別支援学級の整備

　特別支援学校は、小学校や中学校等と同様に、「学校教育法」第 1 条に定められる学校です。現在の「特別支援学校」としての確立に至るまでには、法的整備の経緯があります。その概略を示しておきます。

> ・「教育基本法」「学校教育法」（1947年）
> ・「公立養護学校整備特別措置法」（1956年）／盲・聾学校教育の義務化

　昭和20〜30年代には、知的障害児や肢体不自由児、病弱児・虚弱児の教育は、実質的には「特殊学級」が担っていました。このために、「特殊学級」が増設されていきました。判断基準では、中度・重度は養護学校の対象としながらも、別枠による重度知的障害児は、就学の猶予・免除とされていました。昭和30〜40年代には、障害児が大幅に増えたことから、知的障害児施設、肢体不自由児施設、重症心身障害児施設が、障害児の受け入れ機関となりました。

> ・養護学校義務化（全員就学）／「交流教育」「訪問教育」の開始
> ・通級による指導の制度化

　「通級指導」は、小学校や中学校の通常学級に在籍している言語障害や情緒障害などの軽度の障害のある子どもを対象としており、週 1 回程度「通級指導教室」に通級し、指導を受ける体制です。

3 「特別支援教育」推進の関連法令・報告

　インクルーシブ教育の観点からの「特別支援教育」の充実のために、さまざまな関連法令や報告が公的に示されています。主なものを列記します。

- ・「21世紀の特殊教育の在り方について～一人一人のニーズに応じた特別な支援の在り方について」（文部科学省、2001年）
- ・「発達障害者支援法」（2005年）／支援の制度化
- ・「学校教育法」一部改正（2006年）／特別支援学校に変更
- ・「障害者基本法」一部改正（2011年）
- ・「中央教育審議会初等中等教育分科会報告～共生社会の形成に向けたインクルーシブ教育システム構築のための特別支援教育の推進」（2012年）
- ・「学校教育法施行令」一部改正（2013年）／本人・保護者の意向を尊重した就学先の決定
- ・「障害を理由とする差別の解消の推進に関する法律（障害者差別解消法）」（2013年）

---

4 障害児教育をめぐるパラダイム変換

　「障害児教育」に関して、わが国では、障害のある子どもに対して、特別な教育の場を整備することで取り組んできた経緯があります。「隔離」「分離」にやや重点が置かれた教育推進であったところがあります。今日のインクルーシブ教育としての「障害児教育」あるいは「特別支援教

図表3-1 特別支援教育に至るまでの教育視座

	特殊教育	特別支援教育	インクルーシブ教育
判別	障害の種類と程度	子どもの特別な教育的ニーズ	本人の自己決定
場	特殊学校 特殊学級	特別支援学校 特別支援教室 地域の学校 普通学級	地域の学校 普通学級
教育目標	準ずる教育 欠陥を補う教育	「自立と社会参加」の基礎を養う	社会的自立の支援 社会環境の整備
教師	特殊教育教師	特別支援教師 特別支援コーディネーター	すべての教師

出典：網山路子『インクルーシヴ教育がめざすもの――すべての子どもが安心して「学ぶ」ために』近大姫路大学、2015年をもとに作成

育」に至るまでの教育視座を大まかに示すと、図表3-1のようになります。これをみると、「特別支援教育」は、過渡的な位置づけになります。まだ、到達点としての「特別支援教育」ではなさそうです。「特別支援教育」においては、障害のある子どもたちに重点を置き、最善の環境を配慮していくとしても、「特別支援教育」のその先にある教育スタンスとしては、「インクルーシブ教育」が緩やかに想定されます。「特別支援教育」と「インクルーシブ教育」は、「必要十分条件」の関係にあります。「インクルーシブ教育」は、「特別支援教育」を否定することによって成り立つものではありません。

5 「合理的配慮」と「基礎的環境整備」

「**合理的配慮**[*]」は、特別支援教育やインクルーシブ教育では積極的差別是正措置や優遇措置とは異なる概念として把握されるものです。関連する法令・報告等から、これら2つの概念についてみてみましょう。

① 「障害者の権利に関する条約」（2006年）

この条約は、2006年に国連総会において採択され、2014年にわが国は批准・発効しています。この間に、「障害者基本法」の改正、「障害者差別解消法」の成立、「学校教育法施行令」の改正などが行われています。この条約の目的の一つは、「障害者の人権・基本的自由の享有の確保」、もう一つは「障害者の固有の尊厳の尊重の促進」です。

このような目的をもって、教育の基本条件が示されています（第24条）。基本条件の一つは、障害者を包容するあらゆる段階の教育制度（inclusive education system at all levels）および生涯学習の確保です。人間としての尊厳、自己の価値意識、自尊感情、可能な限りの発達、自由な社会への効果的な参加を目的としています。もう一つは、上記を実現するための要件確保です。一般的な教育制度から排除されないこと、無償かつ初等・中等の義務教育において排除されないこと、他者との平等を基礎とした自己の生活や地域社会への参加、そのために個人に必要とされる「合理的配慮」が提供されること、効果的な教育を容易にする完全なる包容に必要な適切な支援を一般的な教育制度のもとで受け、効果的かつ個別化された支援措置がとられることなどが示されています。

② 「障害者基本法」の一部改正（2011年）

「心身障害者対策基本法」（1970年）が1993年に「障害者基本法」に改称され、現在に至っています。障害のある児童・生徒と障害のない児童・生徒が可能な限り「共に教育」を受けられるよう配慮し、その目的を達成するために障害のある児童・生徒およびその保護者に十分な情報

✛用語解説
合理的配慮
（reasonable accommodation/reasonable adjustment）
障害者から何らかの助けを求める意思の表明があった場合、過度な負担になりすぎない範囲で、社会的障壁を取り除くために必要な便宜のこと。

を提供し、可能な限りその意向を尊重すること、などを示しています。こうした観点から、障害のある児童・生徒と障害のない児童・生徒との交流や共同学習を積極的に進め、その相互理解を促進することとされています。

③中央教育審議会初等中等教育分科会「共生社会の形成に向けたインクルーシブ教育システム構築のための特別支援教育の推進（報告）」（2012年）

この報告では、「共生社会の形成に向けたインクルーシブ教育システム構築のための特別支援教育の推進」に重点を置いて、「障害のある子どもが十分に教育を受けられるための合理的配慮及びその基礎となる環境整備」を示しています。

「障害者権利条約」に込められた観点をもとに、インクルーシブ教育を位置づけています。「障害者が精神的及び身体的な能力等を可能な最大限度まで発達させ、自由な社会に効果的に参加することを可能とするとの目的の下、障害のある者と障害のない者が共に学ぶ仕組み」という考え方に集約されます。学校教育システムとして受け止めるとすれば、具体的に次のような教育の様態があります。「同じ場で共に学ぶことの追求」「個別の教育的ニーズのある子どもに対しては、自立と社会参加を見据えて、その時点で最も的確に応える指導を提供」「そのための多様で柔軟な仕組みの整備や環境配慮」「通常の学級、通級による指導、特別支援学級、特別支援学校などの連続性のある多様な学びの場の用意」などとなります。

共に学ぶことは、「共存」の関係に終始する教育環境ではなく、「共生」の感覚と関係をつくり上げていく教育へと方向づけられていくことを意味します。障害のある子どもと障害のない子どもが、できるだけ同じ場で共に学ぶことに向けた教育への取り組みです。共に学ぶ場では、それぞれの子どもが、授業内容がわかり、学習活動に参加していることの実感や達成感をもちながら、充実した時間を過ごしつつ、その積み重ねによって、生涯を生き生きと生き、歩む力を身につけていけるかどうか、このことが最も本質的な教育の視点になります。そのために、最善の利益を得ることのできる環境の整備や配慮が必要になります。

こうした基盤になる環境として、「合理的配慮」および「基礎的環境整備」が示されています。この答申報告からは、「合理的配慮」および「基礎的環境整備」について、大まかには次のように把握することができます。「合理的配慮」は、一人ひとりの障害の状態や教育的ニーズなどによって決定されるものです。「基礎的環境整備」は、「合理的配慮」の基

礎となる環境整備です。答申報告では、その観点と具体的な項目を次のように示しています。

〈学校における合理的配慮（3観点11項目）〉

第1の観点：教育内容・方法

　①学習上または生活上の困難を改善・克服するための配慮（教育内容）

　②学習内容の変更・調整（教育内容）

　③情報・コミュニケーションおよび教材の配慮（教育方法）

　④学習機会や体験の確保（教育方法）

　⑤心理面・健康面の配慮（教育方法）

第2の観点：支援体制

　⑥専門性のある指導体制の整備

　⑦幼児児童生徒、教職員、保護者、地域の理解啓発を図るための配慮

　⑧災害時等の支援体制の整備

第3の観点：施設・設備

　⑨校内環境のバリアフリー化

　⑩発達、障害の状態および特性等に応じた指導ができる施設・設備の配慮

　⑪災害時等への対応に必要な施設・設備の配慮

〈基礎的環境整備（8観点）〉

第1の観点：ネットワークの形成・連続性のある多様な学びの場の活用

第2の観点：専門性のある指導体制の確保

第3の観点：個別の教育支援計画や個別の指導計画の作成等による指導

第4の観点：教材の確保

第5の観点：施設・設備の整備

第6の観点：専門性のある教員、支援員等の人的配置

第7の観点：個に応じた指導や学びの場の設定等による特別な指導

第8の観点：交流および共同学習の推進

④「学校教育法施行令」の一部改正（2013年）

　「中央教育審議会答申」（2012年）を踏まえて、「学校教育法施行令」

が一部改正されています。障害のある児童生徒の就学先決定について、特別支援学校への就学を原則とし、例外的に小学校・中学校への就学を可能にしていたこれまでのしくみを改めたものとなっています。「市町村教育委員会が、個々の障害の状態等をふまえ、総合的な観点から就学先を決定する仕組みとして、その際、本人・保護者の意向を可能な限り尊重する」こととしています。障害の状態等の変化を踏まえた転学、区域外就学のほか、十分に保護者や専門家からの意見聴取の機会を拡大することも規定に示されています。この考え方は、現在にまで至っています。

⑤「障害を理由とする差別の解消の推進に関する法律（障害者差別解消法）」（2013年）

　この法律の施行は、2016（平成28）年です。「障害を理由とする差別等の権利侵害の禁止」「社会的障害の除去を怠ることによる権利侵害の防止」「国による啓発・知識の普及を図るための取組」を骨子としたものとなっています。障害のある者に対しての「合理的配慮」および「基礎的環境整備」を基礎づける法的義務あるいは努力義務を、国・地方公共団体等、民間事業者に求めています。特別支援教育やインクルーシブ教育は、このような基盤にあって、その後も推進されています。

⑥「第3次障害者基本計画」（2013～2017年）

　「第3次障害者基本計画」は、「障害者基本法」に基づいて策定されています。政府が講ずる障害者の自立および社会参加の支援等のための最も基本的な計画です。「基本的な考え方」「分野別施策の基本的方向」「推進体制」の柱から、「全ての国民が、障害の有無によって分け隔てられることなく、相互に人格と個性を尊重し合いながら共生する社会の実現」（「障害者基本法」および「障害者差別解消法」第1条）をもとにした、取り組みへの計画を策定するものとされています。特別支援教育やインクルーシブ教育についても、この計画策定に位置づけられています。この基本計画は、2013～2017年までのおおむね5年間の計画期間となっていますが、計画期間を経過しても、社会の状況変化に応じたふさわしい計画内容として更新されていくことが求められています。

4. 地域の子育て支援の拠点

　「子育て支援」はわが国の国家的な政策課題であり、「教育・福祉」の観点からも日常的・現実的に喫緊の課題です。子どもを育てることは、子どもを育てる保護者や家庭のみに特化されるものではなく、国民全体

での「子育て支援」の環境づくりが求められています。その中核的機関としての保育所、幼稚園、認定こども園における取り組みを取り上げます。

1　保育所・幼稚園等における子育て支援

　保育所・幼稚園・認定こども園[*]などにおいて、子育て支援に対する積極的な姿勢が求められています。保育・教育の基本となる「保育所保育指針」（2008年）、「幼稚園教育要領」（2008年）、「幼保連携型認定こども園教育・保育要領」（2014年）において、子育て支援の具体的かつ基本的な視点が示されました。なお、この子育て支援の基本は、2017（平成29）年に改正された現行の「保育所保育指針」「幼稚園教育要領」等にも引き継がれています。

①保育所

　「保育所保育指針」では、「子育て支援」として、3つの項目が示されています[†4]。

> 1　保育所における子育て支援に関する基本的事項
> 2　保育所を利用している保護者に対する子育て支援
> 3　地域の保護者等に対する子育て支援

　保育所における保護者への支援は、専門性を生かした保育士等の業務としています。子どもの最善の利益を考慮し、子どもの福祉を重視した保育であり、子育て支援であることを、基本としています。入所している子どもの保護者のみならず、入所していない地域の子育て中の保護者に対しても、子育て支援を行うこととなっています。保育所は、この意味では、地域の子育て支援の専門的拠点機関です。

②幼稚園

　「幼稚園教育要領」では、幼稚園における子育て支援について以下のように示しています[†5]。

> 　子育て支援のために保護者や地域の人々に機能や施設を開放して、園内体制の整備や関係機関との連携及び協力に配慮しつつ、幼児期の教育に関する相談に応じたり、情報を提供したり、幼児と保護者との登園を受け入れたり、保護者同士の交流の機会を提供したりするなど、幼稚園と家庭が一体となって幼児と関わる取組を進め、地域における幼児期の教育のセンターとしての役割を果たすよう努めるものとする。

✛ 用語解説
認定こども園
小学校就学前の子どもへの保育および教育、並びに保護者に対する子育て支援を行う施設。条例に基づき都道府県知事によって認定される。

▶ 出典
†4　「保育所保育指針」第4章

▶ 出典
†5　「幼稚園教育要領」第3章2

幼稚園では、「預かり保育」（教育課程に係る教育時間の終了後等に行う教育活動）も実施しています。これも、子育て支援の取り組みです。

③認定こども園

「幼保連携型認定こども園教育・保育要領」では、第4章において、保護者に対する子育て支援について示してあります。保育所における子育て支援の基本を踏まえて、子どもに対する学校としての教育および児童福祉施設としての保育、保護者に対する子育て支援を相互に有機的に連携させることを図りながら、保護者や地域の子育てを自ら実践していく力量を高めることに、取り組みの観点が置かれています。

2　地域における子育て支援

保育所、幼稚園、認定こども園のほかに、地域における子育て支援を行っている拠点として、「子育て支援センター」があります。子育て支援を専門に担当する職員が配置され、業務を行っています。「育児不安等についての相談指導」「子育てサークル等の育成・支援」「特別保育委託事業等の積極的実施・普及促進の努力」「ベビーシッターなど地域の保育資源の情報提供等」「家庭的保育を行う者への支援」などの指定施設として市町村が主体となって地域に設置されています。

こうした子育て支援を支える法律も整備されています。「子ども・子育て支援法」です。次代の社会を担う子ども一人ひとりの育ちを社会全体で応援するため、子育てにかかる経済的負担の軽減や安心して子育てができる環境整備のための施策など、総合的な子ども・子育て支援を推進することを趣旨として2012（平成24）年に制定され、そしてその後改正されながら、現在に至っています。地域の保育所、幼稚園、認定こども園などの保育・教育の進め方も、この「子ども・子育て支援法」と密接な関係があります。

演 習 課 題

①「バリアフリー」と「ユニバーサル・デザイン」の受け止め方を、テキストや参考資料をもとに、ノートにまとめておきましょう。
②学校教育においてインクルーシブ教育に重点が置かれています。どのような考え方や進め方なのかについて、話し合ってみましょう。
③「万人のための福祉や教育」について、このレッスンで学習したことを踏まえて、話し合いを通してまとめておきましょう。

人間形成と家庭・地域・社会等との関連性

私たちの人格・人間形成は、学校教育に特化される課題ではありません。さまざまな生活や環境が、人格・人間形成の背景となります。ここでは、学校教育を拠点とする人格・人間形成が、意図的にも無意図的にも、家庭、地域、社会等と関連しながら行われている点を、今日的な取り組みから把握していきます。

1. 社会的基盤を生かした教育連携

人格や人間形成は、緩やかにまわりの環境との関係性のなかにあることが想定されています。その人がより善く生きるための教育であるとすれば、教育は社会的基盤によって成り立っています。

1 人格・人間形成への英知

諺・格言の多くは、学校教育からにじみ出たものではありません。それらに込められているメッセージは、直接的ではないにしても、人格・人間形成のとらえ方、あるいは教育に対して奥深く示唆に富むものとなっています。「当たらずとも遠からず」という感触があります。

参照
諺・格言に潜在する教育視座
→レッスン1第6節

諺・格言には、人格・人間形成、教育に関してのマクロ・ミクロの視座が、古今東西を問わず、私たちのこれまでの何気ない日常の生活や暮らし意識の蓄積から感じ取られた英知として示されています。それだけに、「そういったところもある」「そうか」「なるほど」などと、頷いてしまうところがあります。

2 社会基盤との有機的な連携

学校教育は、具体的な目標・内容・方法で進められます。この面からは、教育の社会的基盤は漠然としたものではありません。学校教育を推進していく場合に、次のような社会基盤との連携が公的にも図られています。たとえば、「学校と家庭」「学校と地域」「学校と保護者」「学校と地域資源」「学校と学校評議委員・運営協議会」「学校と福祉・医療機関」「学校と警察」「学校と地域企業・職場」「学校と社会教育・生涯学習機関」「学校と異校種」「学校と地域行政機関」「学校と地域団体」などでしょう。学校は、学校単独で教育を行っているわけではありません。まさに富士

山の裾野のように、学校を支援する地域の社会的基盤があります。これらは、「教育の裾野」ととらえることができそうです。

「教育の裾野」は、学校と各社会基盤の二者間の寄せ集めではありません。学校との二者間は、学校がそれぞれからの支援を受けながら互恵的・公的な関係を保ちつつ、二者間は、複合的・融合的かつ有機的な関係を構築することになります。その求心力は、子どもたちの人格・人間形成の観点からは、「学校」にあります。学校への支援を進めている構成母体にもあります。それぞれの独自性や特色を発揮しながらの連携によって、子どもたち一人ひとりに配慮した教育を進めることになります。地域に「教育の裾野」を構築することこそ、成熟した地域の社会基盤になります。

2.　家庭と地域の接点とつながり

人格・人間形成は、日常の生活や暮しぶりが大きく関係します。この点からは、家庭は人格・人間形成の格別な環境になります。家庭教育には、学校教育とは異なる受け止め方があります。学校は、法律に基づく教育機関であり、学校教育では意図的・計画的に教育が行われます。家庭教育は、学校教育に比べて、必ずしも意図的・計画的ではないとの印象を誰しももちます。家庭教育には、学校教育を補完する関係のように受け止められてきたところがあります。

1　家庭教育の位置づけ

家庭教育に対する重要性と期待があります。現行の「教育基本法」第10条では、「家庭教育」が、「幼児期の教育」（第11条）や「社会教育」（第12条）と同様に高らかに示されています。「家庭教育」については、次のような教育の責任と推進が明示されています。

1つ目は、子どもの教育における父母その他の保護者の第一義的責任についてです。生活のために必要な習慣を身につけさせること、自立心の育成、心身の調和のとれた発達を図ることなどを家庭教育の責任として求めています。

2つ目は、国および地方公共団体における家庭教育推進の責務についてです。家庭教育においてその自主性を尊重しつつ、家庭教育に関わる学習の機会や情報の提供などにより家庭教育を支援するために必要な施策を講ずる努力をするなどの取り組みにより、地域をあげて地域とつな

がりのある家庭教育を求めています。

2　家庭教育推進・支援の事業展開

　国や都道府県をはじめ、市町村を母体とした地域では、さまざまな家庭教育、子育て支援が進められています。わが国の社会状況を背景として示されている政策を受けて、地域における家庭教育推進・支援の事業が展開されています。たとえば、次のような拠点施設における事業としての取り組みがあります。

　「子育て学習センター」（兵庫県）、子育て支援センター、放課後児童クラブ、家庭教育学級、子育て情報プラザ、子育て広場、こどもの城（岐阜県大垣市ほか各地）、「こどもの館」（兵庫県）、多世代交流館（兵庫県三田市）、児童館、児童センターなど。こうした拠点施設における家庭教育推進・支援事業展開の促進は、各都道府県および市町村における「家庭教育支援条例」の制定に基づいて、地域の活性化に向けた、人づくり・地域づくり・町づくりとしての意味合いも込めて行われています。公的機関による推進のみならず、地域企業やNPOによる家庭教育推進・支援の事業や活動もあります。

3　地域とつながった「家族―家庭」の日常生活

　「家族―家庭」生活には、地域生活との接点があります。近所グループでの生協活動、公園の清掃活動、ゴミ出しと当番、地域広報誌の配布など、日常的な生活のなかで地域の人たちと出会い、ふれあうことができます。そこでは、さまざまな情報が交換されます。子育てに関する情報もあります。世間の話題、子育て談義、地域の自然・文化・行事、医療や福祉、学校教育や家庭教育、稽古事・学習塾など、個人的な関心事であるとしても、多世代の人たちが互いに構えずにやりとりをすることによって、親しい間柄の人間関係をつくっていく絶好の機会になります。

　出会い、ふれあう機会をつくるためには、まずは「家庭を開く」ことでしょう。これは、子育て世代の家族に限られたことではありません。青少年や成人にとっても、中高年の人たちにとっても、学びのネットワークがつくられていくことになります。地域の子ども会、スポーツ活動、子ども見守り活動、地域バザー、夏祭りや秋祭りなどの季節行事などへの取り組みは、私たちが人として、人間として成長していくきっかけとなります。地域と接点をもつ家庭生活を進めていくと、「顔あわせ」「心あわせ」「力あわせ」へと歩みだすことができます。

3. 地域社会との連携を基盤にした学校

　校区という考え方があります。公立の小学校や中学校の場合には、教育行政の判断で校区が設けられています。必ずしも固定化された地区割りではありません。校区は、広くも狭くも地域にある学校として、子どもの生活圏に配慮したものです。私立学校においては、公立学校の校区に比べれば、きわめて広範囲になっています。校区では、学校は、地域と無縁の関係にあるのではなく、さまざまな関係をもちながら、シームレス化（一体的に業務を行うために継ぎ目なく連携すること）されながらさまざまなスタイルで学校教育が進められています。

1 開かれた学校の教育推進

　学校では、教科の学習、特別活動、道徳教育をはじめ、学校生活や学校教育の全般にわたり、地域とのつながりをもたせた教育課程や学習活動があります。「開かれた学校」や「地域に根ざした学校」などとして、学校教育の再構築を図っています。デューイは、学校は、社会と遊離した無関係の位置にあるのではなく、教育においては社会と有機的な関係にあると強調しています。「地域なくして、学校はなし」「学校なくして、地域はなし」というような関係が、地域と学校との間にはあります[1][2]。裏を返せば、「地域があるから学校がある」「学校があるから地域がある」といえます。

　地域と学校は、古くて新しい格別の固有な関係であり、これからの学校および教育を創造的に構築していく上においても重要なものとなります。子どもたちにとって、地域には潜在的な教育資源としての基盤があります。自然体験、社会体験、福祉体験、職場体験などの体験的な学びの場を提供してくれます。地域の活動や生活、行事に参画しながら、地域社会と関わる機会を得て、地域の人として学び続ける雰囲気や環境を提供してくれます。地域には、学校では体験できない多世代の人々との出会いがあり、新たなコミュニティ活動による人づくりや地域づくり、あるいは故郷づくりへの機会を提供してくれます。

　学校は、地域に寄りかかっている存在ではありません。地域から有意義な教育資源を受け取りつつも、学校から地域に発信していくことで、学校は地域の拠点になっていきます。地域の人たちから親しみや愛着、信頼、期待、誇りをもってもらえるような地域の学校としての教育の推進を図っていけば、学校がその本来の教育機能や社会的機能を発揮して

▶ 出典

† 1　デューイ，ジョン／宮原誠一訳『学校と社会』岩波書店、2005年

† 2　デューイ，ジョン／市村尚久訳『学校と社会・子どもとカリキュラム』講談社、1998年

✚ 補足

『学校と社会』
デューイは『学校と社会（*The School and Society*）』（1899年）において、カリキュラム構築の観点から論究している。

◆補足
地域を育てる学校
「地域を育てる学校」としての地域と学校と生活の関係をとらえた視座は、東井義雄『村を育てる学力』（明治図書出版、1957年）を参照。

いけるようになり、「地域を育てる学校」になっていきます。

2　地域学校間の連携

　教育連携は、地域の各学校間においても行われています。たとえば、「幼稚園と小学校」（幼小連携）、「小学校と中学校」（小中連携・義務教育学校）、「中学校と高等学校」（中高連携・中等教育学校）、「高等学校と大学」（高大連携）などと、各学校はそれぞれの教育的な特色を出し合い生かし合いながら、教育連携を図っています。各学校は、在籍する子どもの学齢には幅があるとしても、輪切り的な教育段階として受け止められるものではありません。「幼児期の教育・保育を基礎とした小学校教育」「小学校の普通教育を基礎とした中学校の普通教育」などの教育のつながりの示し方は、その教育におけるシームレス化の観点から、各学校に「接続」「一貫」「連携」を求めたものです。「教育基本法」「学校教育法」をはじめ「学習指導要領」などに基礎づけられた、教育推進の視点でもあります。

　教育連携は、同じ校種間においても進められることがあります。地域の学校として、地域のスポーツ競技会、文化・芸術活動発表会、夏休み作品展示会などの企画に参画して、各学校間の連携を図っています。

　教育連携には、それぞれの進め方や背景があります。「小規模校であることから、合同で学校行事や学習活動を行う」「義務教育・普通教育としての学習の接続」「進路を決めていく機会としての中高や高大の連携」など、地域にある学校の現実からの取り組みとなっています。教育連携の進め方には、温度差があります。

①「幼小連携」への取り組み

　幼小連携は、幼児と児童の交流を基本として進められ、以下のような連携が図られています。

> ・行事的交流
> ・幼小連携の校務分掌（園務分掌）
> ・合同研修（保育・授業参観）
> ・幼児・児童の交流活動
> ・小学校・幼稚園・保育所の教職員間での交流指導
> ・幼小の連携教育カリキュラムの開発と編成

②「小中連携」への取り組み

　小学校と中学校は、いずれも義務教育学校であることから、公立学校では、教職員相互間の人事異動も行われます。校長や副校長（教頭）な

ど管理職の人事異動の場合が多いものの、人事異動は、小学校と中学校の相互理解の機会になります。

　教職員の相互異動にとどまらず、授業交流も試みられています。小学校の英語学習（外国語活動）では、中学校の英語教師が担当したり、中学校の特定の教科によっては、小学校の教師が担当したりすることも試みられています。小学校教師ならではの、教育・授業の指導タクト（指導過程における考え方、進め方、子どもへの関わり方）を駆使して、生徒へ学習への動機づけ（知的好奇心の具体化、生徒と教師との親和性など）を行うことは、生徒の学習への参画を支援することになります。

　地域の学校として、小学校と中学校の統合を行い、「○○市立○○学園」「○○市立○○小中学校」などの名称で、小学校と中学校を一体化した学校システムを推進する地域もあります。義務教育９年間のカリキュラムを編成し、「義務教育学校」として、普通教育の接続に重点を置く教育体制です。このような小中一貫校の場合、同一敷地内に学校が設置されたり、隣接設置であったり、校舎を合築にしている場合もあり、その様態はさまざまです。

　こうした連携への取り組みは、相互乗り入れする小中教育連携の体制づくりになります。島嶼部や内陸部、通学の困難な地域にある小学校や中学校では、小中一貫の学校づくりは、地域に開かれ、根ざし、拠点を置くという観点から求められています。都市部においても、小中の一貫教育を推進する学校づくりへの取り組みがあります。小中一貫の学校生活のなかで、子どもたちは、互いの関係構築、多様な学び合い、地域への愛情を確かなものにしていきます。

③「中高連携」への取り組み

　中学校と高等学校との学校間の区切りを弾力化し、一貫性や系統性を重視した教育を行う中高一貫校（中等教育学校）は、1999（平成11）年に制度化されました。中等教育学校は、中学校段階と高等学校段階とを６年間の教育課程として接続し、効率的に教育を進める学校です。全国で370校以上の中等教育学校が設置されています。

　大学付属学校では、中学校と高等学校とを接続する方式を早くから導入しています。「中等教育学校」の名称を用いていなくても、実質的には中等教育学校としての教育体制をもとに学校教育を進めています。地方公共団体においても、北海道をはじめとして、中高一貫校としての教育への取り組みが拡大されつつあります。

　中高一貫校（中等教育学校）の体制をとらずとも、地域では、中学校と高等学校との交流学習を進め、連携教育プログラムの開発などの取り

組みがみられます。中学校と高等学校の間で、それぞれの条件がかみ合うことが、教育連携を進める場合に重要となります。特定の教科、スポーツや文化活動の連携などに限られることもあります。中学校と高等学校の教育連携は、学校相互間の地理的距離が支障になることもあります。遠距離になったり、広域的になったりした場合、日常的な教育連携は難しくなります。そのなかにあっても、中学生にとって高校生の姿が憧れの対象となれば、その問題は克服されていくこともあります。

3 ▶ 地域に開かれた学校支援システムの稼動

学校と地域とは一体的な関係基盤にあって、学校も地域も、その成長を地道に進めてきました。これまでの「地域に開かれた学校」「地域に根ざした学校」は、手ごたえのある教育実績です。わが国におけるこれからの学校教育の基本路線でもあります。学校を取り巻く社会状況の変化にあって、学校が単独でその教育機能を十全に発揮することには限界もあるとの認識から、新たな**学校と地域との連携・協働への取り組み**が模索され進められています。

①コミュニティスクール

地域社会が総掛かりで、これからの学校教育の実現を図ることから、「コミュニティスクール」の構想が具体化されつつあります。「コミュニティスクール」と「地域学校」とでは、その言葉の響きに、多少なりともずれがあります。「地域学校」だと「地域にある学校」という理解にとどまるところもありそうです。「コミュニティスクール」(community school) の"co"には、「共に」や「関わり合う」などの接頭語としてのニュアンスがあります。「コミュニティスクール」には、連携や協働の概念が組み込まれているということになります。**マッキーヴァー**[*]の言説に依拠すれば、地域は、物理的空間のエリアでもあり、そこに生活する人々の心理的あるいは文化的つながりのエリアです。

この意味では、コミュニティスクールには、次のような連携・協働の姿が想定されます。1つには、学校は、地域から信頼され受け入れられ、さまざまに支援を受けながら、地域とともにある教育機関です。地域の人々と、学校づくりや地域づくりに向けた目標やビジョンを共有し、学校と地域が一体となって子どもたちを育みます。2つには、子どもも大人も含め多世代の人々が学び合い育ち合う教育体制の構築です。そのためには、地域のさまざまな機関や団体などのネットワーク化を図りながら、学校・家庭・地域の三位一体的相互協力を推進していくことになります。学校・家庭・地域にある垣根や溝などの問題なり課題を、克服していく

◆補足

学校と地域のあり方

文部科学省中央教育審議会答申「新しい時代の教育や地方創生の実現に向けた学校と地域の連携・協働の在り方と今後の推進方策について」2015年を参照。このなかでは、「社会総掛かりでの教育の実現」を図ることの必要性を強調している。

■人物

マッキーヴァー

(MacIver, R. M.)

1882〜1970年

コミュニティに関する社会学的研究者。『コミュニティ――社会学的研究：社会生活の性質と基本法則に関する一試論』(中久郎・松本通晴監訳、ミネルヴァ書房、2009年) を参照。

ことが求められます。3つには、地域の子どもたちが通う学校を核とした連携や協働の取り組みを通じた、人づくりと地域づくりへの積み重ねです。地域や社会の未来に生き、これからを担う人材を育成し、持続可能な自立した地域や社会の基盤構築を図ることへの構えです。

②学校や地域を拠点としたPTAと保護者会

　PTAの始まりは、「米国教育使節団報告書」(1946年)にさかのぼります。PTAとは、"Parent-Teacher Association"の頭文字をとったものです。この報告書では、PTAが民主主義教育推進のために積極的な役割を果たすことを期待し、勧奨しています。GHQは、文部省社会教育局にアメリカのPTA資料を提示し、PTA組織結成の指導を行いました。これを受けて、文部省内に「父母と先生の会委員会」が設置され、委員会において「父母と先生の会——教育民主化のために」と題する手引書が作成されました。このなかで、PTAの趣旨を、「家庭と学校と社会とがその教育の責任を分け合い、力を合わせて子どもたちの幸福のために努力していくこと」「先生と父母が平等な立場に立った新しい組織をつくるのがよい」と説明しています。今日にあっても、この趣旨は新鮮な視座です。これらを背景に、「日本PTA全国協議会結成記念の会」が東京で開催され(1952年)、わが国におけるPTA組織が結成されました。

　PTA組織と連動して、各学校では保護者会が組織され、全校、学年、学級で、必要に応じて、学校のあり方、子どもの教育(家庭、学校、地域)などの話し合いの場がもたれるようになりました。PTA組織と保護者会は別組織でありつつも、学校支援の大所高所の観点からは、一体的で任意な組織として、その活動が展開されています。

　学校の教育活動は、地域との接点をもって進められています。PTAの活動は、わが子が通う学校の支援にとどまるものではありません。学校もPTAも保護者会も、地域を視野に入れた活動のふくらみが求められます。このために、PTAの構成員をはじめ、活動エリア、活動内容などについて、地域を巻き込んだPTCA(Parent-Teacher-Community Association)組織にした活動展開の充実が図られています。PTCA活動により、地域学校間連携や協働、PTA経験者の参画など、地域ぐるみの学校支援環境がつくられていくことになります。

③地域ぐるみの学校支援ボランティア

　学校支援ボランティアに地域住民も参画していこうという動きが広がりつつあります。学校支援ボランティアは、学校側からの指示による課題なり内容を、保護者や地域の人たちが請け負うというものではありません。保護者や地域の人たちが、自らできることを提案し、それらを具

◆補足

学校の自主性・自律性
文部科学省中央教育審議会答申「今後の地方教育行政の在り方について」(1998年)では、「学校の自主性・自律性」が強調され、「学校が地域住民の信頼に応えること」「開かれた学校による教育活動の展開」「学校の経営責任を明らかにする取り組み」などの必要性が指摘された。

体的な活動内容や活動方法に調整し、持続可能な活動として進めていくものです。このような地道な活動の取り組みから、学校支援ボランティアは活性化され、社会化されていきます。地域にしっかりと子育て環境が整えられ、根づいていきます。「学校支援地域本部事業」は、その取り組みの一つであり、「地域の学校応援団」です。

　学校支援ボランティアでは、さまざまな活動への取り組みがあります。地域の学校をはじめとした各活動母体の関係者から構成される「地域教育協議会」による活動推進が展開されていきます。その推進のコーディネーターが、学校支援を調整していきます。学校支援ボランティアの活動としては、「子どもたちの学習支援」「部活動の指導」「校内の環境整備」「子どもの安全確認」「学校行事の運営支援」などを無償で行っています。「理科支援」や「国際理解活動」などにおいて、外部人材を活用しながらの活動にも広がりがあります。

　学校支援ボランティアに参画する人たちにとっても意義深いものがあります。現行の「教育基本法」では、地域社会総掛かりの学校支援ボランティアに参画する人たちの視座が、生涯学習の推進とともに以下のように示されています。

・「学校、家庭及び地域住民その他の関係者は、教育におけるそれぞれの役割と責任を自覚するとともに、相互の連携及び協力に努めるものとする」（第13条）
・「国民一人一人が、自己の人格を磨き、豊かな人生を送ることができるよう、その生涯にわたって、あらゆる機会に、あらゆる場所において学習することができ、その成果を適切に生かすことのできる社会の実現が図られなければならない」（第3条）

　学校支援ボランティアは、こうした地域住民の有意義なる生涯学習資源を生かす機会となっています。この点からも、「地域ぐるみ」や「地域社会総かがり」による学校教育への支援は、ますます期待されています。

④学校と連携・協働する学校評議委員・運営協議会・学校評価システム
　中央教育審議会の答申「今後の地方教育行政の在り方について」（1998年）を受けて、各学校が保護者や地域住民の意向を把握し、反映するための具体的な制度として、「学校評議員制度」（2000年）が設けられました。「学校教育法施行規則」に基づく制度です。その第49条では、「学校評議員は、校長の求めに応じ、学校運営に関し意見を述べることができる」

として、学校評議員を各学校に置くことができるとしています。学校評議員は、当該学校の職員以外の者で、教育に関する理解と識見を有する者のなかから校長が推薦し、当該学校の設置者（公立学校の場合は、教育委員会）が委嘱することになっています。委員は広域的な地域の、市町村長、地域活動団体、商工会、医療保健機関、PTA、他校の関係者、警察関係者、学識経験者など多彩な人材から選ばれ、委嘱されています。

　学校評議員は、学校運営に関して、個人として意見を述べることができます。その意見の運用のしかたは、校長に委ねられています。校長は、必要に応じて、学校評議員の会を開催することになっています。学校評議員制度は、学校が保護者・住民と教育活動に関する共通理解や信頼関係を形成するためのしくみです。公立学校の90％以上で、この制度が導入されています。また、学校評議員制度の発展型として、「学校運営協議会」（2005年）が導入されています。

　その後、「学校教育法」の改正にともなって、「学校関係者評価」が制度化され、現在に至っています。「学校関係者評価」には、おおむね次のような位置づけや目的があります。「評価活動を通して、保護者、地域住民、学校が相互のコミュニケーションを図り、理解を深めること」「学校の自己評価の客観性・透明性を高めること」「保護者や地域住民などが、よりよい学校づくりへのプロセスに参加する仕組みづくりであること」などです。

　これらのいずれも、子どもたちの学校教育の質の向上を目指した取り組みなのです。「学校教育法」では、小学校に関する学校評価による教育水準について、次のように規定されています。

　「小学校は、文部科学大臣の定めるところにより当該小学校の教育活動その他の学校運営の状況について評価を行い、その結果に基づき学校運営の改善を図るため必要な措置を講ずることにより、その教育水準の向上に努めなければならない[3]」とあります。この観点は、小学校のみにとどまらず、幼児期の教育・保育をはじめ、各諸学校においても同様な視座を踏まえるものとして受け止められます。

▶出典
[3]「学校教育法」第42条

4.　グローカル化社会における教育

　子どもたちは「未来からの留学生」であるとする観点が、学校の教育や、その基盤となる教育課程の構築にはあります。今向き合っている子どもたちは、未来社会からやってきた留学生なのです。いずれは子ども

◆補足
授業で取り組んでほしい
課題
地域を散策して、グローカル
化の実際についてのリス
トアップとマップの作成を
してみるとよい。

✳用語解説
グローカル
「地球規模の視野で考え、
地域視点で行動する」とい
う考え方。

たちの故郷である未来に戻っていく存在なのです。これからどのような
社会に生き、歩むのか、子どもたちの未来につながる教育を想定してみ
ます。**グローカル***社会は、彼らの未来社会なのです。

1 日常のなかのグローカル化社会

　子どもたちは、グローカル化社会を歩んでいます。これからも、この
グローカル化はますます進むことになります。グローバル（global）とロー
カル（local）を掛け合わせた造語が、グローカル（glocal）です。2つ
の概念は、今や異次元や異世界の関係にはありません。世界や外国は、
私たちの身近な日常の生活や暮らしに、地域に、家庭に、職場に、学校
に、入りこんできています。私たちの日常の生活や暮らしは、世界や外
国にも発信され、伝わっています。地球規模で考えながら、身近な地域、
自分の生活や暮らしを進める様態です。"Think globally, act locally"と
しての日常の社会なのです。

　このような社会の現実に、私たちや子どもたちの誰もが直面していま
す。特別な環境ではありません。グローカルは、毎日の食卓、スーパー
マーケットやショッピングセンター、インターネットやゲーム、テレビ
番組、アミューズメント・プラザ、観光地、スポーツ、家庭用品などに
も混在しています。グローカルは、日常なのです。グローカル化社会は、
いわゆる「地域」を第1の社会だとすれば、第2の地域社会なのです。

2 グローカル化社会の学校教育

　グローカル化社会では、物理的距離はあっても、心理的距離感は意識
化されなくなっていきます。異次元であった関係がフェード・アウトさ
れていき、地球的規模が縮まりつつあります。それでも距離感がなくなっ
ているわけではありません。しかしまた、克服されていく課題もあります。

　学校教育に期待されるところも多々あります。**ユニバーサル・デザイ
ン**感覚を培うこと、そのための環境配慮と教育が具体化していくことが
求められています。心理的距離感は、時として互いの違いを強調したり、
増幅させたりします。偏見の意識を植えつけてしまうこともあります。
わが国では、「同和・人権」の教育に重点が置かれ、これまで地道に人
間形成の教育に取り組んできています。この成果を基礎づけにして、こ
れからの現実社会であるユニバーサル・デザイン社会の構築が、学校教
育をとおしても望まれ、期待されています。

　学校教育では、「学習指導要領」に基づき、グローカル化社会に生き
る力の培いを視点にした教育への取り組みが、さまざまに試みられ、進

参照
ユニバーサル・デザイン
→レッスン3

められています。「国際通用教育」「異文化教育」や「多文化教育」、小学校における英語学習（外国語活動）、通信ネットワークを活用した「総合的な学習の時間」や諸教科における国際教育交流などによる学校教育のなかで、グローカル化は定着してきました。「外国」という存在は、いずれの学校の生活や教育活動においても日常化されて、遠くの地の存在ではなくなってきました。

3　グローカル化社会における家庭

　家庭の生活や暮らしにあっても、グローカル化は進んでいます。学校教育におけるグローカル化への取り組みは、意図的・計画的であるのに対して、家庭においては、何気ない雰囲気のものであり、必ずしも意図的・計画的に、その教育が行われているわけではありません。

　家庭における消費生活において、カードによる決済は、狭いエリアに限定されるものではありません。日常的に大いに活用されています。インターネットは日常的な通信を可能にしています。ほぼリアルタイムでの通信で、心理的な遠距離感はありません。テレビ番組にも、リアルタイムで世界からニュースや情報が飛び込んできます。また、家庭の食卓も国際的です。海外からの食材でもって、食事が成り立っています。衣類もまた然りでしょう。地球規模で世界の境目がなくなりつつあります。子どもたちは、家庭生活のなかで、グローカル化社会を体感しています。

4　グローカル化社会における地域社会

　観光地やホテルのロビーでは、都市部や郡部を問わず、海外からの多くの旅行者を目にします。またスーパーマーケットや繁華街でも、海外からの人たちを見かけます。大学をはじめとした諸学校においても、海外からの留学生や帰国子女がいます。地域の企業で従業員として働いている人たちもいます。日本語のみならず、さまざまな言語が飛び交っています。こうした環境のなかで、やがて私たち日本人も、いくつかの言語を日常的に使っていくことになるのではないでしょうか。多重言語使用が、地域生活においては、ふだんの姿になっていくかもしれません。

　地域の名所旧跡、企業、ターミナルなどの案内板、飲食店のメニュー、パンフレットなど、日本語以外の言語でも示されています。これもまた、外国の言語文化にふれる機会になっています。

　地域には、旅行者のみならず、外国籍の人たちも居住しています。身近な地域の環境のなかで、子どもたちはグローカル化社会の雰囲気を感じ取っていきます。共存や共生の感覚を身につけていきます。互いを受

け止め合う生活意識を自分のものにしていきます。

　今や、外国や世界は時空間を超えた「ご近所」なのです。外国や世界は、遠隔地にあり、容易には情報を得ることができず、言語的対話や文化的理解が難しいところ、といった地域ではなくなりつつあります。構えすぎずにコミュニケーションをとることができるようになりました。子どもたちにそうした学力や人間観を育むことができるのも、グローカルな環境であればこそなのです。

演│習│課│題

① 「開かれた学校」「地域に根ざした学校」などについて、その経緯や教育の展開のあらましを、箇条書きにしてまとめておきましょう。
② 地域に基盤を置く学校間の連携の推進について、諸学校のホームページを検索して、その事例を収集しておきましょう。
③ 世界が身近になりつつあるグローカル化社会のなかで、そのグローカル化社会を基盤にした新たな教育の展開について話し合いましょう。

参考文献‥‥‥‥‥‥‥‥‥‥‥‥‥‥‥‥‥‥‥‥‥‥‥‥‥‥‥‥‥‥‥‥‥‥‥‥‥‥
レッスン1
　岡部茂　『暮しの中の教育学』　潮文社　1976年
　田中亨胤　『教育原理（第2版）』　近大姫路大学　2015年
レッスン2
　OECD教育研究革新センター編著　『脳からみた学習──新しい学習科学の誕生』　明石書店　2010年
　汐見稔幸・伊東毅・髙田文子ほか編著　『よくわかる教育原理』　ミネルヴァ書房　2011年
　田中亨胤・越後哲治・中島千惠ほか　『人間形成の基本原理──子どもたちの幸せのために』　あいり出版　2010年
レッスン3
　清水貞夫　『インクルーシブ教育への提言＝Agenda for Inclusive Education──特別支援教育の革新』　クリエイツかもがわ　2012年
　堀智晴編著　『ちがうからこそ豊かに学びあえる──特別支援教育からインクルーシヴ教育へ』　明治図書出版　2004年
レッスン4
　佐藤晴雄　『学校を変える地域が変わる──相互参画による学校・家庭・地域連携の進め方』　教育出版　2002年
　田中亨胤・越後哲治・中島千惠編著　『改訂　未来に生きる教育学──変動期の教育の構築』　あいり出版　2018年
　文部科学省編　『コミュニティ・スクール事例集』　2008年

<u>おすすめの1冊</u>

田中亨胤・越後哲治・中島千恵編著　『改訂 未来に生きる教育学──変動期の教育の構築』　あいり出版　2018年

　書名のキーワードは、「未来に生きる」「変動期の教育」「教育の構築」となっていて、新たなる教育の展開における基本視座を示している。書籍全体の内容は、本書のレッスン1～4の学習の範囲を網羅しており、一読をおすすめする。

第2章

教育思想と歴史

本章では、諸外国とわが国の教育思想と歴史について学んでいきます。さらに、時代の変遷などによって変容してきた子ども（児童）観・教育観と、それらが現在の教育の流れや子育てにどのように表れているかについても学習していきましょう。

レッスン5

諸外国の教育思想と歴史

このレッスンでは、教育思想について学びます。現代の教育および保育の基盤を築いた思想について学んでいきます。教育思想の源流となる古代ギリシアやローマ、その後、教育課程の黎明期となる中世を経て、近代学校教育制度の設立期から現代の教育および保育の思想までを学んでいきます。

1. 教育思想の黎明

　古代ギリシアでは、プラトンの『国家』やアリストテレスの『政治学』のなかに教育論が含まれていましたが、教師と学習者など、明確な職種や社会的役割は存在していませんでした。さらに教育課程も存在しておらず、したがって、教育の対象や方法論が明確に示されているわけではありませんでした。そこではソフィスト（ソピステース：知者 Sophist）と若者との対話という形態をとっていました。その方法は**産婆術**[*]（助産術、**ソクラテス法**[*]、対話法）とよばれ、若者がソフィストに話をして、それをソフィストが吟味し、知識を確認します。つまり若者がもつ知識や考え方の矛盾を明らかにするために、疑問を投げかける問答法の起源の一つなのです。ここではソフィストには、教師のように知識を伝達する役割はありません。問答を幾度か繰り返す弁証法（ディアレクティケー dialektikē）による対話を行い、若者の弁論に限界がきた頃に、矛盾をついて論駁します。それによって若者は、知的行き詰まりを経験し、「無知の知」を自覚することになります。それは真知（エピステーメー：真理イデア episteme）を導き出すことだといわれています。

　プラトンの弟子**アリストテレス**[*]は、論理学があらゆる学問成果を手に入れるための道具（オルガノン）であることを前提として、学問体系を理論（テオリア）、実践（プラクシス）、制作（ポイエーシス）の3つに分類しました。それらのうち理論学を自然学と形而上学に、実践学を政治学と倫理学に、制作学をそれぞれ詩学へと分類しました。さらに『ニコマコス倫理学』で、人間の営為にはすべて目的があって、それらの目的の最上位には、それ自身が目的である最高善（ト・アリストン：supreme good）があるとしました。最高善とは、幸福、それも卓越性

✲ 用語解説

産婆術
ソクラテスの母親の職業である助産師の旧名に由来する。ソフィストたちによるこの対話という方法論が若者のための知識を自覚させ、真の知識を導き出すのを助ける役割があるとする。現代の問答法（意見を求める）の起源の一つともされる。

ソクラテス法
ソクラテスが確立したといわれることに由来して、後につけられた名称である。ただし、ソクラテスは著作を残していないため、弟子プラトンの著述による対話篇や、クセノポンの「ソクラテスの思い出」などからの推定とされている。

👤 人物

アリストテレス
（Aristotélēs）
B.C.384～B.C.322年
古代ギリシアの哲学者。プラトンの弟子でソクラテスの孫弟子にあたる。『オルガノン』『ニコマコス倫理学』『形而上学』など多くの著作がある。

60

（アレテー：徳、有能性 virtue）における活動のもたらす満足のことです。ここで幸福とは、快楽を充足させることではなく、政治を実践すること、あるいは人間の霊魂（プシューケー）が、固有の形相である理性を発展させることであると説いています。

　古代ローマでは、実利を重点としてとらえ土木建築や法律などが発展しました。キケロは、政治思想家であるとともに文学にも精通していました。セネカは、道徳関係の著述がありながら、家庭教師の教え子であったネロが暴君となって、自らも死を迫られる悲劇的な教育者でもありました。クインティリアヌスは、ローマ帝国より弁論教授として任命され、20年間活動しました。『弁論家の教育』（95年）を著し、キケロの哲学やネオプラトン主義の理論を基盤として、幼児期からの弁論術の形成過程を叙述しました。

2．中世の教育思想

　ローマ帝国は、かつて弾圧し迫害対象としていたキリスト教を、313年に認めることとしました。それによってキリスト教は、さらに加速度的に、ヨーロッパ全土へと信仰者の広がりと数の増加をみせました。

　そのころ**アウグスティヌス**＊は、放蕩三昧の生活から信仰生活に回心していく自伝『告白』を著しました。さらに『教師論』を著し、言語教育の重要性についても述べています。

　キリスト教の教義は、愛を中心とする信仰でしたが、時代の変遷に伴い、時の権力者である王侯貴族と僧侶階級が結びつき、庶民を支配し、利用と搾取のための道具として、宗教を政治利用するようになりました。それにより、庶民の信仰を巧みに利用し、歪曲した思想や行動規範を伝え、各国の治安と対外的な利権を広げるものとして、王侯貴族の都合にあわせて、神の名のもとに庶民を労働や兵役へと、思いのままに動かしました。

　宗教が重視される世の中において、ベネディクトゥスは、モンテ・カシノ修道院を設立し僧侶養成の制度を確立しました。僧となるための修行を行う者は、修道士とよばれ、規律ある生活を過ごしました。これらの修道院の教育課程は、現代でいう高等教育や、中等教育にあたるもので、なかでも七自由科（自由七科）がよく知られたものです。これは三学（文法、修辞、弁証〔論理〕）と四科（算術、幾何、天文、音楽）から構成されていました。後のリベラル・アーツつまり教養教育の起源となるものと言われています。ただし、七自由科の教育課程の中核には神

■人物
アウグスティヌス
（Augustinus）
354〜430年
神学者、哲学者。著書『告白』では精神的な変遷と信仰の重要性を示す。つまり人間の意志を無力なものとみなし、信仰による神の恩寵がなくては善や救いはないと考えた。

61

学（キリスト教学）が位置していました。

　中世にはカトリック修道院で僧侶養成を中心とした教育が展開されました。後にこれら**修道院**が、大学の母体となったのです。

3. 近代の教育思想

1 コメニウスの学校教育制度

　コメニウス[*]は、自己の経験から、平和を究極目的とする教育の重要性を説き、学校教育制度の構想を打ち立てました。それは現在に至るまで引き継がれるものとなったため、近代教育学の祖（父）とよばれます。それを実施するためには人々に広い知識が必要であると考え、**汎知主義**[*]（Pansophia）を主張しました。伝統的な7自由科（文法、修辞、弁証法の3学と算術、幾何、天文、音楽の4科）の知識を習得するためには、文章を暗記するのではなく、教育内容には、科学的認識を学習する自然主義と、その教育技術としては、視覚から訴える直観主義を用いることを唱えました。

　彼はモラビアの製粉業を経営する家庭で生まれ育ちましたが、戦禍にあって児童期に両親を失いました。その後伯母に養われ、大工の見習いのあとにラテン語学校、ヘルボルン大学およびハイデルベルク大学で神学を学び、母校のラテン語学校長となって教育改革を試みました。彼の教育思想は『大教授学』（1657年）に著され、これは33章から構成されています。そこでは教育方法は、事物の観察を通して理解する直観主義、自然の秩序を科学的方法によって理解する自然主義が基本原理となると述べられています。また、敬虔な宗教的教育を基盤にした、幼児期の教育の必要性も説いたのです。

　コメニウスは、子どもの成長発達をも考慮に入れ、ヒトが誕生してから成熟するまでを25年と考えて、乳幼児期から青年期までの教育を体系化しました（図表5-1）。0歳から24歳までを、成長・発達および学校教育の観点から6年ずつ4等分するという方法で、第1段階が6歳までの乳幼児期で、この年齢段階の子どもを対象として母親学校（scuola materna）を構想し、当時の子どもへの強制的で虐待的な教育方法を非難しました。この考え方は、ペスタロッチやフレーベルにも受け継がれ、のちの教育思想の根底となっています。上記の3つの原理を具現化した世界最初の図絵入り教科書として『世界図絵』（1658年）を著しました。ここでは自然現象や神話を含めた社会のしくみを子どもに理解しやすく

◆補足

修道院が母体となった大学

12、13世紀頃になると、修道院が基盤となって、法学を中心とした学問を進めたボローニャ大学、医学の拠点となったサレルノ大学、神学を中心としたパリ大学などが設立されることとなった。日本でも同様に仏教寺院が僧侶養成を行っている。それを母体とした種智院大学がある。

■人物

コメニウス

(Comenius, J. A.)

1592〜1670年

東欧ではコメンスキー（Komenský）とよばれる。現在のチェコのキリスト教プロテスタント系教会ボヘミア同胞教団の牧師。時のオーストリア・ハンガリー帝国ハプスブルク家の支配下で、民族独立運動家とみなされた彼は、30年戦争（1616〜1648年）のときに弾圧を受け、家財や原稿を失い、妻子までも殺害され、諸外国への亡命生活を強いられた。

✳用語解説

汎知主義

あらゆる知識を人々に学び、知ってもらいたいと考える思想。コメニウスは、当時、王侯貴族の兵として、庶民が何の反発もしないで戦乱に巻き込まれるのは知識を得るための教育がないからだと考え、知識の重要性を説いた。知識があれば、思考し判断することもできて平和へつながる教育ができると考えた。

図表5-1 コメニウスにおける発達段階に基づく学校と教育の重点

年齢	0歳　　6歳　　12歳　　18歳　　24歳			
発達段階の区分	乳幼児期	幼年期	少年期	青年期
学校（その系統）	母親学校または母親の膝	小学校または公立母国語学校	ラテン語学校またはギムナジウム	大学および旅行
教育の重点	外官の訓練と事物の識別	内官の訓練と想像力の進化	理解と判断	意志の訓練と諸能力の調和
植物と季節からの類推	花の春	成長の夏	収穫の秋	果実の加工の冬

出典：小川正通『世界の幼児教育（第7版）』明治図書出版、1976年、23頁；貴島正秋『コメニウス教育学
──流浪から平和を求めて』一の丸出版、1992年を改変

図表5-2 世界図絵

出典：コメニウス, J.A.／井ノ口淳三訳『世界図絵』ミネルヴァ書房、1988年、44頁

するために、視覚に訴えるやり方を用いています（図表5-2）。

2　ペスタロッチの教育方法論

　初等教育は、1500年代のザクセン（Sachsen）などの領邦国家で始まったといわれます。本格的には1763年にフリードリヒ（Friedrich Ⅱ.）によって、プロイセンで義務教育として本格的に実施され今に至っています。当時、スイスの教育思想家で教育実践家といわれる**ペスタロッチ**[*]は、社会問題から法律改正を唱えた『立法と嬰児殺し』（1783年）を著しています。

　彼の実践のなかでも、教育機能を有した児童養護施設であるシュタンツの施設での取り組みが、彼の機会均等と教育の考えを実現しました。それを著した書簡集『**シュタンツ便り**』[*]（1799年）では、戦災孤児との生活と、通学する子どもとの教育の機会均等が記述されています。

　ペスタロッチは、家庭生活を重視するとともに、労作教育も実施し、

農場経営も行っていました。彼の思想は『隠者の夕暮』（1780年）に詩として記載され、小説『ゲルトルート教育法』（1804年）や『白鳥の歌』（1826年）など、種々多数の著書を通して、教育思想や教育方法・技術が記述されています。その一つである直観教授（Anschauungsunterricht）は、認識の絶対的な基礎とされ、直観から明瞭な概念に進み、次に概念の対象を定義し、その本質を短い言葉で表現できれば、知的な教授が達せられるとしました。そのために数（Zahl）、形（Form）、語（Wort）を直観の3要素としています。彼の教育方法論は、ブルクドルフの学園を訪問・参観したヘルバルトによって、『ペスタロッチの直観のABC』（1802年）、『ペスタロッチの近著・ゲルトルート教育法について』（1802年）などとして紹介されました。

3　ヘルバルトとフレーベルの教育思想

　ヘルバルト*は、ペスタロッチの教育実践などを参考として教育の内容や方法を理論化し、教科カリキュラムと四段階教授法を考案していきました。それは教育内容を専門的に分化していくことと、それらの系統性を構築しました。弟子たちのヘルバルト学派は、人文的学習と実学的な学習を、教科内容の違いとして類別分割することによって、カリキュラムの構造化をしました。ただし、教育の最終目的は道徳的品性の人間形成にあるとし、それを分化した教科内容に関連づけました。それを明確にするために、ツィラー（Ziller, T.）は、中心統合法を考案し、道徳的品性をカリキュラムの中心に置き、それに関連するよう教科を配置しました。これらによって百科全書的なカリキュラム構造は、系統性を有する教科カリキュラムにとって代わられることになりました。

　一方で、フレーベル*は、ペスタロッチの学校での教師経験や参観から、より自然科学を重視し、経験主義教育を重視しました。自らの神学的人間観や子どもの発達段階に基づいて体系化した理論書である『人間の教育』（1826年）を著しました。その内容には、自然環境を重視するとともに、宗教心や胎教の考えが取り上げられています。また、保育の重要な活動の一つとなる遊びは、幼児にとっては学習であるともたとえられています。加えて本書には、倫理観や道徳性の形成、成長・発達や基本的生活習慣の形成に関わることも記載されています。これらの根底には、フレーベル独自の思想である万有在神論（Panentheismus）という考え方があります。それは、児童神性論の根本ともなる考えとして、子どもの存在を性善説に立脚するものととらえています。つまり、神の精神が宿っている子どもの成長・発達を考慮に入れ、子ども自らの主体的な行動、自

■人物

ヘルバルト
（Herbert, J. F.）
1776～1841年
ドイツの哲学者、教育方法学者。大学教員としてカントの後任であったことから哲学者といわれることがある。ペスタロッチの教育実践の方法論を論理的にまとめて、教科カリキュラムを弟子たち（ヘルバルト学派）と開発し確立した人物。

フレーベル
（Fröbel, F. W. A.）
1782～1852年
ドイツの教育学者。当時のカリスマ牧師であった父の末っ子として出生した。出生後9か月で母親に死なれ、継母とはそりが合わず、今でいうネグレクトの扱いを受けていた。教育との出合いは、ペスタロッチの弟子グルーナーの勧めに応じ、模範学校で児童に対して教鞭をとったり、ペスタロッチの学園を訪ねたりしたことである。彼の人格・性格（パーソナリティ）は、成育歴の影響で内向的であるが、真摯に一人で物事に集中することができた。その特性から学究的な活動に入り、ベルリン大学（現フンボルト大学）で日々顕微鏡を覗く鉱物学・結晶学の研究を行っていた。

己活動（Selbsttätigkeit）による経験主義的な教育・保育を図ろうとするものです。経験主義に基づく教育・保育活動は、欧米諸国および日本の公私立幼稚園にも広まりました。

　フレーベルは、積木などの原型となる教育玩具である**恩物**[*]を考案し、幼稚園を創設しました（図表5-3）。さらに家庭の母親を直接教育するために、曲および歌詞に図絵を加えた実践書や、養成校の教科書として『母の歌と愛撫の歌』（1844年）を著しました。本書の教育内容には、林務官や結晶鉱物学者としての経験から自然科学の観点による教育を重視するとともに、自らの家庭教育の影響から、宗教心を尊重していることを著しています。

　フレーベルの弟子や彼の考えに共鳴した篤志家たちが、諸外国で普及活動を精力的に努めました。それによって、国外で高い評価を得たフレーベル主義幼稚園は、彼の思想や恩物を使用した方法・技術を全世界に急速に広めていくことになりました。しかしながら、当時のプロイセン国内での幼稚園の普及は、幼稚園禁止令や恩物の形式的操作主義への誤解が重なって、あまり進展がみられませんでした。

図表5-3 恩物

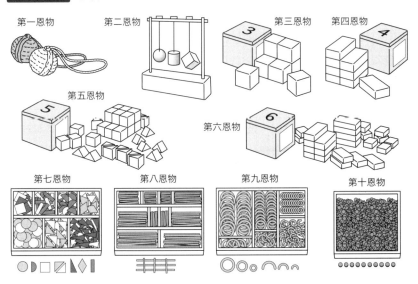

第一恩物　第二恩物　第三恩物　第四恩物　第五恩物　第六恩物　第七恩物　第八恩物　第九恩物　第十恩物

✚ 補足

フレーベルの幼稚園
（Kindergarten）
フレーベルは、当初兄たちの子ども5人を教育するために、グリュースハイムやカイルハウにて学校を営んだが、スイス政府の招きでブルクドルフの孤児院長となり、附属小学校を設けた。そこでは4～6歳児の保護も行った。それによって幼稚園の考えがまとまり、そのための恩物を考案し、それを使用した幼児教育の指導の実習を行う「遊びおよび作業所」（1839年）を設立した。これが前身となって、翌1840年一般ドイツ幼稚園（der allgemeine deutsche Kindergarten）を創設した。

✳ 用語解説

恩物
（Gabe）
フレーベルの専門であった結晶鉱物学をもとに、1837年に創作した乳幼児用の教育玩具。恩物には、年齢段階に合わせて数多くの種類がある。第一恩物（第一遊具）は、羊の皮を材質にした6色のカラーボールで、主に乳児が、見たり、つかんだりして色彩や感触を楽しむためのものである。第二恩物は、木製の球、円柱、立方体があり、フレーベルはこれらを自然界の形の基本であるという。これらは、それぞれ紐でぶら下げることができ、回転させて種々の立体がつくられることを想像するのに活用する。第三恩物から第六恩物は、木製の立方体、直方体、三角柱などで、今でいう積木の原型である（図表5-3を参照）。第七から第十は、面としての板、棒、環、点である。

4．現代に通じる教育思想

■1 デューイの教育思想

　アメリカの哲学者とも教育学者ともいわれた**デューイ**[*]は、経験主義教育の思想に基づいて教育課程を編成し、その実践は進歩主義教育（progressive education）といわれました。進歩主義教育は、ホール（Hall, G. S.）やソーンダイク（Thorndike, E. L.）の研究、デューイやその弟子キルパトリック（Kilpatrick, W.）の教育思想が根拠となっています。この考え方は、学習者が身近な生活経験のなかから実験科学的な知識を得るというものです。それゆえ実用主義（**プラグマティズム**[*]）ともいわれ、シカゴ大学附属小学校での実験学校としての試みから、実験主義（experimentalism）、道具主義（instrumentalism）ともいわれます。

　デューイによれば、教育は、生活のなかから必要に応じて生じ、個人は社会での共同経験によって教育されるとしています。さらに個人の成長については、民主社会を進展させ導く能力を増大させる経験の再構成（reconstruction of experience）であるともしています。

　教育方法としては、活動性、希求性、情緒性をもつ興味・関心が基礎となって、目的と手段の連続、方法と題材の継続、作業を通しての学習、施行による問題学習が展開される、としています。さらに教育活動の過程は絶えざる経験の改造であって、再組織化であるといいます。人の子は、子ども期には、ほかの動物の仔と比較して無力ですが、可塑性があり、それゆえ経験から学ぶ能力をもっています。したがって、あらゆる環境にも適応しうるというのです。これらはデューイら進歩主義教育派の理想とした、子どもの主体性や自由な創造と遊びを尊重する考えによるものです。彼の著書『民主主義と教育』（1916年）には、生命に必要なものとしての教育など、彼の意図が理論的に示されていて、フレーベルの思想に敬意を払いながらも批判を試み、自己の見解を展開しています。しかしながら、デューイには幼児教育に特化した著作はなく、実践もしていないために、見解を展開するだけにとどまっています。

　このデューイやキルパトリックのような進歩主義者に対し，伝統的な学問、知識体系、教科および系統的学習について**ミニマム・エッセンシャルズ**[*]を重視するものを本質主義者（エッセンシャリスト essentialists）といいます。デミアシュケビッチ（Demiashkevich, M. J.）やバグリー（Bagley, W. C.）は、教育のエッセンシャルズ（本質）を習得するための学習者の努力や訓練の必要性を強調しました。この思想は、日本にお

ける1950年代後半から1970年代にかけてのカリキュラム改革に影響を
与えています。

　1960年代から1970年代には、真に学びを取り戻すとする理念のもと、
学校制度自体を根本的に転換する思想が登場しました。たとえばフレイ
レ（Freire, P.）は、従来型の教育を銀行型教育と称し、教師は、銀行
口座のような生徒に預金を繰り返していくように知識の伝達を行ってい
るとして批判しました。さらにイリイチ（Illich, I.）の理論は、脱学校
論として、フリースクールの理論的基盤ともなっています。

2　ヘッドスタート・プログラム

　アメリカの教育で最も特徴的なものは、補償教育（compensatory
education）で、その代表的なものがヘッドスタート・プログラム（Head
Start Program）です。1965年から実施されたこのプログラムは、当初
は旧ソビエト連邦の宇宙開発を代表とする科学技術に遅れをとらないよ
うに、すべての社会階層に均等に教育の機会を与えることを目的として
実施されました。特に黒人、ヒスパニック、プエルトリカン、先住民
（ネイティヴ・アメリカン）等の貧困層の子どもを対象としました。対
象となった人々の人種・民族・社会階層は、アメリカの社会・経済活動
を占有する中流階層の白人とは文化や言語が異なります。学校で使用さ
れている言語は、中流階層の白人の使用する言語であり、プログラムの
対象となっている人々が使用する言語とは異なります。したがって彼ら
の家庭ではそのような言語は使われていないため、彼らの子どもは授業
内容が理解できずに学力不振となる可能性が高いのです。そうしたこと
から、彼らの子どもは、学校文化に適応できるよう、就学前から英語化
教育を受けることになったのです。学力向上のために5歳児に対して9
月の就学前までの2か月間、特別保育を行っています。また、その教育
効果を持続・強化する目的で、フォロー・スルー計画（Project Follow
Through）も実施されました。さらに、より早期からの教育による効
果や母親の教育参加を得ることを期待して、幼児期前期の子どもをも対
象としたホーム・スタート計画も実行されました。それ以降、補償教育
の対象は3歳までになったのです。これらのプログラムの実施により、
一応の成果が得られました。

　しかしながら、ホーム・スタート計画の一環として始められた施策の
一つは、本来の目的からいえば結果的には失敗に終わりました。それは
家庭の幼児向けテレビ番組を通して英語化教育を実施した「セサミスト
リート」です。この番組内容にはさまざまな配慮がされていました。た

とえば、画面上に出演する人物は多様な人種民族で、登場する人形は、ヒト型・動物型など多様な形態をしていて、しかも色彩豊かです。人種・民族問題を感じさせたり、特定の人種・民族を対象としないようにし、多元的なものを認識していけるように構成されているのです。

　こうした番組内容への配慮は、教育の対象が低所得層の家庭の多くを占める多様な民族の子どもたちであったからです。しかし、それらの子どもたちの家庭の言語や文化は、番組で扱う白人中産階層のものとは異なるゆえに、それが障壁となって、本来学力不振を解消する目的で制作された番組のプログラムは成り立たなくなりました。そこで、この番組では、アメリカ国内の使用者数第 2 位の言語であるスペイン語を導入することになってしまったのです。

【コラム①】 アメリカの幼稚園の歴史

　アメリカでは、イギリスに数年遅れるかたちで、1855年に、フレーベルの直弟子シュルツ（Schurz, M. M.）によって、ウィンスコンシン州ウォータータウンにアメリカ初のフレーベル主義幼稚園が開設されました。その後ピーボディ（Peabody, E. P.）は、妹のメアリー・マン（Mann, M. T.）とともに、1860年にアメリカ人によって英語で教育を行うボストン幼稚園を設立しました。さらにピーボディは、フレーベルの協力者であるビューロー（Bülow, B. M.）の弟子クリーゲ（Kriege, M.）とその娘とともに幼稚園教員養成施設を創設しました（1868年）。加えてピーボディは、ドイツ人ブロウ（Blow, S.）の経済的援助をもとに、指導主事ハリス（Harris, W. T.）とともに1873年セントルイスに初の公立幼稚園を創立しました。しかしながら、フレーベル教育法の形式を重視したため、形式主義教育として批判されることになりました。それによって保守派とヒル（Hill, P. S.）ら進歩派との論争がおよそ10年にわたって続きました。

3　イギリスにおける保育・教育施設

　イギリスでの保育・教育施設には、**保育学校**というものがあって、それは幼児学校とも、1850年代に導入されたフレーベル主義の幼稚園とも異なっていました。それはマクミラン姉妹（McMillan, R. & M.）によって、フレーベルの精神を低所得者層の街中の子どもに対して具現化しようとする意思によってつくられたものです。保育学校を設立する契機は、

保健指導員であった姉のレイチェルが、学童（児童）期に養護しても子どもの教育は手遅れであることに気づき、より早期から教育を施すことのできる乳幼児を対象とした施設の重要性を説いたことにあります。もちろん、家庭で根幹となる親子関係は、のちにボウルビィ（Bowlby, J.）によって**愛着性**[*]形成の理論に基づいて証明されます。

　マクミラン姉妹は、1911年にロンドン市デプトフォードのスラム街に、給食のあるヘルスセンターの機能を有する乳幼児施設を創設しました。そこではベルリンから幼稚園教諭を招きました。内容は、母子一体を重視し、医療・保健、栄養など子どもの健康の改善に留意しながら、特に生活習慣の確立や戸外遊びを重点的に行うものでした。さらにそこでは、粘土、砂、水、積木などを用いた活動、絵本の読み聞かせなどが実施されました。これが現代の保育学校のモデルとなりました。

4　フランスにおける保育・教育施設

　フランスでは、**オーベルラン**[*]が保育の基盤を築き、ジラール（Girard, J. B.）によって、現行の形式が整えられました。現代のフランスでは、幼稚園的機能を有する教育機関は、コメニウス以来の伝統的な名称を用いて母親学校（école maternelle）といわれます。日中に自分の子どもの面倒をみられない母親の代わりをする存在であることから、そう名づけられました。学校の名称が示すように、小学校につながる初等教育として位置づけられています。教育内容は、小学校に入学する前のフランス語、算数、および日本でいう生活科に類似した「世界の発見」があります。

5　ドイツにおける保育・教育施設

　リーツ（Lietz, H.）は、当時の中等教育の変革を考え、田園教育舎を設立し、健全な田舎で、身体・芸術・作業・道徳の全人的教育を実施する共同体として家庭的なものとして実践しました。

　シュタイナー（Steiner, R.）は、オイリュトミーなどの教育芸術を重視したヴァルドルフ教育をシュタイナー学校で行いました。彼は、学習者が自由な自己決定ができる人間となるための補助としての教育は、一つの芸術であるとみなしています。その根本思想は人智学（アントロポゾフィー）に基づいています。幼稚園については、1920年代になってシュプランガー（Spranger, E.）、ノール（Nohl, H.）、フィッシャー（Fischer, A.）などの主張により再興が目指されました。第二次世界大戦後に東西ドイツに分断されてからは、しばらくの間、それぞれの国で独自に教育が発展しました。

＊用語解説

愛着性
（attachment）
親子の関係のなかに生じる特別な情緒的な絆をいう。ボウルビィがローレンツ（Lorenz, K.）らの比較行動学（動物行動学）を参考にした。つまり、孵化した雛が最初に目にした動くものを親鳥として認識する刻印づけ（imprinting）を契機として、ヒトの関係性について行動形態を観察し、まとめたもの。新生児期から3歳頃までに、タイミングよく関わる養育者等特別な人物が、子どもにとって愛着の対象となる。親と子の間に安定した愛着関係が結ばれると、他者との基本的信頼感（Erikson, E. H.）が形成され、人間関係の基盤となる。子どもから養育者への愛着をアタッチメントといい、養育者から子どもへの愛着をボンドという。ネグレクトや心理的虐待など不適切な子育て（養育態度）がなされると、子どもは愛着障害（不全）となる可能性がある。

■人物

オーベルラン
（Oberlin, J. F.）
1740〜1826年
牧師。ドイツとフランスの国境近くにあるバン・ド・ラ・ローシュ村に赴任したとき、村人の生活改善を行うとともに、編物学校ともよばれる幼児保護所を開設した。ここでは宗教的感情や礼儀、善行などを教えた。

➡ 補足
ドイツの幼児教育の変遷
16世紀頃にあったとされる幼児保育施設は、農民戦争によって迫害を受けた再洗礼派の共同体であったといわれている。その後、本格的に施設がつくられるようになったのは19世紀初期頃からで、経済発展にともない両親の家庭外での労働が増加し、社会的要請が高まったことによる。貴族によって設立された乳幼児保育施設や、イギリスの幼児学校にならって開設された季節託児所などがあった。しかしながら、その後19世紀末から20世紀初頭には禁止令が出されたり、批判があったりして、進展があまりみられなかった。加えて1930年代からは、フレーベルの思想が当時の全体主義政権による解釈で注目をあびることはあったが、基本的には当時の政権の思想で画一的に統制されていた。

➡ 補足
イタリアの乳児院
　3歳未満児を対象とした乳児保育所（乳幼児の巣）は、1973年から市町村の地方当局で管理され、それまでの「母親と乳幼児の施設（OMNI）」の機能にとって代わった。「OMNI」は、働く母親の子どもを預かる機能であったが、「乳幼児の巣」は教育プログラムを組み込んでいる。ただし、イタリアの文化的風土である、家庭で乳幼児をみるとする家族主義的な伝統が強く、「乳幼児の巣」の開設数は著しい発展をみせているわけではない。

　ドイツでの幼稚園の設置主体は福祉事業団が多く、特に都市部では地方自治体、企業、教会あるいは個人などさまざまであり、それらは児童福祉施設として有料でした。したがって、ドイツの乳幼児のための教育・保育機関は、ほかのヨーロッパ諸国とは異なり、学校教育制度に入れられていませんでした。保育所には乳児保育所（0～1歳児対象）と幼児保育所（1～2歳児対象）があり、その後幼稚園（3～5歳児対象）へと続いていきます。さらにこれらの保育所と幼稚園、さらには学童保育所が総合した施設も存在していました。

【コラム②】 ドイツの幼児教育の特徴

　　現在のドイツでは、大都市を中心に旧西ドイツ圏以来の学校・幼稚園が主たるものとして広がっています。一方、旧東ドイツ圏では、両親が職業に従事することが当然とみなされてきたため、日本でいう保育所的な機能を有したものが主流となっています。旧東ドイツ時代の教育制度では、年齢が進むにしたがって、保育所、幼稚園、基礎学校へと移行していき、中等教育に進むとギムナジウムの技術学校へと分化していきます。また保育所と幼稚園が連続的につながっている総合乳幼児教育施設も設立されています。

　　旧西ドイツにも保育所は存在していましたが、その役割は家庭教育の代償機関となるものではなく、教育の要素として苦境にある家庭を支援し、必要なものを獲得させることにありました。そこでは保育者が、親に対して子どもへの責任感を喚起することを役割としていました。

6　イタリアにおける保育・教育施設

　イタリアで最初の保育所といわれる幼児院は、1829年にイギリスの幼児学校を範にして、カトリック教会の司祭アポルティ（Aporti, F.）によって開設されました。彼の考える3能力（唱歌を含む身体的［体育］能力・知的能力［知育］・道徳能力［徳育］）を教育する目的で、実験的に開かれたものでした。一方で、幼稚園の始まりについては、ピック（Pick, A.）が1871年にベネチアでフレーベル主義幼稚園（giardino froebeliano）を開設したことです。

　保育学校（scuola dell'infanzia：母親学校scuola materna）は、アガッツィ姉妹（Agazzi, R. & C.）と、その師であるパスクァーリ（Pasquali, P.）

> ## 【コラム③】子どもの家の教育内容
>
> 　モンテッソーリの子どもの家には、生活用品とモンテッソーリ教具が用意されています。教具は障害児のための教育に使用するものでしたが、子どもの家に入所している子どものためにも活用されました。子どものなかには、劣悪な環境で、知的発達や社会性の発達につまずきのみられる者がいました。そこで日常生活において清潔の検査、たとえば髪、手、爪、首、耳、顔、歯の点検から、着衣の状態もみられました。そして、それらを子ども同士で観察し合うことを習慣づけ、身体の洗い方などは教師が指導しました。また給食では、配膳の練習、スプーンやフォークの使用方法などの指導も行いました。さらに、基本的なしつけとして、椅子に座ることや物を置くことなどから、掃除、物磨き、動物の世話、洗濯などを行い、挨拶の仕方なども練習させました。知的教育では、4歳児で書き方を始め、読み方も行いました。数・量の指導では、教具の感覚教育「長さの棒」を使用し、長い棒から短い棒へ順に並べることなども行いました。

小学校長をリーダーとして、1895年から3〜6歳を対象として実験的に始められました。アガッツィ姉妹は、子どもの身辺にある事物を教具として使用するアガッツィ法（Agazzi-Methode）を創案しました。教育思想としては、基本的にモンテッソーリ・メソッドの考え方が、イタリアを中心としてヨーロッパ・カトリック諸国に浸透し、広くアメリカやインドにもその影響を及ぼしました。

　モンテッソーリ*は、医療の立場から、障害児の治療・研究から始めて、教具や教育方法・技術を開発し実践しました。国立特殊児童学校での指導を任され、感覚訓練や機能訓練を基礎とした教具を考案しました。教具は、視覚障害児や知的障害児などの教育のために開発されましたが、それを使用した方法論にもモンテッソーリ教育法（Methodo Montessori）の名が残っています。さらに彼女の設立した**子どもの家***の名称も引き継がれています。教育方法に当時の精神分析学、生理学、生物学などの研究成果を取り入れ、乳幼児をはじめ子どもの行動を分析しました。ただし科学主義的なことよりも、カトリック主義教育や神秘主義的な傾向の強い教育理論を展開しました。

　現在はレッジョ・エミリア市による取り組みが着目されています。芸

人物

モンテッソーリ
（Montessori, M.）
1870〜1952年
医療の立場から障害児の治療・研究から始めて、次第に教育全般に関わり、教具や教育方法・技術を考案した。彼女が教育学会や雑誌論文を通して、障害児教育の意義を主張したことが認められ、国立特殊児童学校が開設された。著書に『幼児の秘密』（1938年）などがある。

用語解説

子どもの家
（casa dei bambini）
モンテッソーリが、1907年にローマ市サン・ロレンツォ地区の低経済生活地域に設立した施設。そこでは幼児に対して観察や実験を行って、科学教育を実践しながらしつけも行った。そこは、幼児の人間的発達を助け、それを組織化したもので、家庭教育の機能を拡大したものであった。

71

術教育とともに、子どもの科学的発見や探究を促す保育活動に特徴があり、いわゆる食育教育も実施しています。子どもの調和的発達を助け、自立性を保障し、個別学習である作業や遊びを行うことで、自発性、自己形成につなげていきます。この施設での効果を期待する人々が増え、関心をもち参観をする人たちが非常に多くなったことからもわかるように、モンテッソーリ教育運動は盛り上がり、国際モンテッソーリ教員養成コースが開設されるに至っています。

演 習 課 題

①現代の学校教育制度の構想は、誰によって生み出され、どのような内容であったかを考えてみましょう。

②幼児教育は、誰の考えによって、どのような経緯で確立し、どのように世界に広まったかを考えてみましょう。

③欧米諸国の教育思想家の名前を 3 名あげて、その特徴を簡潔に説明してみましょう。

わが国の教育思想と歴史

このレッスンでは、日本の教育に着目して、思想と歴史的経緯を俯瞰していきます。古代では中国の制度を取り入れ、中世にはヨーロッパ文化の影響を受け、江戸期には独自の発達を遂げていきました。明治期には、現代にも通じる欧米の近代学校教育制度とともに教育の方法・技術等を取り入れて、現代に至ります。

1. 古代・中世の教育

　日本における教育の内容について、古くには実学を中心として実施され、世襲制をもって伝承されてきました。たとえば明経道の清原氏、明法道の中原氏、文章道の菅原氏や大江氏などによるものがあります。この流れは、現代の伝統芸能にも通じるものがあります。『日本書紀』(671年)に学識頭という役職がみられ、**大学寮***が設置されたといわれています。その後、壬申の乱などの影響で整備が遅れたものの、大宝律令の制定により確立したといわれています。

1 奈良〜平安時代

　奈良時代には、中央集権的律令国家が目指され、その政を司る官僚を養成するための大学寮がありました。当時は、隋・唐の科挙制度を模範とし、そこで使用されている儒教の経典を教科書にしました。教育内容には、孝経、論語などがありました。

　しかしながら、仏教や神道が儒教と並立した日本の支配階層においては、儒教理念をそれほど重視したわけではありませんでした。つまり儒教思想による国家統治が目指されたのではなく、それを学ぶことは教養としての漢文の知識を得ることとして、利用されただけだったのです。

　これにより、大学寮での儒教教育が一種の行政処理のための技術とみなされて、貴族の立身出世のために利用されるようになりました。

　当時、仏教や儒教の教育に力を入れた私学の大学には、石上宅嗣による芸亭院や空海による綜芸種智院などがありました。僧侶養成を主としていましたが、一般庶民にも開かれていて、教養的な学びとする機会ともなっていました。

　平安時代初期の806年頃には、諸王と五位以上の官人の10歳以上の子

✴ 用語解説

大学寮
律令制のもとでつくられた式部省直轄の官僚育成機関。組織としては、大学頭が今でいう学長、博士が教授に当たる。また、大学院生に相当する得業生もいた。教育課程には、経 (儒教)・算および付属教科の書・音 (中国語の発音) の4教科があった。後に紀伝 (中国史)・文章 (文学)・明経 (儒教)・明法 (法律)・算道の学科構成となり、さらに紀伝と文章が統合された。博士号は「文章 (博士)」、学科は「紀伝 (道)」と称するようになった。なお、音博士の音道と書博士の書道は、平安時代中期には実質的に明経道に統合されたと考えられている。

✱ 用語解説
大学別曹

大学寮の寄宿舎。大学別曹で教員による講義があったという記録はなく、教育機関ではなかったが、自習場所や書庫などが設置されていた。大学寮の学生や入学予定者が寄宿のための要件で、講義は大学で受けることとなっていた。のちには大学寮の任官試験を経ずに官職に就く特権（年挙）が与えられたが、その後、大学寮が荒廃するとともに別曹も実態を失った。ただし、奨学院などについては、校長に当たる別当を各氏が務めるようになって機能を維持したといわれている。なお、当時の教育機関の一つである私塾に相当するものとして、菅原氏の菅家廊下などがあり、そこでは大学寮の教員や著名な学者が講義をしたといわれている。

✱ 用語解説
セミナリヨ

(seminário)

イエズス会によって設置された、修道僧育成のための初等教育機関（小神学校）のこと。1580年から1614年まで存続した。入学者には、高山右近の家臣の子弟パウロ三木、アントニオ三箇らがいた。1582年の本能寺の変後、30名ほどの生徒は高槻に移転し、1587年の豊臣秀吉の禁教令によって九州移転を余儀なくされた。その後、1614年の徳川家康の禁教令によって閉鎖された。生徒たちの一部は潜伏したり、マカオやマニラへ逃れたりした。迫害のなかで殉教や国外追放という運命をたどった者たちもいた。

孫の就学を義務づける勅が出されて官僚養成がされていました。そのあとに藤原氏が勧学院を創設し、各氏も**大学別曹***を創設すると、大学寮の機能がそれにとって代わられるようになりました。ほかにも学館院（橘氏）や奨学院（在原氏）がありました。一方で、高野山の真言宗空海や比叡山の天台宗最澄などによる布教と宗教教育があり、これらの両宗派は安土桃山時代に至るまで強い影響力を及ぼしていきます。

2　鎌倉〜安土桃山時代

　鎌倉時代以降になると、貴族、僧侶、武士たちのなかには、現代の社会教育施設である図書館に相当する蔵書収集施設を有するものが現れました。たとえば北条実時によって、仏典や国書などを収めた金澤文庫がつくられました。公家中心の文化から武家へと移行した時期とあって、要請されたのは、忠誠心、倹約、徳などでした。もちろん武士道はその根幹にあって、弓道や乗馬は必修で、家訓として戒律が伝授されました。

　さらに、仏教寺院や学識僧を教育の担い手とする、鎌倉五山の禅宗を中心とした五山文学による漢文学がありました。いわゆる鎌倉仏教といわれる世となり、寺院での世俗的な民衆教育として、種々の宗派による仏教布教・伝播がなされました。たとえば浄土宗（法然）、浄土真宗（親鸞）、時宗（一遍）、日蓮宗（日蓮）、臨済宗（栄西）、曹洞宗（道元）によるものがありました。

　室町時代になり、教育機関としては、上杉憲実が再興した足利学校などがあり、主に僧侶養成を行っていました。芸能においては世阿弥による『風姿華傳』（1400年頃）が著され、能のまことの花は心の工夫から生まれるとしました。

　安土桃山時代になると、キリスト教宣教師たちによって織田信長庇護のもと、キリスト教会による教育が行われるようになります。1579年、ヴァリニャーノ（Valignano, A.）は、司祭・修道士を育成するために、**セミナリヨ***（初等教育）とコレジオ（collegio：高等教育）、ノビシャド（noviciado：修練院養成）を設置しました。セミナリヨでの教育内容は、ラテン語および日本の古典を学ぶことでした。フロイス（Fróis, L.）は、セミナリヨの生徒がラテン語を習得する能力が高かったことを示しています。日本の古典は『平家物語』などを題材に学ばせたといわれています。それまでの日本の教育にはなかった音楽と体育が教育課程に編成され、フルート、クラヴォ、オルガンなどの器楽とともにグレゴリオ聖歌などの練習が行われました。夏は水泳、週末にはピクニックをし、復活祭やクリスマスには文化祭の行事が教育課程に設けられ、生徒

が劇や歌、ラテン語の演説などを披露したといわれています。

2．近世の教育

■1 江戸時代の教育機関

　江戸時代になって戦乱がなくなり、幕府が安定し、平穏な生活が維持されてくると、武士には武術は不要となり、それに代わり行政的な事務能力が求められるようになります。そのため教育機関では、儒学を中心とした教養を教授することが中心となります。たとえば昌平坂学問所は、林羅山の家塾を母体として幕府直轄で官僚養成を行いました。ここから輩出された人材のなかには藩校（藩学）の師匠になった者もいました。藩校は、それぞれの藩で直営され、主に武士の子息が通っていました。造士館（薩摩）、明倫館（萩）、弘道館（水戸）、興譲館（米沢）などがありました。教育内容としては、儒学を主にして論語や書経などを教科書として用いていました。

　さらに郷工（郷学）という教育機関は、庶民に対する教育や家臣の教育を行う準藩校的な性格を有していました。代表的なものに岡山藩の閑谷学校があります。

　そのほか私塾も、庶民に対する教育の場となっていました。伊藤仁斎の堀川塾、シーボルトの鳴滝塾、緒方洪庵の適塾（適々斎塾）、中江藤樹の藤樹書院、**福澤諭吉**[*]の慶應義塾、吉田松陰の松下村塾などがありました。そこでの教育内容は、藩校と同様に儒学が中心でしたが、蘭学などの洋学や国学の場合もありました。

　幕末期の識字率や教育水準は、諸外国と比較して高く、その礎を築いたのが寺子屋だといわれています。寺子屋は、現代の初等教育と中等教育初期に相当します。そこでは読み、書き、算盤などは手習いという方法論を用い、生活に直結した実学が中心でした。今日でいう教科書である手習い本には、往来物、漢書、歴史書などがありました。

　現代の教師に相当する師匠は、僧侶、武士、農民、町人など多様な人材から構成されていました。師匠には、滝沢馬琴や頼三樹三郎などの名前も記録に残っています。師弟関係については、師匠は学習者の寺子に慈愛をもって接し、寺子は師匠を尊敬するという人間関係であったといわれています。

■人物
福澤諭吉
1835～1901年
中津藩士、蘭学者、著述家、啓蒙思想家、教育者。慶應義塾、専修学校（現・専修大学）、商法講習所（現・一橋大学）、神戸商業講習所（現・神戸商業高校）、土筆ヶ岡養生園（現・北里研究所）、伝染病研究所（現・東京大学医科学研究所）の創設に関わる。兄の勧めで緒方洪庵の適塾で学ぶこととなった。1857（安政4）年に塾頭となり、後任には長与専斎を指名した。オランダ語の原書を読み、化学実験などもしていた。明治六大教育家（大木喬任、森有礼、近藤真琴、中村正直、新島襄）の一人ともいわれている。

👤人物

貝原益軒

1630～1714年

朱子学者、黒田藩士。江戸や京都にも暮らし、朱子学、医学、歴史、博物学などに精通していた。『養生訓』は、中国の医学書を精選して、弟子である竹田定信が編纂し直したものである。そこには貝原の自己体験も含められていて健康書ともみなされている。全8巻からなり、総論、飲食と性欲、医学的知識、鍼灸などの内容によって構成されている。『和俗童子訓』は5巻構成で、総論、随年教育法、読書法、手習い法、女子を教ゆる法からなる。

石田梅岩

1685～1744年

倫理学、石門心学の開祖。丹波国桑田郡東懸村（現・京都府亀岡市）生まれ。1727（享保12）年に仏教者小栗了雲に師事し、45歳で講座を開設した。石門心学とよばれる思想を説いた。彼のもとで学ぶのに、紹介は不要で、性別を問わず無料で開放された。彼自身よりも手島堵庵ら弟子たちの恩恵により、石田の名が、社会教育家として世に知らしめられることになった。著書には『都鄙問答』『倹約斉家論』などがある。

✳用語解説

家父長制

家長としての権限が、男の家父長（戸主）に集中していること。江戸期の武家の男子承継に由来する。

2　江戸期の教育に関わる思想家

江戸期の教育に関わる思想家には、『和俗童子訓』（1711年）などの著作を出し、それらにより啓蒙的な教育を行った**貝原益軒**[*]がいます。彼は庶民の子どもの教育について、人の生は善であること、子どもは善にも悪にも染まるから早くから善い道を教えること、年齢段階と成長発達に応じた教育の方法や教材を用いること、過保護を戒めて厳しく教えること、しつけや親の模範が重要なことを示しています。「人を教うるは、豫（あらかじ）めを以（も）って主と為す」と、前もって物事を教えておくこととともに、「よき事も悪しき事も……まづ入りし事、内に主と」など善悪の価値基準を実践することを明瞭に示しています。つまり儒教的な観点からの教育思想を基盤として、早い時期から道徳教育をすべきことを強調しているのです。

石田梅岩（ばいがん）[*]は、人間の心のなかには、自然と秩序が内在し循環しているとして、それを性学と称しました。これを手島堵庵などの門弟たちが、神道や仏教は心を琢磨種（みがくとぎぐさ）であるとし、石田の思想を心学と改め、明倫舎など心学講舎を各地に設置し、石田心学の普及・教化に努めました。

福澤諭吉は、『文明論之概略』（1875年）において、孔子と孟子による儒教的な政教一致の問題を指摘し、さらに『學問ノスヽメ』（1872年）においてもそれを批判しています。また、彼は欧米諸国の女性と男性の平等思想を日本に紹介して、一夫多妻や妾を非難し、女も男も教育の機会均等の権利があることを強調しました。また『學問ノスヽメ』で記したように、ミル（Mill, J. S.）の影響を受け、思想にも依拠していたため、1874年に設立した慶應義塾幼稚舎では、1877年以降に男女共学とした時期もありました。さらに、民法の親族法について、草案段階では男女同等論に近いものであったことから、福澤はそれを支持していましたが、士族系の反対があったため、最終的には**家父長制**[*]の条文が設けられることになったといわれています。

3.　近代学校教育制度への転換

1　明治期の教育制度

江戸期の寺子屋や藩校は、1872（明治5）年の学制によって、近代学校教育制度へと円滑に移行していきました。

同時に「（學事奨励ニ關スル）被仰出書（おおせいだされしょ）」が教育理念として示されました。教師の任用は、寺子屋の師匠がそのまま移行しました。しかしながら教

師数や彼らの有する知識は、制度化された学校数や教育内容の教授には不十分でした。そこで、新設された師範学校において、教師を増員するための教員養成とともに、師匠から教師に組み込まれた人材の再教育が行われました。師匠にとっては、近代化と称して導入された欧州型の学校教育制度と教育方法を修得した教師となるためのリカレント教育となりました。

幼稚園については、わが国において**近藤真琴**[*]によって初めて紹介されたといわれています。彼が1875（明治8）年の著書『博覧會見聞録別記　子育ノ巻』のなかで、オーストリア・ウィーンの第5回万国博覧会（1873［明治6］年）で見て記録したフレーベル（Fröbel, F. W. A.）の童子園（キンダーガーテン）が、幼稚園誕生への契機の一つになりました。

ただし、尋常小学校の義務教育化による国民皆学の実現には、障壁がともないました。当時の産業構造は農業を主としていたため、児童生徒の保護者の立場からみると、労働の担い手である子どもが小学校での教育に時間をとられることで奪い取られてしまうと懸念されたのです。このような民衆の意識や生活との乖離、学校教育への無理解の一つの現れとして、農民一揆による学校打ち壊しが勃発する事態までを引き起こすこととなりました。また、これは当時の国家の財政難などを理由に、教育費を受益者負担としたことが要因ともいわれています。

1879（明治12）年の教育令によって、アメリカの自由主義的で地方分権的な教育を模範とする一方で、ヘルバルト学派による道徳の導入も試みられました。しかしながら、これが自由すぎるとする批判により、1880（明治13）年に改正教育令が布告され、中央集権的で官僚統制的傾向となりました。元田永孚らが、欧米列強諸国に傾倒する潮流を批判し、仁義忠孝を中心とした儒教による教育を通して、天皇への忠誠を基にした社会を実現させようとしました。それは1879（明治12）年に『教學聖旨（教學大旨）』を起草することで表面化しましたが、伊藤博文に反論され破棄されました。

その後1886（明治19）年、文部大臣森有礼のときに義務教育4年制など近代的学校体系の確立化が進むなかで、元田永孚らによって国民教育が強化され、1890（明治23）年には『教育ニ關スル敕語（教育勅語）[*]』が発布されました。道徳教育については、儒教による親子の孝とともに、天皇制国家中心主義思想として修身が設けられることとなりました。

👤人物

近藤真琴
1831～1886年
鳥羽藩士の次男として江戸に生まれる。明治初期の六大教育家の一人。村田蔵六（大村益次郎）のもとで蘭学を学び、のちに英学に転じ、数学や航海術等も修めた。1869（明治2）年、攻玉社を、蘭学私塾から発展させておこし、航海、測量、数学、外国語などを教え、海軍士官養成に貢献した。

✳用語解説

『教育ニ關スル敕語（教育勅語）』
家庭教育では、家長制度の強化にもつながり、天皇への臣民の忠誠と忠孝の儒教道徳の必要性が謳われ、国家主義体制への教育の中核的理念となった。

2 ▶ 大正期の教育制度

　大正期になると、デモクラシーが教育界にも影響を与え、自由教育運動や子ども（児童）中心主義教育等に傾倒するようになっていきました。自由教育を推進する木下竹次らによって、これまで教師と学習者間の教育活動で使用されていた概念を、教授から学習に代えて推進されるようになりました。

　デューイ（Dewey, J.）による進歩主義教育からの影響については、及川平治らの分団式動的教授法の提唱などがあげられます。分団とは、班やグループの集団を指し、それを用いて教育活動をしようとするものです。また、ここでいう動的とは、個々の子どもたちの主体的な活動を展開した授業方法のことです。これまでの教育状況からみて、個別、協同、プロジェクトといったような方法に急激に転換することを危惧した及川は、個別学習と一斉授業との折衷を分団式として考案したものと考えられます。

　1921（大正10）年には、**八大教育主張講習会**[*]が行われました。その内容は自由主義による児童中心主義教育を目指すものでした。この教育思想を実現しようと、澤柳政太郎による成城小学校（1917年）、羽仁もと子による自由学園（1921年）、野口援太郎による児童の村小学校（1924年）、小原国芳による玉川学園（1929年）などの学校が創設されました。

　大正期から昭和初期にかけて、女子高等教育機関が頻繁に開設されるようになりました。たとえば、津田梅子による女子英学塾、**成瀬仁蔵**[*]による梅花女子校や日本女子大學校（専門学校）、吉岡弥生による東京女医学校などです。これによって平塚らいてうのような社会運動家も輩出されるようになりました。

　芸術教育においては、児童文学の勃興がみられ、子どもには大人とは異なる価値があるとし、鈴木三重吉は『赤い鳥』（1918年）を創刊します。そこには芥川龍之介、小川未明、北原白秋、島崎藤村らも寄稿しています。子どもの綴り方や詩も募集し、それらの作品を優れたものとして評価しています。

　倉橋惣三[*]が、東京女子師範学校附属幼稚園に主任として赴任した頃、実践現場は、形式的・マニュアル的に形骸化した、いわゆるフレーベル形式主義の方法・技術論による保育に陥っていました。彼は、そのような保育を子どもの主体的な活動に戻そうと順序と型にとらわれていた恩物を籠に入れ、積木玩具として使用しました。さらに、形式的な朝の集会を廃止するなどの改革も実施しました。倉橋の教育思想の根底にあるのは、「子ども本位」であって、フレーベルが本来目指していた、生活

を通して自己充実を図ろうとするものです。そのためには、自発性のある活動とともに、「自己充実」のために保育者が行う「充実指導」、さらにその後の「誘導」と、必要に応じた「教導」をしなければならないとしたのです。この子どもの興味・関心に基づいた主題を設定する教育活動の流れを「誘導保育」といいます。当初の東京女子師範学校附属幼稚園の教育課程では、保育は毎日4時間で、フレーベルの恩物操作を中心とする保育内容でした。教育にあたった豊田芙雄や近藤濱は、歌や遊戯を日本の子どもに合うようにつくりなおしたといわれています。

3　キリスト教主義教育

　官立（国公立）の幼稚園とは別に、カナダやアメリカの宣教師たちにより導入されたキリスト教主義教育の私立幼稚園の流れがあります。たとえば、1886（明治19）年にポートル（Poter, F. E.）によって設立された英和幼稚園（現・北陸学院幼稚園）、1891（明治24）年にゲーンズ（Gaines, N. B.）によって設立された廣島女学院附属幼稚園（現・ゲーンズ幼稚園）などのように、明治初期からキリスト教主義教育の幼稚園が普及しました。なかでも頌栄幼稚園は、保育者養成機関を母体として設立された幼稚園として代表的なものです。1889（明治22）年、ハウ（Howe, A. L.）が、頌栄保姆伝習所を日本最初の保育者養成機関として設立しました。彼女は、子どもの保育に先立って保育者養成が必要であるとして当該機関を開設したのです。そこでは、修業年限2年、週の授業時間数38時限で、宗教教育を基盤として、フレーベルの教育哲学、思想を学習していました。教育課程は、修身、教育学、心理学、理科、保育法、唱歌、音楽、作文でした。この伝習所は、後に開設されてゆく保姆伝習所（保育士養成機関）のモデルとなりました。

4　幼保一元化の流れ

　同時期に**城戸幡太郎**[*]は、幼保一元化の必要性を考え、保育問題研究会を設立し、保育実践とその研究の結合を図ろうとしましたが、戦時下の影響で断念しています。

　19世紀末に岡山で大規模な孤児院を設立して社会事業を行っていた石井十次は、1909（明治42）年に、当時日本で商工業都市として最も栄えていた大阪市内に愛染橋保育所を設立し、低所得者層の家庭の子どもを対象として、労作教育を重視した人間形成を行いました。石井の没後に跡を継いだ富田亀吉が、1918（大正7）年、愛染橋保育所に幼稚園を付設したのが単線型保育施設の始まりだといわれます。大正期（1920

■人物
倉橋惣三
1882〜1955年
学生時代に勉学の傍ら幼稚園へ通い、園児に混じって遊ぶことを日課としていた。元来、子ども好きであり、東京女子師範学校附属幼稚園、二葉幼稚園、滝乃川学園にも通って、子どものありのままの姿と教育内容を学んだと自伝に残している。同じ頃に内村鑑三主催の勉強会に参加するなどして、聖書や教育学、ペスタロッチやフレーベルについて学び、大学院修了後、東京女子師範学校の講師や教授を歴任した。35歳で同附属幼稚園の主事となり、幼稚園教育の改革に乗り出す。アメリカやヨーロッパの保育事情を視察し、わが国にデューイによる新教育運動による児童中心主義教育の展開に尽力した。日本保育学会を創設（初代会長）し、『子供讃歌』（1954年）などを著した。

■人物
城戸幡太郎
1893〜1985年
教育科学研究会を設立し、研究を進めるが、戦時下の影響で民間教育研究運動が敵視され、検挙・拘置もされた。戦後になり、国立教育研修所所長、教育刷新委員となり、戦後民主教育の創設に力を尽くした。その後は北海道大学教育学部長、東洋大学教授、国立教育研究所所長、北海道教育大学学長、正則高等学校長などを歴任した。

年代）には、保育所の対象児は3歳未満の乳幼児、幼稚園の対象児は3歳以上の幼児という要請が当時の文部省や内務省によりなされましたが、実現しませんでした。それが実現したのは1943（昭和18）年で、戦時保育所として一元化されました。しかしそれも一時的なもので、1956（昭和31）年には、幼稚園は文部省のもとで「学校教育法」の適用を受け「幼稚園教育要領」による幼稚園教育、保育所は厚生省の「児童福祉法」などをもとにした「保育所保育指針」による保育所保育として、明確な二元化とともに、それぞれ独自の方向に進むことになりました。のちに保育一元化論の発想が、倉橋惣三や城戸幡太郎により1930年代に提唱され、1940年代後半にも保育関係者がその実現を目指そうとしましたが、実現には至りませんでした。

4．教育の軍国主義化と民主化

　昭和期に入ると、1930年代後半から日本は国家主義諸国と同盟を結び、明治期からの富国強兵策にも増して軍国主義教育を強化して、欧米植民地主義列強諸国と対峙していきます。国民精神総動員実行行事では、慰問袋や慰問文の送付、神社や寺院の清掃、勤労奉仕などが実施されました。1941（昭和16）年、尋常小学校は国民学校に名称が変更され、勅語奉読式、神社の清掃と参拝、戦没兵士の墓地清掃、勤労が強調されるようになりました。そこでは自発性が重視され、教科外活動や行事・儀礼が尊重されました。そこには地域社会や家庭との関係も考慮されていて、児童は皇国民として鍛錬されました。学校では、運動会、遠足、虫歯（齲蝕）予防、水泳大会などが行われ、地域社会や家庭ではラジオ体操が奨励されました。対米英戦に突入する際には、初等教育から高等教育に至る各学校の教育に軍事教練が組み込まれるようになりました。さらに戦時下の徴兵で失われた労働力を補うための人材養成を目指し、障害児教育が義務化されました。

　1945（昭和20）年の敗戦後、占領軍である連合国軍最高司令官総司令部（GHQ）から教育改革についての指令を受けます。それにより国家主義思想など軍国主義的要素を払拭し、アメリカ教育使節団（CIE）からの教育改革報告書をもとに設置された教育刷新委員会が、教育理念や教育制度を変貌させていくことになります。

　1947（昭和22）年には、民主的な内容となった「**教育基本法***」と「**学校教育法***」が制定され、六三制の小学校と初等中等教育（中学校）の義務教育体系が実施されました。教育の機会均等、教学、政治的教養、

※ 用語解説

教育基本法

平和で民主的な国家や社会を形成する者として真理と正義を希求する人間の育成、義務教育の無償、教育の機会均等、男女平等、政治的教養の教育、教育の宗教的中立、教育行政の独立など、教育を受ける権利が示された。教科書は検定制となり、教師の主体性も尊重されるようになった。

学校教育法

小学校6年間、中学校3年間の合計9年間の義務教育制度が打ち出された。同法に基づいて、小学校や中学校が新制に移行し、翌年から高等学校、さらに1949（昭和24）年には新制大学が発足した。教師養成は、師範学校ではなく、新制大学教育を基礎とし、教育学部以外でも教員免許状が取得できる開放制による養成制度となった。

宗教からの中立、教育行政の独立など、**教育を受ける権利**が示されました。ただし、特殊教育（障害児教育）については就学猶予が図られ、義務化が後退しました。この時期、城戸幡太郎は国立教育研修所所長や教育刷新委員を歴任し、戦後民主教育の構築に貢献しました。

　戦後しばらくの間の教育は、デューイやキルパトリック（Kilpatrick, W. H.）らに代表される経験主義カリキュラムによる経験主義教育が隆盛を極め、自由主義教育思想が広がりました。

　しかしながら1950年代後半から始まった高度経済成長期には、教育に関する法令改正とともに、学習指導要領等が、法に準じる拘束力をもつに至ります。しだいにその内容は、欧米先進諸国の科学技術に追いつき追い越すための教科カリキュラムによる知識の詰め込みにつながっていきます。

　1963（昭和38）年には、義務教育諸学校の児童および生徒に対して、教科用図書の無償給付が開始されました。これにより**義務教育**の無償化が完結したといわれています。この頃には高等学校や大学への希望者数や進学率が急増しました。それゆえ受験競争が激化し、詰め込み型教育によって落ちこぼれ・落ちこぼしが生じ、高等学校における自殺者や退学者の増加、小学校や中学校における校内暴力、いじめ、学級崩壊、さらには種々の理由から不登校が深刻化するなど、多様な問題が発生するようになりました。1960年代には、幼児教育の義務化が検討されましたが、当時の私立幼稚園団体の反発から頓挫しました。

　1970年代より一元化保育を実質的に実施してきたのが、守屋光雄による北須磨保育センター（神戸市）です。彼は、保育の概念を、乳幼児の発達を保障する教育として統一的にとらえることを前提として、既存の幼稚園と保育所の基本的性格を使用して、子どもの発達、保育者の研究、保護者の生活・育児、それら三者の立場を保障することを目指しました。当該センターでは、隣接した敷地に幼稚園と保育所を併設し、日常は両方の園・施設を利用できるよう、各園・施設に所属している子どもが行き来できるように工夫していました。2006（平成18）年度に認定こども園制度が始まり、2017（平成29）年より本格的に幼保連携型認定こども園の名称で、各地で総合保育施設が稼動し始めました。

　小学校教育から高等学校教育においては、1960年代から1980年代にかけての、いわゆる詰め込み型教育の反省から、学校教育に「ゆとり」をもたせ、学校週五日制を実施し、週末には幼児、児童、生徒を家庭に返すことにしました。同時に、基礎学力の習得を充足すべく教育内容の精選を行いました。総合的学習の時間などの経験学習を拡充し、「トラ

⊞ 補足

教育を受ける権利
日本国憲法第26条に記されている（1946〔昭和21〕年）。

⊞ 補足

義務教育制度
1886（明治19）年には、障害児や困窮家庭の子どもの義務猶予（のち免除）があった。1907（明治40）年に6年制に年限延長となり、1939（昭和14）年に男子青年（14～19歳）の中等教育への義務制機会拡大が模索され、1941（昭和16）年には国民学校の8年制教育課程を規定したが実施には至らなかった。貧窮者や盲・聾・啞者（当時）の義務教育を実施した。

イやるウィーク」（兵庫県教育委員会）に代表される職業体験を各都道府県自治体教育委員会が導入しました。それにより、落ちこぼし、落ちこぼれがなくなったり、地域の人々との理解や関係構築がなされるようにもなりました。しかし、こうした教育内容実施後よりPISA*の得点が低下したことから、「ゆとり教育」に問題があるかのように指摘され、再び教育課程の転換に至りました。

5．現代の教育

　障害児教育については、1979（昭和54）年になって、養護学校（現・特別支援学校）の小学部と中学部が義務教育化され、ようやくすべての国民の教育についての権利が保障されるようになりました。2007（平成15）年には、**インクルージョン（包含）教育***として、前年の公示を受けて特別支援教育と名称も改正され、障害児に関わる教育を充実させるようになりました。かつてはインテグレーションとして、障害児と健常児を「合わせる・統合して教育する」という意味合いがありました。しかしながら、インクルージョンによって、元来、「皆が一緒に含まれて、同じ学び舎にいる」という考え方となったのです。

　その後、景気の停滞や経済格差から、PISAで示された学力の低下や、子どもの教育の権利の格差などが課題といわれるようになっていきます。そこで、それまで実施されていた「ゆとり教育」からの転換として、授業時間数の増加や教育内容の重点化がみられるようになっていきました。

　さらに、2017（平成29）年から2018（平成30）年にかけての「幼稚園教育要領」や小中高等学校の「学習指導要領」、「特別支援学校幼稚部教育要領及び小学部・中学部・高等部学習指導要領」では、「主体的・対話的で深い学び」を実現するために、教育課程に示される3つの資質・能力を、幼児教育から高等学校教育まで一貫して育むものとして位置づけています。「生きる力」の理念については、従来どおり旧課程より引き継がれてはいます。それを育成するために、各学校段階（sequence：系列、順序）での観点で、資質・能力としての3つの柱、①知識および技能（の基礎）、②思考力・判断力・表現力（の基礎）、③学びに向かう力、人間性等が示されることによって、幼児教育から高等学校教育までにおいて体系的に育んでいくことが明確に示されています。

　こうした「幼稚園教育要領」および「学習指導要領」の改訂に呼応し、「保育所保育指針」と「幼保連携型認定こども園教育・保育要領」も併せて改定（訂）となり、その教育内容については「幼稚園教育要領」と

PISA
（Programme for International Student Assessment）
PISA（国際生徒評価のためのプログラム）は、経済協力開発機構（OECD）による児童生徒を対象とした国際的な学習到達度調査のことをいう。日本では国際学習到達度調査ともいわれることがある。

インクルージョン（包含）教育
最新の特別支援教育では、発達支援以外にも、文化の異なる外国籍の子どもの支援や貧困家庭の子どもの支援もいわれるようになり、より広いとらえ方、多様性（ダイバシティ）を受容し、支援していくこととなっている。

の共有が図られています。

　評価内容については、小学校教育課程との接続性を明確化するために、「幼児期の終わりまでに育ってほしい10の姿」が設けられています。

演 習 課 題

①明治期の幼児教育の導入過程にはどのようなものがあったか、説明してみましょう。

②特別支援教育の歴史的変遷について、それぞれの時代でどのような考えや制度があったかを考えてみましょう。

③明治期の近代学校教育への移行期には、江戸期からの教育機関や教員組織にどのような変更が必要であったかを考えてみましょう。

子ども（児童）観・教育観の変遷

子ども（児童）観や教育観については、ヨーロッパや日本の文化的な違いや時代背景にともなう変遷があります。それらは現在の教育の流れや子育て（養育態度）にも表れています。それらについて、このレッスンで俯瞰してみましょう。

1．古代〜中世の子ども（児童）観

1 ヨーロッパの子ども（児童）観

アリエス（Ariès, P.）によると、「子ども期」のカテゴリーは、西欧においては中世以前には存在しませんでした。それまでは、「小さい人」が「大きい人（正しい人）」になるように教育されるとみなされていたのです。子どもの概念は、18世紀頃になってからようやく一般化され、子どもを中心とした近代家族形態についての意識が登場しました。

中世期のヨーロッパでは、子ども観自体の存在すら明らかではありませんでした。つまり、現代とは異なり、子どもが子どもとして扱われることがなく、大人（ひと）の小型版としてみなされていたのです。したがって、「何も知らない小さい人」を「大きい人（正しい人）」と同様に扱うために、大きい人のようにできない小さい人に対しては、原罪*とともに矯正的な厳しいしつけが行われ、教育の権利を与えられることはありませんでした。ときには、鉱山での鉱石堀りや煙突掃除など、大人以上の労働に酷使されることさえありました。そのような時代のなかで、直接的・間接的に現代の教育思想に影響を与え、その礎を築いたのは、次に示す思想家たちです。

当時の絵画を見ても、その思想が表れていました。たとえば、カトリック教会にみられる中世の祭壇画に描かれた聖母子像は平面的で、聖母マリアに抱かれた乳児のイエス・キリストは、髭をたくわえ、八頭身で大人の縮小版にすぎませんでした。つまり子どもの特徴的な姿を認識しようとする概念すらなかったのです。その後、ラファエロ（Raffaello, S.）の『大公の聖母』（1504年）やブリューゲル（Bruegel（Brueghel）de Oude, Pieter）による『子供の遊戯』（1560年）に至って、ようやく子どもらしい姿になるのです。

✳ 用語解説
原罪
キリスト教の『旧約聖書』の「創世記」に示された、楽園であるエデンの園での出来事にある。神が、その楽園を留守にするとき、アダムとエヴァ（イブ）に禁断の木の実を食べることを禁止した。しかしながら、二人は契約を破ってそれを食べた。このことに原罪は由来する。契約を破った二人は、その罪によって楽園を追放されることになる。

当時のヨーロッパは性悪説に立脚していました。その理由は、旧約聖書による原罪の考えとともに、子どもを大人と異なった存在として扱わなかったことの2点にあります。したがって小さい人を大きい人（正しい人）に導くためには、厳しく教育しなければならないとしたのです。放っておいては、何をしでかすかわからないし、大きい人（正しい人）と同じこともできないので、鞭で叩いてでも強制的に教育する、あるいは矯正していく必要があると考えたのです。

■2 日本の子ども（児童）観

日本では、『万葉集』で山上憶良が反歌として「銀も金も玉も何せむに勝れる宝　子に及かめやも」（銀も金も宝石も、どうして優れた宝である子どもに及ぶだろうか、いや及ばない）と詠ったように、古代から、子どもは大人（成人）とは区別されていたのです。それには、子どもに愛情を表す**子宝思想**があったからだといわれます。

さらに、平安末期の『源氏物語絵巻』の絵画にみられる、玩具で遊ぶ子どもの姿は、大切にされた様子で、正確に描かれていました。

日本では、これら土着の子ども観とともに、中国思想の性善説の立場、儒教や荀子による礼節もその背景にありました。安土桃山時代や明治初期に日本を訪問した宣教師たちが、「日本は子どもの天国」と称したことからも、日本とヨーロッパの子ども観に関わる認識の違いは明らかです。また、腕足類の研究で来日したモース（Morse, E. S.）も同様のことを記しています。

2. ヨーロッパの子ども（児童）観の転機

ヨーロッパの子ども観の転換の契機は、ルネサンスによる文芸復興にあります。ルネサンスの本来の意味は、古代ギリシアやローマ時代のリアリズムに回帰すること、つまり復古することにあります。それによって思想の転換が起こったことから、その時期の子ども観の転換は、思想家によるものが大きいといわれます。

ルネサンスによる人間中心主義（Humanism）は、ルター（Luther, M.）による思想にも表れています。個人と神との対話、つまり聖書の解釈を、個人ができるようにしたのです。これによって、個の尊重（個人主義）や権利が（神を背景にして）責任をともなって示されるようになります。

✱ **用語解説**

子宝思想
本文中に示した山上憶良による反歌以外にも民間信仰が起源ともいわれている。すなわち、子どもは七つまでは神の子などといわれ、それまでに死ぬと神のもとに帰るとみなされていた。あの世と現世との境目である異界の存在である子（児）は、神からの授かりものであるので、現世に生きる大人とは違った扱いとなった。その後7歳を過ぎると、子どもの自立を目的に子育て（養育）、すなわち「児やらい」（中国や四国地方など西日本を主とする伝承）を行った。

人物

ルソー
(Rousseau, J. J.)
1712〜1778年
フランスの思想家、評論家、劇作家、脚本家など多彩な才能をもつ人物。出生地は現在のスイスのジュネーヴ。出生したときに母親が死去し、時計職人の父親のもとで兄とともに育てられた。しかし、児童期には父親が顧客（仏軍将校）との関係悪化のため失踪。ルソーは、その後、青年期には徒弟奉公先であった印刷業から抜け出し、都市に出て街中を彷徨していた。牧師に救われて、紹介された貴族ヴァラン夫人に見初められ、生活は一変し、贅沢三昧で何の不自由もない放蕩状態の暮らしとなった。音楽を聴きたければ楽団を呼んでもらい、本が読みたければ山ほど買い与えてもらった。子ども期の経験から書物に興味をもっていたため、そこで読み漁った本の内容から思索を練り、種々の書物を著した。社交界にもデビューし、彼は当時のイケメンの代表として貴族女性に人気があった。彼は批評や今でいう正論を著したが、その言行は一致せず、子を遺棄したり、奇行を繰り返したりした。

用語解説

北欧諸国
一般に、デンマーク、ノルウェー、スウェーデンの3か国をいう。広義には、それらの国にフィンランド、アイスランドを加えた5か国を指すこともある。

参照

エレン・ケイ
→レッスン1

1　ルソーとペスタロッチの子ども（児童）観

　ルソー*は、自ら著した教育小説『エミール』（1762年）で、子ども（児童）観として、子ども（児童）の主体性や発達にまかせるなど子ども（児童）中心主義思想を説きました。それとともに子育ての重要性に言及し、これまでの概念の転換点となりました。この書の冒頭で「全てを造るものの手から離れるときは善いものであるが、人間の手にうつるとすべてが悪くなる」と述べ、強制的な教育をしない「消極教育」を唱えました。つまり、子どもの成長発達にまかせ、子どものふるまいを尊重し、自然環境を重視するなど、コメニウス（Comenius, J. A.）とは異なる彼独自の主観的自然主義の考えになっています。それにより、子ども（児童）中心主義思想ともいわれるようになりました。『人間不平等起源論』（1755年）では、自らの体験と照らし合わせ、成育環境によって人々に格差が生じることへの批判を行っています。さらに『社会契約論』（1762年）では「自分の子どもまで譲り渡すことはできない」とまでいいました。

　子ども（児童）中心主義思想に感銘した法律家であったペスタロッチ（Pestalozzi, J. H.）は、『立法と嬰児殺し』で、当時の社会問題であった若い女性（母親）による乳児（子）殺しに関わる不当な法制度の改正を訴えています。それとともに、当時の社会状態として、戦災孤児たちを養護するとともに、富裕層の子どもたちと併存して学習する環境を設け、教育機会の均等に取り組みました。

2　ケイの子ども（児童）観

　いまでこそ福祉先進国のイメージのある**北欧諸国***は、19世紀半ばまでは、現代の政策とはまったく程遠いものでした。たとえば、当時は、教育を受けていない人を労働者として安価で就業させることが、支配層から求められていました。つまり教育された人々の労働力は高価であるため、利益優先の経営側にとっては都合がよくなかったのです。したがって当時は、支配階層によって、初等教育制度は整備されていませんでした。それにより、支配され代々教育を受ける機会のなかった層は、見捨てられたことになっていたのです。

　エレン・ケイは、家庭での個性を生かした教育を重視しながら、1880年代頃から、教育問題や女性問題などに取り組みました。著書『児童の世紀』（1900年）において、第1部は、子どもの親を選ぶ権利、子どもと母親の保護、婦人解放運動と母性保護、婦人参政権と子どもの権利から構成されています。第2部は、教育、未来の学校、宗教授業、学校における精神的殺害、家庭の喪失、本と教科書、回顧と展望から構成され

ています。彼女の行った運動は、当時の新教育運動によって支持され世界に広まることとなったのです。

　ケイの思想は、1924年に国際連盟総会で採択された**ジュネーヴ宣言**[*]に反映され、独立した人格として子どもを尊重することが認められました。さらに国際連合総会で採択された1959年の「児童権利宣言」および1989年の「児童の権利に関する条約」に、その精神が継承されています（図表7－1）[†1]。

図表7-1 「児童の権利に関する条約」

前文
　この条約の締約国は、
　国際連合憲章において宣明された原則によれば、人類社会のすべての構成員の固有の尊厳及び平等のかつ奪い得ない権利を認めることが世界における自由、正義及び平和の基礎を成すものであることを考慮し、
　国際連合加盟国の国民が、国際連合憲章において、基本的人権並びに人間の尊厳及び価値に関する信念を改めて確認し、かつ、一層大きな自由の中で社会的進歩及び生活水準の向上を促進することを決意したことに留意し、
　国際連合が、世界人権宣言及び人権に関する国際規約において、すべての人は人種、皮膚の色、性、言語、宗教、政治的意見その他の意見、国民的若しくは社会的出身、財産、出生又は他の地位等によるいかなる差別もなしに同宣言及び同規約に掲げるすべての権利及び自由を享有することができることを宣明し及び合意したことを認め、
　国際連合が、世界人権宣言において、児童は特別な保護及び援助についての権利を享有することができることを宣明したことを想起し、
　家族が、社会の基礎的な集団として、並びに家族のすべての構成員、特に、児童の成長及び福祉のための自然な環境として、社会においてその責任を十分に引き受けることができるよう必要な保護及び援助を与えられるべきであることを確信し、
　児童が、その人格の完全なかつ調和のとれた発達のため、家庭環境の下で幸福、愛情及び理解のある雰囲気の中で成長すべきであることを認め、
　児童が、社会において個人として生活するため十分な準備が整えられるべきであり、かつ、国際連合憲章において宣明された理想の精神並びに特に平和、尊厳、寛容、自由、平等及び連帯の精神に従って育てられるべきであることを考慮し、
　児童に対して特別な保護を与えることの必要性が、1924年の児童の権利に関するジュネーヴ宣言及び1959年11月20日に国際連合総会で採択された児童の権利に関する宣言において述べられており、また、世界人権宣言、市民的及び政治的権利に関する国際規約（特に第23条及び第24条）、経済的、社会的及び文化的権利に関する国際規約（特に第10条）並びに児童の福祉に関係する専門機関及び国際機関の規程及び関係文書において認められていることに留意し、
　児童の権利に関する宣言において示されているとおり「児童は、身体的及び精神的に未熟であるため、その出生の前後において、適当な法的保護を含む特別な保護及び世話を必要とする。」ことに留意し、
　国内の又は国際的な里親委託及び養子縁組を特に考慮した児童の保護及び福祉についての社会的及び法的な原則に関する宣言、少年司法の運用のための国際連合最低基準規則（北京規則）及び緊急事態及び武力紛争における女子及び児童の保護に関する宣言の規定を想起し、
　極めて困難な条件の下で生活している児童が世界のすべての国に存在すること、また、このような児童が特別な配慮を必要としていることを認め、
　児童の保護及び調和のとれた発達のために各人民の伝統及び文化的価値が有する重要性を十分に考慮し、
　あらゆる国特に開発途上国における児童の生活条件を改善するために国際協力が重要であることを認めて、
　次のとおり協定した。

✻ 用語解説

ジュネーヴ宣言
のちに日本国憲法が、その精神にしたがって確立されるとともに「児童（こども）憲章」（1951年）にも結びついた。児童憲章は、子どもの幸福を図ることに特化されたものである。

▶ 出典

†1 「児童の権利に関する条約」前文

　これらにより世界的に子どもによる労働の禁止と教育の権利を保障することが認識され始めることとなりました。「児童の権利に関する条約」は1990年に発効し、日本では1994（昭和59）年に批准・発効しました。

　スウェーデンにおいて、社会経済的地位の高い子どもだけに限定されていた幼稚園教育は、ムーベリ姉妹（Moberg, E. & M.）により大衆化され、子どもの権利保障が実現していくことになりました。その後1924年には「児童福祉法」が制定され、1935年に集団住宅と大型家族住宅のなかに保育所をつくり、これに国からの援助が与えられました。1945年頃になると、家庭保育を組織する地域集団が現れ、1979年には両親教育を義務化し、保育機関がそのセンターとしての効果をあげていきました。1995年からは各自治体に、必要に応じて1～12歳の子どもに保育を提供することが義務づけられることになりました。

【コラム①】スウェーデンの乳児保育

　スウェーデンをはじめとする北欧の保育には、教育的な要素が含まれてはいますが、土地柄、福祉先進的な印象が強くみられます。その一つとして、スウェーデンでは家庭で子育てを行うことが当たり前となっているために、乳児保育はきわめてまれです。

　保育の取り組みについての経緯をみると、1834年にフォルセル（Forsell, C.）によって、ストックホルムに幼児学校が設立されたことが始まりとされます。その対象となった子どもは、母親が就業しており、しかも保育費さえ支払えないような所得層の家庭の子どもでした。幼児学校設立の発想には、オウエンの影響がありました。保育が必要な子どもは、生後15～18か月の間に保育所に登録されます。その後18か月から3歳までは育児休暇支援と補助金給付があります。また、2～7歳児に対しては、給食と養護と簡単な読み書きの教育がありました。当初は、政治家はもちろん行政職、その他支配階級の人々は、幼児教育に関心を示していませんでした。

　注目を集めはじめたのは、医師のフス（Huss, M.）によって1854年にストックホルムに託児所（Creche）が設置されてからです。ここは、社会的・経済的地位の低い層の乳児のための慈善的なものでした。この頃になって、保育学校と同じように地方当局から援助を受けられるようになりました。

3 イギリスの産業革命における子ども（児童）観

　19世紀の産業革命期において、労働者の健康維持や子どもの生命保持を考えた人にイギリスの**オウエン***がいました。彼は、大規模工場が立ち並び、そこに労働者として多くの人々が集まっていた環境下で、子どもの労働者が健康を害し、さらには両親が働いている時間に、工場近隣の運河で多くの子どもたちが命を落としていることに心を痛めます。

　そこで彼は、1816年に託児的機能を有した性格形成（新）学院を設立し、上述の状況の子どもへの教育と保護を行ったのです。性格形成（新）学院とは、名称が示すように、性格形成を目指し「性格形成原理」としての環境教育理論に重点を置いた学校です。この学校の初級段階が幼児学校（1歳頃〜5歳）であり、年齢段階に応じた教育が実施されていました。開設当初に保育者となった人たちは、子ども好きで笛などが得意でしたが、文字を理解しておらず知的教育を行えなかったのです。そのこともあって、当初は注入式教育を行いませんでした。それゆえに、明るく楽しい雰囲気のなかで、音楽やダンス、体育が教えられ、自由な活動と自発性が尊重されました。そこでは賞罰や競争がなく、仲間と遊ぶことが求められました。のちに無料の保護・教育施設として普及していきました。

　その後、オウエンの性格形成（新）学院を受け継いだウィルダースピン（Wilderspin, S.）は、3R's（Reading, Writing, Arithmetis：読み・書き・算数）を中心として、幾何、地理、博物、植物、天文、文法、図画、音楽、体操、宗教などの教育課程によって、一斉授業型の教授方法を実施するようになりました。方法論においては、オウエンの考えとは異なりましたが、その流れは現在までも続き、義務教育制の初等学校として最初の段階に位置する幼児学級（infant school）となっていきました。

　また、19世紀初期から半ばにかけて、「紡績工場法」（1819年）が成立し、児童労働が規制されました。その後も「工場法」の改正により、当時の母性（女性）保護を目指す観点から、女子労働の制限もかけられるようになりました。皮肉なことに、のちにこのことが女性の労働時間の抑制や職種の選択の妨げとなっていったのです。日本も諸外国にならって、19世紀末から20世紀初頭にかけて、工場法の制定を模索していくようになります。しかし、その内容は、主に女子および年少者の保護のための就業制限にとどまっていました。

▣人物

オウエン
（Owen, R.）
1771〜1858年
経営学・労働法でその名が知られることになった、スコットランド・ニューラナークの紡績工場の経営者。彼は工場労働者の管理に成功し、人道的であると評価された。彼のつくった幼児のための施設は幼児学校とよばれ、幼稚園とは異なり、働く親や低所得者層の家庭教育を補うためにつくられた。したがって社会事業の立場にあることから、現代の保育所に当たるといわれる。ただし、発展の過程で福祉的な要素を脱して、教育機関へと変容したところに特色がある。

3．子どもの権利と最善の利益

1　国際児童年

　1959年に国際連合の総会において「児童権利宣言」が採択されました。1976年の国際連合の第31回総会では、「児童権利宣言」の20周年を記念して1979年を「国際児童年」とする旨が宣言されました。その機会をとらえて、貧困、児童労働、教育格差などといった世界の子どもに関わる問題解決のために、全世界の人々が取り組んでいこうとするようになりました。その一つの現れとして各国政府が、児童の福祉の向上に一層努力するために必要な経費を、ユニセフ（国際連合児童基金）に拠出するとともに、民間団体や市民が諸活動に積極的に参加・協力するよう啓発するようになりました。

　日本でも、それを受けて1978（昭和53）年に総理府（現・内閣府）に国際児童年事業推進会議が設置され、1985（昭和60）年に東京都渋谷区に「国立児童館こどもの城」が設立されました。そこでは教育相談、障害児の教育指導、アスレチックやキャンプなど野外活動の指導などが実施されました。また、劇場が併設されたり、ホテルや小児科医院も附設され、利便性に優れていました。この児童館は、国内の児童館設置におけるモデルともなりました。しかしながら2015（平成27）年に、閉館となりました。その後、2018（平成30）年になって、東京都が跡を引き継ぐことを表明しました。

　国際児童年を記念する事業として、1985（昭和60）年には、鳥越信から寄贈された12万点の児童文学関係の刊行物をもとに大阪国際児童文学館が設立されましたが、これも2010（平成22）年に大阪府立図書館に統廃合されました。しかし、国際児童文学館の設計者でもあった安藤忠雄は、大阪市とともに、子どもに本や芸術文化に触れる機会を提供する場として、新たな児童図書館「（仮称）こども本の森 中之島」を2019年に設立すると発表しました。

2　子どもの最善の利益

　子どもの最善の利益については、アメリカの「母性優先原則」の傾向をなくす方向がその契機となったといわれています[2]。その理由には、1970年代頃まで、婚姻関係が破綻した夫婦間の子どもの監護権は母親に全面的にゆだねられていたことに起因しています。母親が不適切な扱いを子どもにしていようとも、母親が子どもを養育することが最善

▶出典
†2　棚瀬一代『離婚で壊れる子どもたち——心理臨床家からの警告』光文社、2010年

であるといった通説がまかり通っていたのです。いわゆる「**3歳児神話**[*]」といわれるものです。したがって、当時は、いかによい父親であっても、せいぜい週末に子どもに面会できるくらいでした。そこで父親たちは、性差別として全米男性会議を結成し、「子どもの最善の利益」として面会などの権利主張を行ったのです。

　1980年代後半以降、父親にも監護権が認められるようになり、離婚した男女においても、子どもについての共同監護が可能となりました。母親だけでなく父親にも関われるようになったことが、子どもにとっての最善の利益となります。しかしながら、日本では、女性が就労に制限を受け子育てをすることが強調され、負担を強いられる被害者であるかのように過度に歪曲されて広まりました。しかも離婚により親権を喪失し、一人になった父親と子どもの間には、いまだに**面会権すらないのです**。

3　その他の児童に関する条約

　「児童の権利に関する条約」の締結以降、2000年に国際連合で「児童の売買、児童買春及び児童ポルノに関する児童の権利に関する条約の選択議定書」や「武力紛争における児童の関与に関する児童の権利に関する条約の選択議定書」が採択されました。日本は各省庁とNGOとの間で意見交換を重ね、2004（平成12）年にこれを批准しました。

　さらに、「児童の権利に関する条約」をもとに、子どもには教育を受ける権利や経済的搾取を含むあらゆる搾取や暴力、虐待から保護される権利があるとして、児童労働を規制する国際条約が制定されました。1973年の「就業が認められるための最低年齢に関する条約（最低年齢条約）」や、その後1999年に採択された「最悪の形態の児童労働の禁止及び撤廃のための即時の行動に関する条約（最悪の形態の児童労働条約）」では、児童労働において搾取的な労働を最悪の形態と定めて、義務教育修了後であったとしても、無条件で子どもを労働から引き離し保護することなど、児童による最悪の形態の児童労働の禁止および撤廃を確保するための即時の効果的な措置が求められるようになりました。しかしながら、**国際労働機関（ILO）**[*]が目標とした最悪の状況の児童労働の撤廃は、日本を含めたアジア、ラテンアメリカ、アフリカ諸国では、いまだ達成できないままでいます。

✳ 用語解説

3歳児神話
子どもが3歳になるまでは母親のもとで育てられるべきであるとする説。1960～1970年代まで、当時の最新の科学的知見としてボウルビィによる母子関係の理論が用いられ、判例の根拠とされた。ただし、これは当時の誤解である。ボウルビィは、愛着性の研究で母子間でそれを主に見出した者として「特定の人物」の必要性を述べているが、母親でなければならないとは言っていない。

◈ 補足

面会権のない日本
判例では面会許可がでることはあっても、法的整備はされていない。したがって、日本では面会の細かな手順が決められていないため、子どもの連れ去りや心中事件が起こっている。国によっては立会人などの細かな手順が示されている場合もある。

✳ 用語解説

国際労働機関（ILO）
社会正義と人権および労働権の擁護を推進している。1919年に設立され、1946年に国連の最初の専門機関となった。ILOは労働・生活条件を改善するための国際的な政策やプログラムを策定し、これらの政策を実施する国内当局の指針となる国際労働基準を設定している。また、政府がこれらの政策を効果的に実施できるように幅広い技術協力を行い、かつそうした努力を前進させるために必要な研修、教育、調査研究を行っている。

【コラム②】児童労働を規制する国際条約

　国際的に児童労働の禁止や撤廃を定める基準として、国際労働機関（ILO）により1973年に採択された「就業が認められるための最低年齢に関する条約」（最低年齢条約）と、1999年に採択された「最悪の形態の児童労働の禁止及び撤廃のための即時の行動に関する条約」（最悪の状況の児童労働条約）があります。日本は、それぞれ2000年と2001年に批准しています。

　最低年齢条約では、最低年齢を義務教育修了後としています。最悪の状況の児童労働条約では、たとえ児童が自ら志願し、かつ保護者が同意した場合であっても、禁止・撤廃されるものとして「最悪の形態の児童労働」を、次のように規定しています。

1．児童の売買・取引、負債による奴隷・農奴、強制労働（武力紛争において使用するための児童の強制的な徴集を含む）等のあらゆる形態の奴隷制度またはこれに類する慣行

2．売春、ポルノの製造またはわいせつな演技のために児童を使用し、あっせんし、または提供すること

3．不正な活動、特に関連する国際条約に定義された薬物の生産および取引のために児童を使用し、あっせんし、または提供すること

4．児童の健康、安全若しくは道徳を害するおそれのある性質を有する業務又はそのようなおそれのある状況下で行われる業務

　日本では、13歳に満たない者の就労については、児童の福祉を侵害するとして禁止しています。ただし、映画の制作や演劇の事業の子役などについては、修学時間外の労働が認められています（労働基準法第56条第2項）。加えて13歳以上15歳以下でも、新聞配達など年少者にとって有害でなく軽易な労働を修学時間外にさせるなど、条件を満たした場合のみ、労働基準監督署から許可を得る条件付きで認めています（同法同条）。中学生が労働を希望し、親権者がこれを許可したことで、親権者が親権の濫用として書類送検されたケースもあります。

4. 近代日本の女性観の転換と子ども観の変遷

1 大正・昭和期の女性

　日本では、**平塚らいてう***が雑誌『青鞜（せいとう）』に、ケイの*Love and Ethic*（1912年）の翻訳を載せ、従来型の**良妻賢母**主義教育の風潮を批判しました。女性は、各々が自由にあらゆる物事を自ら主体的に選択し、自由でなくてはならないとして、当時の家制度にとどめおかれることを批判したのです。それは、のちの婦人参政権の権利保障にもつながりました。また、『青鞜』に掲載された「元始、女性は太陽であった」という一文が、女性権利の標語となりました。

　与謝野晶子が、女性は徹底して独立するために経済的に自立せよと主張したのに対して、平塚は、収入を求めて職業に従事することにより、母性が損なわれ母子の幸福が奪われることを憂慮し、母性を優先することを主張しました（母性保護論争）。

　山川菊栄は、平塚や自由学園創設者である羽仁もと子が職業教育に対して意識が低調であるとして、さらにケイについても、性的区別の過大視をもつ家庭論者は男子中心に立脚しているとして、痛烈に批判しました。山川は、婦人解放をした理論的指導者といわれ、女性解放と女子教育に貢献しました。

　その後、平塚は、晩年においては**市川房枝***らと平和運動を展開しました。市川は1920年代から日本の婦人参政権運動を主導し、女性の政治参画を求めて取り組みました。その間には国際労働機関（ILO）職員として、女性の深夜労働などの実態調査も行い、汚職反対・母子保護・生活防衛などの運動にも関わりました。さらには1968（昭和43）年に、大学教員であった緒方貞子を国際連合総会日本代表団に加わるように説得して了承させました。これが契機となり、緒方は国際連合の業務で、難民や安全保障など国際的な人権活動に関わるようになったのです。

2 女性の雇用に関する法律

　1972（昭和47）年より、「雇用の分野における男女の均等な機会及び待遇の確保等に関する法律（男女雇用機会均等法）」が施行されました。しかしながら形骸化を理由に1986（昭和61）年に施行規則ができ、さらに「労働基準法」の改正もあり、「労働者に対する性別を理由とする差別の禁止等に関する規定に定める事項に関し、事業主が適切に対処するための指針」が2006（平成18）年に公示されて、実質的に法が運用

人物
平塚らいてう
1986〜1971年
思想家、評論家、作家、フェミニスト、女性解放運動家。本名は平塚明（はる）。日本初の婦人雑誌『青鞜』を刊行。

補足
良妻賢母の風潮
1918（大正7）年の臨時教育会議では、良妻賢母教育を再確認する答申が出された。その後、これに上乗せする形で、昭和期の戦時体制への突入を理由に、犠牲的精神に富む臣民の育成を目指す目的も追加された。

人物
市川房枝
1893〜1981年
教師、記者を経て政治運動家として活躍した。国会内では政党に属さず、無所属議員の集合体である第二院クラブの名を掲げて活動を行った。

補足
法律における女性に関する労働規定
男女同一賃金の原則（労働基準法第4条）、募集・採用についての性別を理由とする差別の禁止（男女雇用機会均等法第5条）、配置・昇格・降格・教育訓練等についての性別を理由とする差別の禁止（男女雇用機会均等法第6条）が明記されている。ただし妊産婦等の就業については業務の範囲を設けている（労働基準法第64条の2、第64条の3）。加えて産前産後休業（労働基準法第65条）、妊産婦の労働時間、休日労働等の制限（労働基準法第66条）、育児時間（労働基準法第67条）、生理休暇（労働基準法第68条）も規定されている。

できるようになりました。

　2017（平成29）年からは、上司・同僚からの職場における妊娠・出産等に関するハラスメント防止対策の措置が義務づけられました。

　かつて女性に関わる就労勤務形態についての法律や制度を制定する際の意図は、母性保護のためでした。しかし、実態は深夜労働や過重労働から母体を守ることが、女性が働くための希望を妨げることにもなっていました。そうしたことが女性の就労、職種の選択、業務の遂行の妨げとなっていたのです。状況の改善を図るため、1999（平成11）年に「男女共同参画社会基本法」が制定され、厚生労働省が中心となって、女性の活躍や格差解消を推進しました。

5.　近年の動向

　2006（平成18）年の「教育基本法」の改正において、「人格の完成」については、旧教育基本法から従来どおり踏襲されましたが、旧法で示されていた「個を重視」は「協働」を強調する教育観に代わりました。さらに現行法では、世界の動向に同調するとともに、国内の社会問題の解消にも向けて、家庭教育や幼児教育の条文が新設されています。家庭教育には、親など保護者に子どもの教育の責務があることや、生活に関わる習慣を形成するのを担うことなどが記されています。幼児教育が人格形成の基盤となる重要さも合わせて示されています。

　子育て世代の母親の情況報告[3]では、子育て中の母親は、いつもイライラして余裕がない、ほかの子と自分の子を比較してしまい「自分の子は○○できない」と思ってしまうというのです。ほかにも、自分の思うようにいかない、病気の子どもはかわいそう、元気な子どもは大変とも思われています。これは、このレッスンの冒頭で記述したような子宝思想から、子どもは「つくるもの」という意識へ変化していることによるものかもしれません。さらに、この報告では、不妊治療を行った人は「まさに子をつくる行為でした」といっていますが、長期にわたって治療を受けてきて子どもができた人からは、「つくる行為をしていたが、子ができたときには授かったという気持ちが強かった」との声も聞かれました。これらのことから、現代の親は、子どもを自分の制作物として育てているのかもしれません。つまり各家庭の保護者は、私的空間を重視し、互いの関わりを避け、濃密な親子関係のなかで、パーフェクトな子育てを目指しがちです[4][5]。一方で、それを拒絶し、そこから解き放たれた

▶出典
†3　西本望・本玉元「世代間での子ども観および子育て意識の相違」『関西の子育て文化』武庫川女子大学関西文化研究センター、2006年、50-63、109-144頁

▶出典
†4　広田照幸編著『子育て・しつけ』日本図書センター、2006年

†5　本田由紀『「家庭教育」の隘路——子育てに強迫される母親たち』勁草書房、2010年

い親は、放任・虐待など不適切な子育てを深刻化させています。つまり前者では、甘やかしと子どもに服従するような養育態度（子育て）などにより、子どものためと称して自己欲求を充足することに邁進しているのです。後者は、わがままな自己優先で、遊びあるいは仕事にあけくれ、子どもや、自分の子育てを顧みることをしないところがあります。いずれにしても、子どもの最善の利益や幸福が担保されることに危惧が生じているのです。

　2018年の教育に関わるOECDの報告によると、日本の国家予算のうち教育にかける比率は他国と比較して著しく低く、34か国中最下位となっています。半世紀前までは、各家庭と地域に支えられてきた学校教育ですが、その家庭が今は種々の課題を抱えています。海外では、国家・社会が安定的に維持できるようになるには、教育に重要な役割があると考えており、そのために多くの予算をかけているのです。日本でも、多様化した家庭や個人の支援や、地域への支援が急務となっています。

　ヘックマン（Heckman, J.）らによる経済学の研究によると、乳幼児期の教育への公的資金の投資は、高等教育の年齢段階での経費よりも安価であることが明らかにされました。しかも、その時期に教育を受けたものは、そうでないものよりもより多くの経済的還元を社会にもたらすことが証明されるようになりました。したがって、ここで教育に関わる観点を転換して、子どもの人格の完成や最善の利益の保障のために、家庭や地域を支援することも含めて、学校園・各種施設への潤沢な人材、予算、環境整備への投資が急務となっています。

演 習 課 題

①日本の子ども（児童）観の特徴について、話し合ってみましょう。
②ヨーロッパの子ども（児童）観の変遷とその時代の特徴について、考えてみましょう。
③子どもの権利を守り維持するために、どのような施策や法が整備されてきたか、それらの名称と目的について話し合ってみましょう。

参考文献··

レッスン5

赤星まゆみ　「フランスにおける幼児教育・保育」『子どもの文化』41（8）　2009年　60-67頁

赤星まゆみ　「乳幼児教育」　大津尚志ほか編　『フランス教育の伝統と革新』　大学教育出版　2009年　82-90頁

イリッチ，イヴァン／東洋・小澤周三訳　『脱学校の社会』　東京創元社　1977年

浦辺史・宍戸健夫・村山裕一編　『保育の歴史』　青木書店　1981年

OECD編著／御園生純監訳　『OECD教育政策分析——早期幼児期教育・高水準で公平な教育・教育的労働力・国境を越える教育・人的資本再考』　明石書店　2006年

大津尚志　「フランスの保育課程改革と保育の質の向上の追究」『保育の友』59（10）　全国社会福祉協議会　2011年　14-17頁

大宮勇雄　『保育の質を高める——21世紀の保育観・保育条件・専門性』　ひとなる書房　2006年

小川正通　『現代の幼児教育——海外の動向と進歩（第3版）』　フレーベル館　1971年

小川正通　『世界の幼児教育（第7版）』　明治図書出版　1976年

長田新　『幼児教育学』　御茶の水書房　1962年

オムリ慶子　『イタリア幼児教育メソッドの歴史的変遷に関する研究——言語教育を中心に』　風間書房　2007年

カーツ，ジョン・W.／柳原鐵太郎訳　『ジャン＝フレデリック・オベリン——アルザスの土を耕し心を育んだ生涯』　日本キリスト教団出版局　2006年

唐沢富太郎　『世界教育風土記——見てきたヨーロッパ・アメリカの教育』　講談社　1964年

貴島正秋　『コメニウス教育学——流浪から平和を求めて』　一の丸出版　1992年

クレーマー，リタ／平井久監訳　『マリア・モンテッソーリ』　新曜社　1981年

コメニウス，J. A.／井ノ口淳三訳　『世界図絵』　ミネルヴァ書房　1988年

宍戸健夫・阿部真美子編　『保育思想の潮流』　日本図書センター　2014年

荘司雅子　『フレーベルの生涯と思想』　玉川大学出版部　1975年

荘司雅子　『幼児教育の源流』　明治図書出版　1976年

荘司雅子　『フレーベル研究』　玉川大学出版部　1984年

荘司雅子　『幼児教育学』　柳原書店　1985年

白井常　『イタリア』　丸善メイツ　1984年

白井常　『オランダ・スウェーデン』　丸善メイツ　1984年

スタンディング，E. M.、ルーメル，クラウス監修／佐藤幸江訳　『モンテッソーリの発見』　エンデルレ書店　1985年

中野光・志村鏡一郎編　『教育思想史』　有斐閣　1978年

成山文夫　「教育の目的」　武安宥・角本尚紀編　『教職概論』　昭和堂　2009年　19-35頁

二宮皓　『世界の学校——教育制度から日常の学校風景まで』　学事出版　2014年

フレイレ，パウロ／小沢有作・楠原彰・柿沼秀雄ほか訳　『被抑圧者の教育学』亜紀書房　1979年

フレーベル，フリードリヒ・A. W.／荒井武訳　『人間の教育（上・下）』　岩波書店　1964年

ペスタロッチ，ヨハン・ハインリヒ／長田新訳　『隠者の夕暮・シュタンツだより』　岩波書店　1943年

三井浩　『愛の場所——教育哲学序説』　玉川大学出版部　1974年

宮本健市郎　『アメリカ進歩主義教授理論の形成過程——教育における個性尊重は何を意味してきたか』　東信堂　2005年

守屋光雄　『海外保育・福祉事情——研修・友好・贖罪の旅』　日本図書刊行会　1997年

文部省　『幼稚園教育百年史』　ひかりのくに　1979年

山本和美　『幼児教育の質的向上に関する研究』　風間書房　2010年

ラスク，ロバート・ロバートソン／田口仁久訳　『幼児教育史（第5版）』　学芸図書

1979年

ルソー，ジャン・ジャック／今野一雄訳　『エミール（上・中・下）』　岩波書店　1964年

レッスン6

碓井正久・村田栄一監編　『21世紀の教育基本書総解説——明日の教育と教育界を考える』　自由国民社　1987年

大内裕和編著　『愛国心と教育』　日本図書センター　2007年

大門正克　「戦時下の少国民——農村と都市の対比」　小山静子　『子ども・家族と教育』　日本図書センター　2013年　201-233頁

OECD編著／御園生純監訳　『OECD教育政策分析——早期幼児期教育・高水準で公平な教育・教育的労働力・国境を越える教育・人的資本再考』　明石書店　2006年

OECD編著／御園生純監訳　『図表でみる教育——OECDインディケータ2015年版』　明石書店　2015年

岡田章雄・木村尚三郎　『キリシタンの世紀』　集英社　1975年

海後宗臣・仲新　『教科書でみる近代日本の教育』　東京書籍　1979年

貝原益軒　『養生訓・和俗童子訓』　岩波書店　1961年

影山昇　『日本の教育の歩み——現代に生きる教師像を求めて』　有斐閣　1988年

ケイ，エレン／小野寺信・小野寺百合子訳　『児童の世紀』　冨山房　1979年

宍戸健夫・阿部真美子編　『保育思想の潮流』　日本図書センター　2014年

棚瀬一代　『離婚で壊れる子どもたち——心理臨床家からの警告』　光文社　2010年

辻本雅史　『しつけの温故知新——江戸時代の幼児教育に学ぶ』　総合幼児教育研究会　2006年

中澤渉　『日本の公教育——学力・コスト・民主主義』　中央公論新社　2018年

ヘックマン，ジェームズ・J.／古草秀子訳　『幼児教育の経済学』　東洋経済新報社　2015年

前村晃　『豊田芙雄と草創期の幼稚園教育——日本人幼稚園保姆第一号』　建帛社　2010年

三好信浩　『日本の女性と産業教育——近代産業社会における女性の役割』　東信堂　2000年

水野浩志　「近藤真琴」　岡田正章編　『幼児保育小事典（第3版）』　日本らいぶらり　1982年　17頁

村山貞雄監　『幼児保育学辞典』　明治図書出版　1980年　249、258頁

文部省　『幼稚園教育百年史』　ひかりのくに　1979年

レッスン7

アリエス，フィリップ／中内敏夫・森田伸子編訳　『〈教育〉の誕生』　新評論　1983年

アリエス，フィリップ／杉山光信・杉山恵美子訳　『〈子ども〉の誕生——アンシャン・レジーム期の子供と家族生活』　みすず書房　1980年

今村栄一・巷野悟郎・島田和正ほか　『世界の子ども・親』　資生堂社会福祉事業財団　1979年

イリッチ，イヴァン／東洋・小澤周三訳　『脱学校の社会』　東京創元社　1977年

碓井正久・村田栄一　『21世紀の教育基本書総解説——明日の教育と教育界を考える』　自由国民社　1987年

浦辺史・宍戸健夫・村山祐一編　『保育の歴史』　青木書店　1981年

OECD編著／御園生純監訳　『OECD教育政策分析——早期幼児期教育・高水準で公平な教育・教育的労働力・国境を越える教育・人的資本再考』　明石書店　2006年

OECD編著／豊田英子訳　『世界の児童労働——実態と根絶のための取り組み』　明石書店　2005年

小川正通　『現代の幼児教育——海外の動向と進歩（第3版）』　フレーベル館　1971年

小川正通　『世界の幼児教育（第7版）』　明治図書出版　1976年

長田新　『幼児教育学』　御茶の水書房　1962年

オムリ慶子　『イタリア幼児教育メソッドの歴史的変遷に関する研究——言語教育を中心に』　風間書房　2007年

海後宗臣・仲新　『教科書でみる近代日本の教育』　東京書籍　1979年

影山昇　『日本の教育の歩み──現代に生きる教師像を求めて』　有斐閣　1988年

唐沢富太郎　『世界教育風土記──見てきたヨーロッパ・アメリカの教育』　講談社　1964年

品田知美　『〈子育て法〉革命──親の主体性をとりもどす』　中央公論新社　2004年

高月教恵　『日本における保育実践史研究──大正デモクラシー期を中心に』　御茶ノ水書房　2010年

棚瀬一代　『離婚で壊れる子どもたち──心理臨床家からの警告』　光文社　2010年

辻本雅史　『しつけの温故知新──江戸時代の幼児教育に学ぶ』　総合幼児教育研究会　2006年

中野光・志村鏡一郎編　『教育思想史』　有斐閣　1978年

西本望・本玉元　「世代間での子ども観および子育て意識の相違」『関西の子育て文化（関西文化研究叢書5）』　武庫川女子大学関西文化研究センター　2006年　50-63、109-144頁

西本望　「家庭教育と親子の絆」　武安宥監修、塩見剛一・成山文夫・西本望ほか編『教育のイデア』　昭和堂　2018年　158-168頁

二宮皓　『世界の学校──教育制度から日常の学校風景まで』　学事出版　2014年

フレイレ, パウロ／小沢有作・楠原彰・柿沼秀雄ほか訳　『被抑圧者の教育学』　亜紀書房　1979年

平井信義編著、千羽喜代子・今井節子　『母性愛の研究』　同文書院　1976年

広田照幸編著　『子育て・しつけ』　日本図書センター　2006年

フレーベル, フリードリヒ・A. W.／荒井武訳　『人間の教育（上・下）』　岩波書店　1964年

ペスタロッチ, ヨハン・ハインリヒ／長田新訳　『隠者の夕暮・シュタンツだより』　岩波書店　1943年

ヘックマン, ジェームズ・J.／古草秀子訳　『幼児教育の経済学』　東洋経済新報社　2015年

本田由紀　『「家庭教育」の隘路──子育てに強迫される母親たち』　勁草書房　2010年

三井浩　『愛の場所──教育哲学序説』　玉川大学出版部　1974年

宮本健市郎　『アメリカ進歩主義教授理論の形成過程──教育における個性尊重は何を意味してきたか』　東信堂　2005年

三好信浩　『日本の女性と産業教育──近代産業社会における女性の役割』　東信堂　2000年

守屋光雄　『海外保育・福祉事情──研修・友好・贖罪の旅』　日本図書刊行会　1997年

文部省編　『幼稚園教育百年史』　ひかりのくに　1979年

山住正己・中江和恵　『子育ての書』　平凡社　1976年

山本和美　『幼児教育の質的向上に関する研究』　風間書房　2010年

ラスク, ロバート・ロバートソン／田口仁久訳　『幼児教育史（第5版）』　学芸図書　1979年

ルークス, フランソワーズ／福井憲彦訳　『〈母と子〉の民族史』　新評論　1983年

ルソー, ジャン・ジャック／今野一雄訳　『エミール（上・中・下）』　岩波書店　1964年

おすすめの1冊

荘司雅子　『フレーベル研究』　講談社　1953年

　幼児教育の教育思想の原典となる書である。子どもの主体性、遊びを通しての学びなど、2018（平成30）年度の「幼稚園教育要領」「保育所保育指針」などの改訂（定）に示される教育課程・保育の計画の原点でもある。フレーベルの哲学には神学的要素もあって難解なところもあるものの、遊び、教育、玩具（恩物）についての方法・技術を示した解説書とも読み取れる。幼児教育、保育に携わる者だけではなく、すべての教育者、保護者に必携の書としてもらいたい。復刻版もある。

第3章

教育の制度

本章では、教育の制度を基礎から学んでいきます。学校教育制度、学校の体系や種類についておさえておきましょう。また、教育制度の枠組みと教育行政について理解を深め、代表的な5か国の学校教育制度について学習していきましょう。

教育制度の基礎

このレッスンでは、教育制度について学びます。教育と、制度化された教育の関係について学び、学校教育制度、学校体系、学校の種類などの基本的な事項について、理解を深めていきます。

1. 教育制度の原則

ここでは、今日の教育法規に定められている教育制度の原則を確認していきます。教育制度の原則には、主に「教育を受ける権利の保障」「教育の機会均等」「公教育としての学校」「生涯学習の保障」の4つがあります。

1 教育を受ける権利の保障

1946（昭和21）年に公布された「日本国憲法」では、第26条第1項に「教育を受ける権利」として次のように定めています。

> すべて国民は、法律の定めるところにより、その能力に応じて、ひとしく教育を受ける権利を有する。

わが国の憲法では、すべての国民に教育を受ける権利が認められています。すべての国民は、一人の人間として成長・発達し、自分自身の人格を完成させるために必要な学習をする権利を有しており、その権利を保障されることが、教育制度の第1の原則となります。

2 教育の機会均等

先の「日本国憲法」第26条にも謳われているように、すべての国民に「ひとしく」教育を受ける権利が保障されなければなりません。「教育基本法」第4条第1項においても、次のように定められています。

> すべて国民は、ひとしく、その能力に応じた教育を受ける機会を与えられなければならず、人種、信条、性別、社会的身分、

　　　経済的地位又は門地によって、教育上差別されない。

　さらに、国および地方公共団体は、障害のある者が、その障害の状態に応じて十分な教育を受けられるよう、教育上必要な支援を講じること、また、能力があるにもかかわらず、経済的理由によって修学が困難な者に対して、奨学の措置を講じることが義務づけられています。

3　公教育としての学校

　「教育基本法」第 6 条第 1 項には、次のように定められています。

> 　　法律に定める学校は、公の性質を有するものであって、国、地方公共団体及び法律に定める法人のみが、これを設置することができる。

　この条項には、学校教育は、一部の者の利益のためではなく、社会全体における公共の福利のために行われなければならないという意味合いがあります。また、学校教育は、家庭教育や私的団体による私教育ではなく、公教育として行われるということです。なお、「法律に定める学校」には、私立学校も含まれており、私立学校も公教育に含まれます。本来、私立学校は公教育ではなく私教育であり、私人や私的機関が責任をもって行う教育を指しますが、わが国の場合は異なります。私立学校には、「教育基本法」において「私学の自主性」が認められてはいますが、一方では、「私立学校法」によって「私学の公共性」を高めることも求められています。

4　生涯学習の保障

　「教育基本法」第 3 条には、「生涯学習の保障」という原則の重要性を次のように定めています。

> 　　国民一人一人が、自己の人格を磨き、豊かな人生を送ることができるよう、その生涯にわたって、あらゆる機会に、あらゆる場所において学習することができ、その成果を適切に生かすことのできる社会の実現が図られなければならない。

　今日の社会において教育および学習は、学校教育の修了と同時に終了するとは考えられておらず、人が生まれてから死ぬまでの、生涯を通じ

て行われる学習活動全体を指す、生涯学習の機会を保障していくことが求められています。

2.　教育制度の成立

1 ▶ 学制

　日本では、明治維新後の1872（明治5）年に「学制」が公布され、学校教育が法的に位置づけられ、教育制度が整備されました。

　特徴としては、すべての子どもが教育の対象として明確に位置づけられたことがあげられます。子どもを小学校に就学させることは、保護者の責任であって、必ずこれを果たさなければならないとされました。このことから、義務教育制度がわが国においてはじめて形づけられたということができますが、公的資金の不足により、十分に無償化が図られたわけではありませんでした。就学の義務を負うこととなった保護者のうちには、労働力をそがれる、家計への負担が大きいといった理由で、これに反対した者も少なくなく、当時は「学制」への批判も大きかったのです。

　制度の整備のなかで、新たに「学区制」が設けられました。全国を8つの大学区に分け、それぞれに大学を1つ設置し、それぞれの大学区を32の中学区に分けて、それぞれに中学校を1つ設置しました。さらに、それぞれの中学区を210の小学区に分け、それぞれに小学校を1つ設置するというものでした。このように全国に8大学、256中学校、5万3,760小学校の設置が計画されました。しかし、この計画は制度の創設期において、あまりに壮大であり、実現するには至りませんでした。これらは、機能的であった反面、行政側が大きく学区を分けたため、村や町といった単位ではなく、地域の実情に合わないといった問題がありました。

2 ▶ 教育令

　学制への批判は、経済的負担の大きさ、特に、地域の経済力の違い、家庭の負担の大きさなどによるものでした。自らの子どもを学校に通わせるという保護者の義務の規定が浸透していなかったという実情もあり、また、学区制が地域の実情に合っていないといった批判もありました。これらの状況から、1879（明治12）年に学制を廃止して「教育令」が公布されました。

　「教育令」では、中央統制による画一的な教育が改められ、教育行政

の一部が地方に委任されました。地方の実情を踏まえた教育の発展を図るため、学務委員が町村住民の選挙により選出されることとなりました。これが、今日の教育委員会制度につながるものです。教育時間は最低年4か月間の開校でもよいといった具合に、最低基準が低く設定されたことにより弾力化した一方で、学校の統廃合や就学率の低下が問題となりました。よって、1880（明治13）年の「教育令」の改正では、たとえば年32週と教育時間を拡大したりと、行政からの関与が強められました。それ以降、地方の特性を生かしつつも、国レベルでの最低基準の設置や統一的教育の制度が整備されていきました。

3 義務教育制度の確立と小学校の無償化

初代文部大臣森有礼のもとで教育制度は整えられ、1886（明治19）年に「学校令」が制定されました。「学校令」では、「小学校令」（第一次小学校令）、「中学校令」、「師範学校令」、「帝国大学令」がそれぞれ単独に制定され、これによって各学校の教育目的などが、より具体的、明確に打ち出されることとなりました。

小学校は、尋常小学校と高等小学校の各4年制となるとともに、尋常小学校においては、義務教育化が推進されました。1890（明治23）年に改められた「小学校令」（第二次小学校令）では、「道徳教育」および「国民教育」こそが小学校教育の目的であると示され、以後「徳育」を重要視する傾向がみられました。1900（明治33）年に改正された「小学校令」（第三次小学校令）では、義務教育に関わる授業料の無償化が実現すると同時に、児童を雇用して就学を妨げてはならないことも規定され、義務教育制度が確立することとなりました。1907（明治40）年には、尋常小学校が6年制となり、義務教育年限が6年に延長されました。

以降、就学率は、明治後期頃には98％近くにまで上昇しました。現在、日本の小学校の就学率は100％となっています（なお、今日、不登校等の問題もあるため、実際の通学率については、完全に100％とはなっていません）。

3. 学校体系としての教育制度

1 学校体系

次に、教育制度には、こうした教育組織の体系という概念も含まれています。

学校体系は、縦に区分される学校系統と、横に区分される学校段階によって成り立っています。学校系統は、基本的にその学校における教育の目的や内容、教育対象の違いによって分類されます。たとえば、小・中学校と特別支援学校、中学校と中等教育学校の区分などがこれにあたります。一方、学校段階は、どのような水準の教育をどの年齢の子どもたちに提供するかによって区別するもので、初等教育、中等教育、高等教育などの分類になります。現在の日本では、小学校が 6 年制、中学校が 3 年制、高等学校が 3 年制、大学が 4 年制の 6 - 3 - 3 - 4 制が基本となっています。

また、学校体系は、学校系統を優位に構成される「**複線型**[*]」（「フォーク型」）、学校段階を優位に構成させる「**単線型**[*]」（「ハシゴ型」または、「ラダーシステム」）と、この 2 つの中間にある「分岐型」の 3 つに分類することができます（図表 8 - 1、8 - 2）。もちろんこの類型は理念的なものであり、実際の各国の教育制度はそれほど単純なものばかりではありません。

諸外国には、日本とは違ったさまざまな学校体系があります。たとえば小学校では、入学年齢については、日本では 6 歳ですが、イギリスでは 5 歳、オランダでは 4 歳です。標準修業年数は、日本では 6 年制、フランスでは 5 年制ですが、ロシアでは11年制と小中学校の一貫制となっています。学校系統の観点でみると、ドイツは今でも分岐型をとっています。そのため、小学校を卒業する段階で、進路選択の岐路に立たされることになります。

戦後、日本では単線型の学校体系がとられてきました。しかし、1961

図表 8 - 1　学校体系のタイプ

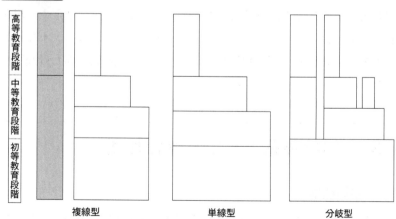

出典：諏訪英広・福本昌之編著『教育制度と教育の経営——学校 - 家庭 - 地域をめぐる教育の営み』あいり出版、2011年、28頁をもとに作成

図表8-2 学校体系のタイプと特徴

タイプ	特徴
複線型	複数の学校系統が相互に関係をもたずに並列しているタイプ。
単線型	単一の学校系統のもとに、連続する学校段階を構成しているタイプ。
分岐型	複線型と単線型の中間体系で、学校体系の基礎段階は単純化されているが、その上に接続する学校段階では複数の学校系統が並列しているタイプ。

（昭和36）年には中等・高等教育にまたがる「高等専門学校」が新設、1998（平成10）年には中高一貫教育を行う「中等教育学校」が新設、さらに2016（平成28）年から小中一貫教育を行う「義務教育学校」の創設が可能となりました。戦後、日本は単線型をとってきましたが、このように国民の選択によりたどる校種が枝分かれする「分岐型」あるいは「複線型」へと変化を遂げてきています。

2　戦後の学校体系

　1945（昭和20）年8月、第二次世界大戦に敗れて以降、日本は連合国軍最高指令官総司令部（GHQ）による占領下に置かれ、この間に学校教育制度も大きく民主化されていきました。翌年の1946（昭和21）年11月3日に「日本国憲法」が公布され、民主主義国家としての再建が始まりました。「日本国憲法」の基本原則は、「国民主権」「平和主義」「基本的人権の尊重」の3つです。

　1947（昭和22）年に「日本国憲法」「教育基本法」「学校教育法」が施行されました。これらにより、義務教育が小・中学校の9年間とされました。戦前は、高等教育への進学機会が開かれている中等教育、たとえば中学校への進学は、一部の子どもにしか開かれていませんでした。中学校進学に関わる費用（授業料や教科書代）が高額だったためです。このように、高等教育に至る進路が限られている学校教育制度を「複線型」（「フォーク型」）（図表8-3）といいます。

　戦後、この「複線型」の制度が改められ、中学校までの無償の義務教育が制度化されました。この制度の長所は、家庭の経済的状況にかかわらず、人生の初期には同質の教育を受けることができる点です。また、大学への進学を含めた将来の進路選択を、戦前の制度よりも長い期間をかけて考え、決定することができる点にあります。この制度を「単線型」（「ハシゴ型」）といいます（図表8-4）。

　「学校教育法」は1947（昭和22）年の制定当時、第1条において、学校の種類について次のように規定していました。

図表8-3 1900（明治33）年当時の学校系統図

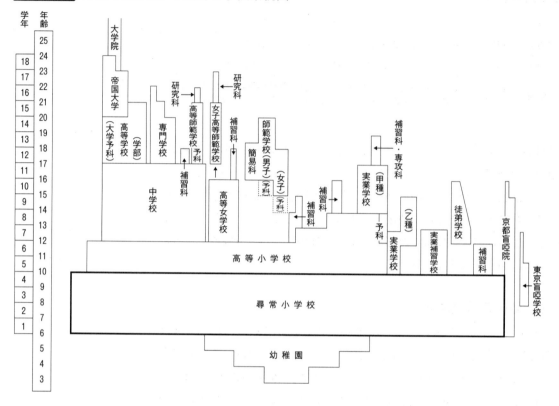

注：□部は義務教育を意味する。
出典：文部省「学制百年史（資料編）」1972年、340頁をもとに作成

> 　この法律で、学校とは、小学校、中学校、高等学校、大学、盲学校、聾学校、養護学校および幼稚園とする。

　つまりここにあげられている8種類のものを、法が定めるところの「学校」として制度化しました。短期大学や大学院は、大学に含まれます。また、この条文では最後に記されていますが、幼稚園も「学校」の一つとして位置づけられました。ここで規定されている学校は、一般に「1条校」とよばれています。

　その後、2006（平成18）年に「学校教育法」が60年ぶりに改正され、学校の種類が第1条で次のように改められました（下線は筆者）。

> 　この法律で、学校とは、幼稚園、小学校、中学校、高等学校、中等教育学校、<u>特別支援学校</u>、大学及び<u>高等専門学校</u>とする。

図表 8 - 4 1949（昭和24）年当時の学校系統図

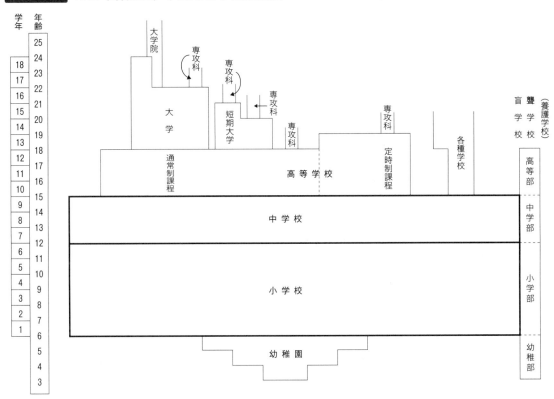

注：□部は義務教育を意味する。
出典：文部省「学制百年史（資料編）」1972年、336頁をもとに作成

　幼稚園が学校園種の最初に掲げられたことは、幼児教育の重要性が社会のなかで認識された証といえます。

　さらに2015（平成27）年、「学校教育法」が改正され、第1条では小学校から中学校までの義務教育を一貫して行う「義務教育学校」が、新たな学校の種類として以下のように規定されました（下線は筆者）（図表8-5）。

> 　この法律で、学校とは、幼稚園、小学校、中学校、<u>義務教育学校</u>、高等学校、中等教育学校、特別支援学校、大学及び高等専門学校とする。

　近年、小学校生活から中学校生活へと移行する段階で、子どもたちが新しい環境での学習や生活になじめず、不登校等の諸問題を生じさせる事態が増加しています。このような事態は「**中1ギャップ***」といわれています。このことを踏まえ、小学校から中学校への接続を円滑にする

✳ **用語解説**
中1ギャップ
小学6年生から中学1年生になると、突然の環境の変化に戸惑い、不登校やいじめ、暴力行為などが急増する事態のことをいう。2000年代前半期からよく使われるようになり、対策としての小中連携が促進されている。

図表 8-5 現在（2017年）の学校系統図

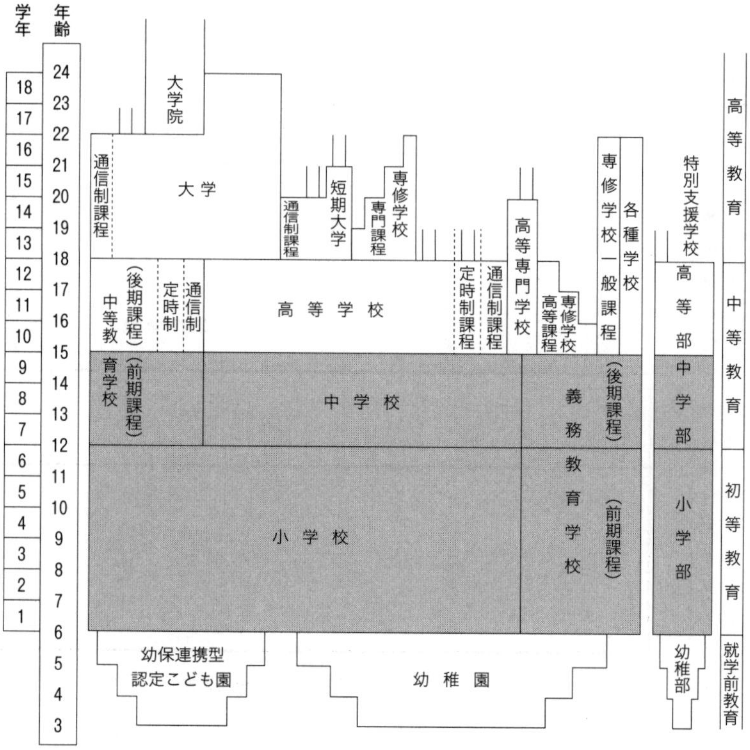

出典：文部科学省「諸外国の教育統計（平成30年版）」2018年をもとに作成

必要性が高まり、小中一貫教育の取り組みが全国で広がりをみせるようになったことが、義務教育学校の背景にあります。

4．学校の種類

1　幼稚園

　幼稚園は、「学校教育法」第1条に規定され、3歳児から小学校入学までの幼児を対象に、下記の同法第22条を目的とした文部科学省管轄の「学校」です。

> 　幼稚園は、義務教育及びその後の教育の基礎を培うものとして、幼児を保育し、幼児の健やかな成長のために適当な環境を与えて、その心身の発達を助長することを目的とする。

2 ▶ 小学校

　小学校は、義務教育の最初の段階であり、下記の「学校教育法」第29条を目的とした学校です。

> 　小学校は、心身の発達に応じて、義務教育として行われる普通教育のうち基礎的なものを施すことを目的とする。

　国、地方公共団体、学校法人が設置でき、国立大学法人の大学附属と私立を除き、ほとんどが市町村の設置によるものです（「教育基本法」第6条、「学校教育法」第2条）。

3 ▶ 中学校

　中学校は、義務教育後半の段階であり、下記の「学校教育法」第45条を目的とした学校です。

> 　中学校は、小学校における教育の基礎の上に、心身の発達に応じて、義務教育として行われる普通教育を施すことを目的とする。

4 ▶ 義務教育学校

　義務教育学校とは、小学校、中学校と同様の教育活動を小・中一貫で実施するため、下記の「学校教育法」第49条の2を目的とした学校です。

> 　義務教育学校は、心身の発達に応じて、義務教育として行われる普通教育を基礎的なものから一貫して施すことを目的とする。

　修業年限は9年であり（同法第49条の4）、小学校段階に相当する6年が前期課程、中学校段階に相当する3年が後期課程として区分されています（同法第49条の5）。

5 ▶ 高等学校

　高等学校は、9年間の義務教育の後に接続し、下記の「学校教育法」第50条を目的とした学校です。

> 　　高等学校は、中学校における教育の基礎の上に、心身の発達
> 及び進路に応じて、高度な普通教育及び専門教育を施すことを
> 目的とする。

6 　中等教育学校

　中等教育学校は、中高一貫教育を実施し、下記の「学校教育法」第63
条を目的とした学校です。この学校は1998（平成10）年から設置可能
となりました。

> 　　中等教育学校は、小学校における教育の基礎の上に、心身の
> 発達及び進路に応じて、義務教育として行われる普通教育並び
> に高度な普通教育及び専門教育を一貫して施すことを目的とす
> る。

7 　特別支援学校

　特別支援学校は、「学校教育法」の改正（2006年）により、これまで
の盲学校、聾学校、養護学校が一本化されてできた学校です。下記の「学
校教育法」第72条を目的としています。

> 　　特別支援学校は、視覚障害者、聴覚障害者、知的障害者、肢
> 体不自由者又は病弱者（身体虚弱者を含む。）に対して、幼稚園、
> 小学校、中学校又は高等学校に準ずる教育を施すとともに、障
> 害による学習上又は生活上の困難を克服し自立を図るために必
> 要な知識技能を授けることを目的とする。

8 　大学

　大学は、下記の「学校教育法」第83条を目的とした学校で、「学校教
育法」改正（2006年）にともない新たに大学の社会貢献が明記されました。

> 　　大学は、学術の中心として、広く知識を授けるとともに、深
> く専門の学芸を教授研究し、知的、道徳的及び応用的能力を展
> 開させることを目的とする。

> 2　大学は、その目的を実現するための教育研究を行い、その
> 成果を広く社会に提供することにより、社会の発展に寄与す
> るものとする。

5．認定こども園

　幼保連携型認定こども園は、日本における幼児を対象とした幼稚園以
外の教育施設です。この施設は、これまで幼稚園が担ってきた幼児教育
の機能と児童福祉施設である保育所が担ってきた保育の機能に加え、地
域の子育て支援を行う機能の3つを併せもった新しいタイプの就学前教
育の場です。

　幼保連携型認定こども園の教育目的や内容等を定めた基準には「幼保
連携型認定こども園教育・保育要領」があります。この基準における幼
児教育の部分については、幼稚園の教育課程の基準である「幼稚園教育
要領」と保育所の保育内容や運営等の規定である「保育所保育指針」と
で整合性が図られています。

演 習 課 題

①さまざまな国の近代教育制度の成立について、歴史的背景や実際にど
　のような制度が実施されたのかについて調べ、比較検討してみましょう。
②親や祖父母、知り合いなどに話を聞き、あなたとあなたの家族等が小
　学校や中学校、高等学校に通っていたときの教育制度や時代背景を比
　較し、共通点や相違点にはどのようなものがあるか調べ、まわりの人
　と話し合ってみましょう。
③保育所、幼稚園、認定こども園と小学校との交流が全国的に行われて
　います。インターネットなどでどのような交流が行われているか調べ、
　その交流の特色についてまわりの人と話し合ってみましょう。

教育法規・教育行政の基礎

このレッスンでは、教育法規・教育行政について学びます。「日本国憲法」をはじめとして、「教育基本法」「学校基本法」などについて、その内容をみていきましょう。さらに、教育制度の枠組みとその行政の基本となっている教育法規について理解を深めていきます。

1. 教育を規定する法律

　日本の最高法規である「日本国憲法」は、当然、教育を規定する最高法規でもあります。それを基盤として、わが国の教育の基本である目的や目標、理念、法規定のあり方について定めた法律が「教育の憲法」ともいわれる「教育基本法」であり、国会の審議を経て制定されます。

　そのほかに、学校の定義やその機能などを定めた「学校教育法」があります。また、「学校教育法」に基づいて定められた政令として「学校教育法施行令」があります。さらに、「学校教育法施行令」の下位法令として、文部科学省管轄の省令である「学校教育法施行規則」が定められています。加えて、地方公共団体の議会、知事や市長といった首長、教育委員会などの機関が制定する法形式の総称である、地方自治体の自主法があります。

　給与条例や勤務時間条例などの公立学校教員に対する条例は、地方議会が制定し、学校管理規則などは、教育委員会が定めます。法律の効力関係についてピラミッドにして表したものが図表9-1になります。

　そのほかに、各省大臣・各委員会および各庁の長官が、その機関の所掌事務について発するもののうち、広く国民に知らせるために公示を必要とする場合の形式が告示です。また、所管の諸機関および職員に対して命令または示達する際の形式が訓令と通達（通知）です（「国家行政組織法」第14条）。

　告示の代表的なものとしては、「幼稚園教育要領」や「小学校学習指導要領」などがあります。告示は、形式上は一般国民に対して法的拘束力をもつものではありません。しかし、「幼稚園教育要領」や「小学校学習指導要領」などは、それぞれが「学校教育法施行規則」第38条と第52条などによって、告示に委任された基準として、法的拘束力をもつ告

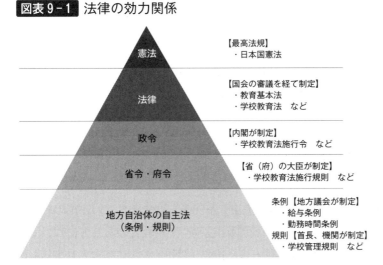

図表9-1 法律の効力関係

憲法　【最高法規】
・日本国憲法

法律　【国会の審議を経て制定】
・教育基本法
・学校教育法　など

政令　【内閣が制定】
・学校教育法施行令　など

省令・府令　【省（府）の大臣が制定】
・学校教育法施行規則　など

地方自治体の自主法
（条例・規則）
条例【地方議会が制定】
・給与条例
・勤務時間条例
規則【首長、機関が制定】
・学校管理規則　など

注：教育法規のほとんどは文部科学省が制定している。
出典：坂田仰・河内祥子・黒川雅子ほか『図解・表解 教育法規──"確かにわかる"法規・制度の総合テキスト（新訂第3版）』教育開発研究所、2017年、4頁をもとに作成

示であるとされています。

2．日本国憲法

　「日本国憲法」は、1946（昭和21）年に「大日本帝国憲法」を改正する形で制定され、1947（昭和22）年に公布されました。「国民主権」「平和主義」「基本的人権の尊重」が三大基本原理とされており、特に基本的人権思想が憲法の原理であることから、「国民の権利としての公教育」を基本として、教育の機会均等を明示しています。教育を受ける権利（受教育権）は社会権の一つとして考えられ、国民が人間らしく生活を営むための権利を国家が保障しているといえます。「日本国憲法」は、国の最高法規であると同時に最高教育法規とされ、国会の審議を経て制定された法律といえども、「日本国憲法」の規定に違反することはできません。
　「日本国憲法」は、教育に関する規定が少ないのが特徴ですが、唯一の教育に関係する条文である第26条では、次のように教育について規定しています。

　　すべて国民は、法律の定めるところにより、その能力に応じて、ひとしく教育を受ける権利を有する。
　2　すべて国民は、法律の定めるところにより、その保護する

　子女に普通教育を受けさせる義務を負ふ。義務教育は、これを
無償とする。

　この条文では、教育の法律主義および国民の基本的人権としての教育
を受ける権利、義務教育とその無償について規定しています。

3．教育基本法

　「教育基本法」は、「日本国憲法」第26条を踏まえて、わが国の教育の
目的や理念などを示し、教育行政の役割や学校教育のあり方について規
定しています。「教育基本法」は、1947（昭和22）年に制定されましたが、
2000（平成12）年に教育改革国民会議の提言を受け、2006（平成18）

図表9-2 「教育基本法」の構成

年に旧法の全11条から全18条に全面改正されました。「教育基本法」の
構成は図表9-2のとおりです。

4．学校教育法

　「学校教育法」は、学校制度の基本的な体系等を定めた法律です。戦
後この法律に基づいて、各種学校園ごとにあった「学校令」が廃止され、
一本にまとめられました。「学校教育法」によって、学校制度は単線型
の6-3-3-4制を基本とする体系となりました。

　「学校教育法」の構成は、図表9-3のとおりとなります。

　「**学校教育法**」では、**第1条**において学校の定義を規定しています。
ここに示される学校園を通称「1条校」ともいいます。

　第1章の総則では、学校の定義に加え、学校の設置や廃止、校長や教
員を置くこととその要件、体罰を加えることはできないが懲戒を加える
ことができること、健康診断を行い必要な措置を講じなければならない
ことなどが定められています。

　第2章では、義務教育について規定されています。普通教育が9年で
あることは第16条に定められています。

参照
「学校教育法」第1条
→レッスン8

図表9-3　「学校教育法」の構成

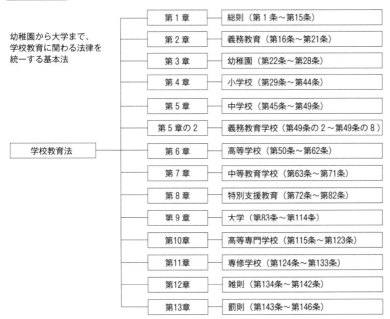

幼稚園から大学まで、学校教育に関わる法律を統一する基本法	第1章	総則（第1条〜第15条）
	第2章	義務教育（第16条〜第21条）
	第3章	幼稚園（第22条〜第28条）
	第4章	小学校（第29条〜第44条）
	第5章	中学校（第45条〜第49条）
	第5章の2	義務教育学校（第49条の2〜第49条の8）
学校教育法	第6章	高等学校（第50条〜第62条）
	第7章	中等教育学校（第63条〜第71条）
	第8章	特別支援教育（第72条〜第82条）
	第9章	大学（第83条〜第114条）
	第10章	高等専門学校（第115条〜第123条）
	第11章	専修学校（第124条〜第133条）
	第12章	雑則（第134条〜第142条）
	第13章	罰則（第143条〜第146条）

　第3章以降では、1条校のそれぞれについての章を設け、その目的、達成すべき目標、配慮事項、職員配置、職員の業務内容などが規定されています。教育課程や教育内容については、文部科学省が定めることとされています。これに基づき、幼稚園には「幼稚園教育要領」、それ以外の1条校にはそれぞれ「学習指導要領」が定められています。

5.　教育行政

　教育行政とは、学校や社会教育施設などの教育機関がその目的を達成できるように、教育行政機関が必要な条件整備を行う機能のことです。教育行政機関として、国には文部科学省が、都道府県・市町村には教育委員会が置かれています。「教育基本法」第16条に基づき、文部科学省は、全国的な教育の機会均等と教育水準の維持向上を図るための総合的な施策の策定とその実施を担当し、教育委員会は、当該地域の実情に応じた教育に関する施策の策定と実施を担当します。

6.　学校教育を運営する行政機構

1 ▶ 文部科学省

　1871（明治4）年に文部科学省の前身である文部省が創設され、2001（平成13）年の省庁再編により科学技術庁と統合され、現在の文部科学省となりました。文部科学省の任務については、「文部科学省設置法」第3条第1項に次のように記されています。

> 　文部科学省は、教育の振興及び生涯学習の推進を中核とした豊かな人間性を備えた創造的な人材の育成、学術及び文化の振興、科学技術の総合的な振興並びにスポーツに関する施策の総合的な推進を図るとともに、宗教に関する行政事務を適切に行うことを任務とする。

　これを受けて第4条第1項には、文部科学省の行う所掌事務が全部で93項目にわたって記述されています。主な事務としては、学習指導要領、教員免許状の取得条件、および学校の設置基準の設定、補助金による地方への財政支援などがあげられています。

図表9-4 文部科学省の組織図（2018年10月16日現在）

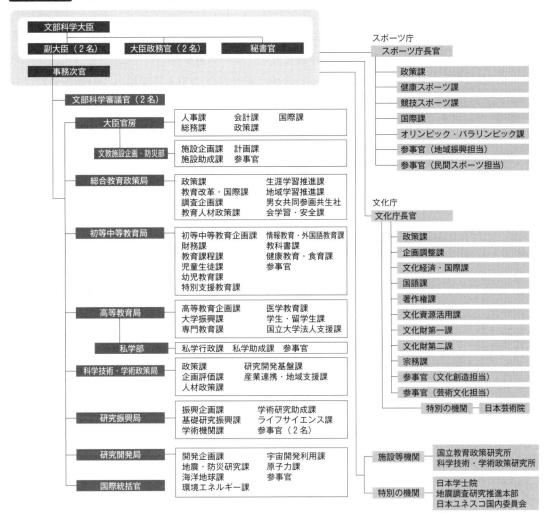

出典：文部科学省ホームページ「文部科学省の組織図」http://www.mext.go.jp/b_menu/soshiki2/04.htmをもとに作成

　これらの事務運営のために、文部科学省のなかには複数の部局が設置されています（図表9-4）。文部科学省の長は文部科学大臣であり、その下に副大臣2名、大臣政務官2名が置かれ、その任には国会議員などが就いており、それらは内閣総理大臣により任命されます。また、文部科学省に勤務する国家公務員の長は、事務次官です。

2　中央教育審議会

　文部科学省は、「文部科学省設置法」第3条にあるように、国の教育政策の方針を決めていく際に大きな影響力をもち、具体的な政策実務を担っています。国の教育政策の方針を決定していく際の文部科学大臣の

諮問機関として複数の審議会があります。この審議会のメンバーは、主に民間の有識者で構成されています。

　これらの審議会のなかで、国の教育政策の方針策定に最も影響力があるのが中央教育審議会です。この設置根拠は、「文部科学省組織令」第76条に規定されています。続く第76条第1号では、この審議会の役割を「教育の振興及び生涯学習の推進を中核とした豊かな人間性を備えた創造的な人材の育成に関する重要事項」の審議と規定しています。

　中央教育審議会などの各審議会が出す答申は、広く民間の有識者によって構成される審議会からの答申であるため中立的であり、民意を反映したものとされています。

3　教育委員会

　わが国の教育委員会は、主に地方公共団体である都道府県と市町村（その他、政令指定都市や特別区等）に設置されています。くわしくは、「地方自治法」や「地方教育行政の組織及び運営に関する法律」に規定されています。「地方教育行政の組織及び運営に関する法律」では、教育委員会の設置等、地方公共団体における教育行政の組織や運営などが定められています。そして、「教育の機会均等」「教育水準の維持向上」「地域の実情に応じた教育の振興」を国と協力しながら進めていくことが基本的な理念として示されています（第1条の2）。

図表9-5　教育委員会の組織のイメージ

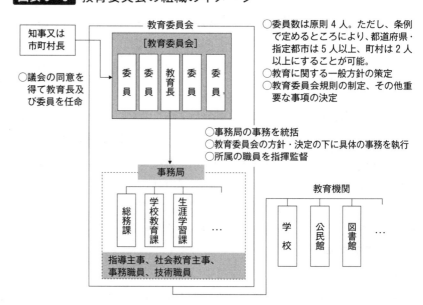

出典：文部科学省ホームページ「教育委員会の組織のイメージ」http://www.mext.go.jp/a_menu/chihou/05071301.htmをもとに作成

　教育委員会の組織のイメージを示したものが図表9-5になります。教育委員会には、通常5人の教育委員がおり、そのなかから互選により委員長が選ばれ、議会の同意を得て教育委員会によって教育長が任命されます。教育委員会には、その業務の遂行のために事務局が置かれます。事務局については、教育長の推薦により教育委員会が任命するとされています。また、そこには指導主事や社会教育主事、そのほかの職員が置かれることとなっています。指導主事は、学校教育に関する専門的な知識と経験を有する者で、実際の教育課程や実践実技についての指導を行っています。

　このように教育委員会によって、学校の教育課程や学習指導要領など、学校教育に関わることが管理指導されています。

4 文部科学省と教育委員会および学校との関係

　文部科学省と教育委員会および学校との関係については、図表9-6のようになります。

　文部科学省と教育委員会の関係については、「地方教育行政の組織及び運営に関する法律」に規定されています。それらは、「都道府県また

図表9-6 文部科学省と教育委員会および学校との関係

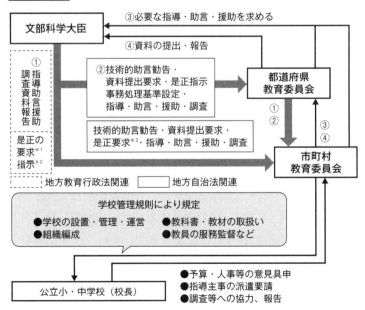

※1：事務の処理が法令の規定に違反、又は事務の管理・執行を怠っているとき、教育を受ける権利を侵害されていることが明らかな場合。
※2：事務の処理が法令の規定に違反、生徒等の生命、身体の保護のため、緊急の必要があり、他の措置によっては是正を図ることが困難である場合。
※3：事務処理が法令の規定に違反、又は著しく適正を欠き、かつ、明らかに公益を害しているとき。
出典：窪田眞二編者『すぐわかる！ 教育法規（第2次改訂版）』学陽書房、2018年、61頁をもとに作成

は市町村に対する指導、助言または援助」(同法第48条)、「是正要求」(同法第49条)、「文部科学大臣の指示」(同法第50条)、「調査や調査指示」(同法第53条)、「調査、統計その他の資料または報告の提出」(同法第54条)などとなっています。また、「地方自治法」第245条の5により、文部科学大臣は、首長あるいは教育委員会に、事務処理の違反の是正・改善に必要な措置を要求できるとされています。

都道府県教育委員会の基本的役割は、広域的な処理を必要とする教育事業の実施および施設等機関の設置運営、市町村に対する指導・助言・援助、教育条件整備に対する支援、教育事業の適正な実施のための支援措置などです。

市町村教育委員会は、学校、図書館、博物館、公民館等の設置管理等の施設等機関の設置運営と教育事業の実施がその役割とされています。

7．学習指導要領

学習指導要領とは、学校における教育課程の基準として文部科学大臣が告示したもので、小学校、中学校、義務教育学校、中等教育学校、高等学校、特別支援学校ごとに定められています。幼稚園を対象とした教育課程の基準は「幼稚園教育要領」といいます。

これらは約10年ごとに、文部科学省に設置されている中央教育審議会などの議論を経て改訂されます。社会情勢の変化や学校を取り巻く状況、子どもたちの実情などを踏まえ、学習指導要領に取り入れるべき内容を検討し、改訂されてきました。

学習指導要領に記載されている教科教育や教科外活動(特別活動や総合的な学習の時間など)の時間が、子どもたちに十分確保されるように、各学校は校長を中心として教育課程を編成しなくてはなりません。また、地域や学校および子どもの実態に即しながら、各学校が創意工夫を加えて教育課程を編成していきます。学習指導要領は、国の示す教育課程の「最低基準」として弾力的に扱うことになります。また、学習指導要領が教科書(教科用図書)の検定基準に用いられる点からも、学校教育へ強く影響を及ぼしていることがわかります。

◆補足
道徳
これまで教育課程上は教科外活動であったが、学校教育法施行規則及び学習指導要領の一部改正に基づき、2018(平成30)年より「特別の教科　道徳」となり、教科教育に位置づけられた。

8．教科書検定制度

　教科書検定は、正式には「教科用図書検定」といい、文部科学大臣の権限に基づいて実施されます（「学校教育法」第34条など）。文部科学省は現在、教科書検定制度の意義を「全国的な教育水準の維持向上、教育の機会均等の保障、適正な教育内容の維持、強化の中立性の確保」のためとしています。この検定を経て「検定済」と印刷された図書のみが、小・中学校に無償で、高等学校には低価格で提供されます。検定に不合格となると、教科用図書として発行することはできません。

　検定済の教科書のなかから使用するものを選ぶ権限、すなわち採択権は、公立の小・中学校では地域の教育委員会にあるとされます（「地方教育行政の組織及び運営に関する法律」第21条第6号）。また、国立・私立の小・中学校と高等学校では、学校ごとに教科書を採択することができ、権限は校長にあるとされています（「教科書の発行に関する臨時措置法」第7条第1項）。

9．学校評価

　学校評価とは、学校運営や教育活動の成果について、各学校や第三者が評価し改善を図るとともに情報公開を進めるというもので、制度化されてきています。学校評価には、次に示したように「自己評価」「学校関係者評価（外部評価）」「第三者評価」の3つがあります。

①自己評価：校長のリーダーシップのもとで、当該学校の全教職員が参加し、設定した目標や具体的計画等に照らして、その達成状況や達成に向けた取り組みの適切さ等について評価を行う評価（児童生徒や保護者、地域住民を対象とするアンケート含む）。

②学校関係者評価（外部評価）：保護者、**学校評議員**[*]、地域住民、青少年健全育成関係団体の関係者、接続する学校（小学校に接続する中学校など）の教職員その他の学校関係者などにより構成された委員会等が、その学校の教育活動の観察や意見交換等を通じて、自己評価の結果について評価することを基本として行う評価。

③第三者評価：学校とその設置者が実施者となり、学校運営に関する外部の専門家を中心とした評価者により、自己評価や学校関係者評価（外部評価）の実施状況も踏まえつつ、教育活動その他の学校運営の状況

✳ 用語解説
学校評議員
学校が、保護者や地域住民等の信頼に応え、家庭や地域と連携協力して一体となって子どもたちの健やかな成長を図っていくために、校長の求めに応じ、校長が行う学校運営に関し、意見を述べることができる者のことである。学校評議員は、当該学校の職員以外の者でなければならず、教育に関する識見と理解のある者から校長の推薦により、当該学校の設置者が委嘱することができる。

について、専門的視点から評価を行う評価。

　学校評価は2002（平成14）年、小学校設置基準等の制定により制度化されました。2006（平成18）年に文部科学省は、小・中学校を対象に「義務教育諸学校における学校評価ガイドライン」を策定しました。その後、2007（平成19）年の「学校教育法」の改正では、学校評価の実施等が規定されました。これにともない、「学校教育法施行規則」において、「自己評価の実施・公表」（同法第66条）、「保護者など学校関係者評価（外部評価）の実施・公表」（同法第67条）、「評価結果の設置者への報告」（同法第68条）に関する規定が設けられています。2008（平成20）年には、高等学校も対象に追加し、改訂版「学校評価ガイドライン」が策定されました。続けて、2010（平成22）年には、学校との利益関係のない第三者による学校評価を取り入れた「学校評価ガイドライン（平成22年改訂）」を策定し、さらに2016（平成28）年に改訂がなされました。

図表 9-7　学校の教育目標等と重点的に取り組むことが必要な目標や計画、評価項目等の設定の関係例

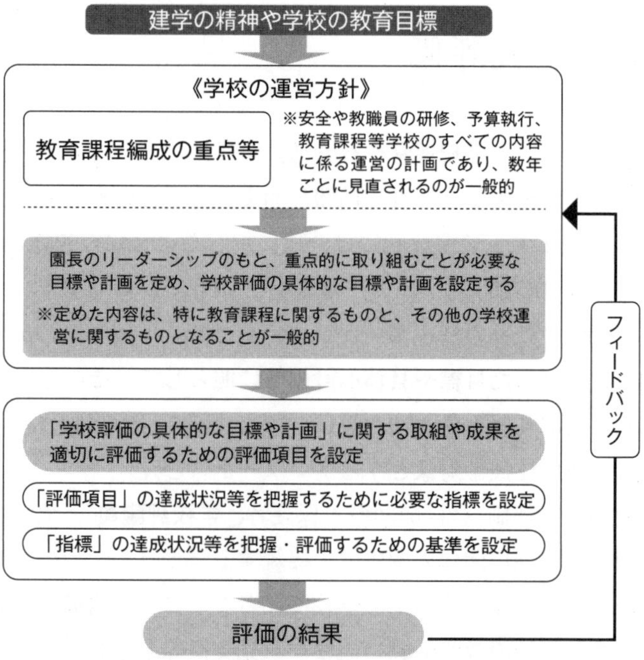

・重点的に取り組むことが必要な目標や計画は、教育課程に関するものと、その他の学校運営に関するものが考えられる。実際には教育課程に関するものに偏りがちなので、留意する必要がある。
・評価の結果は、「教育課程編成の重点」をはじめ「運営方針」の見直しのきっかけとなることが考えられる。それらを基に翌年度の重点的な目標等を設定する必要がある。
・「指標」や「基準」は必要に応じて設定するものであり、園長と教職員の内容を、実情に応じて別々に設定することも考えられる。

出典：文部科学省「幼稚園における学校評価ガイドライン」2008年、17頁

「学校評価ガイドライン（平成28年改訂）」によると、学校評価のねらいを次の3つとしています。

①各学校が、自らの教育活動その他の学校運営について、目指すべき目標を設定し、その達成状況や達成に向けた取組の適切さ等について評価することにより、学校として組織的・継続的な改善を図ること。

②各学校が、自己評価及び保護者など学校関係者等による**評価の実施**とその結果の公表・説明により、適切に説明責任を果たすとともに、保護者、地域住民等から理解と参画を得て、学校・家庭・地域の連携協力による学校づくりを進めること。

③各学校の設置者等が、学校評価の結果に応じて、学校に対する支援や条件整備等の改善措置を講じることにより、一定水準の教育の質を保証し、その向上を図ること。

幼稚園については、2008（平成20）年に「幼稚園における学校評価のガイドライン」が策定されました。これは2010（平成22）年に改訂され、さらに2011（平成23）年には、第三者評価に関わる内容について、その進め方や評価項目、観点などが追加され、そのほかの内容についても充実が図られました。幼稚園の教育目標等と重点的に取り組むことが必要な目標や計画、評価項目等の設定の関係例については、図表9-7のように示されています。

◆補足
学校評価の実施における留意点
学校評価は、それ自体が目的ではなく、あくまでも学校運営の改善による教育水準の向上と質の保障を図っていくための手段である。学校評価の実施そのものが目的となり形骸化してしまわないよう、子どもや保護者および地域の実情を踏まえた実効性のある学校評価を実施していくことが重要である。

演 習 課 題

①最初に誕生した小学校学習指導要領と現在の小学校学習指導要領とを比較し、共通点と相違点を各5つ程度挙げてみましょう。また、小学校学習指導要領の各改訂時には、子どもを取り巻くどのような社会的背景が存在したのかについて調べ、まわりの人と話し合ってみましょう。

②インターネットなどで、さまざまな国の教科書検定制度について調べ、各国ごとにどのような特徴があるのか、日本とはどのように違うのかをまわりの人と話し合ってみましょう。

③インターネットなどで、さまざまな国の学校評価について調べ、日本との違いをまわりの人と話し合ってみましょう。

諸外国の教育制度

このレッスンでは、諸外国の教育制度について学びます。日本と関わりの深い国およびOECDによる国際的な生徒の学習到達度調査（PISA）での好成績で注目を集めている、アメリカ・ドイツ・フィンランド・中国・韓国の5か国を取り上げ、それらの国々の学校教育制度を中心に理解を深めていきます。

1. 欧米の教育制度

1 アメリカの教育制度

① 教育制度の特徴

　アメリカは、白人（64％）、ヒスパニック系（16％）、非ヒスパニック系の黒人（12％）、その他（アジア系、アメリカ先住民等）と多彩な文化背景をもつ人々から構成される「移民の国」です。そのような国としての特色が学校のあり方にも影響を与えており、多様性を尊重する教育が推進されています。学校教育では、教育課程や教材、学習方法、学校行事などに**多文化教育**[*]が取り入れられています。また、教育制度の整備と運営、教育課程などの策定については、州や学区の教育委員会が強い権限をもっています。州の教育委員会は、州内全体の教育政策を決定し、学区が州の初等教育行政を専門に策定していきます。そのため、使用する教科書や教科の時間配当などについては、州や学区によって異なります。

②就学前教育・保育機関

　アメリカの学校体系は、図表10‐1のようになっています。

　就学前教育・保育機関としては、「保育学校」（preschool）があり、日本の幼稚園や保育所の機能を併せもっています。また、ほとんどの公立小学校には、5歳入学で1年間の「幼稚園」（kindergarten）が付設されていて、義務ではありませんが（一部の州では義務教育に含む）、9割の子どもたちが5歳からこの幼稚園に通います。さらに近年では、幼稚園に通う手前の3～4歳児を対象とした、「プレ‐キンダーガーテン」（pre-kindergarten）も増加傾向にあります。それ以外に、主に0歳から幼稚園に通う前までの子どもたちを対象とした「保育所」（day care）があります。

✱ 用語解説

多文化教育
（Multicultural Education）
文化的な差異を積極的に受容する態度を育て、異なる文化をもった個人間・集団間において相互理解を促進し、結果的に多様性をもつ社会において個々が生きていくために必要な知識や技能を提供することを目的とした教育のこと。

図表10-1 アメリカの学校体系図

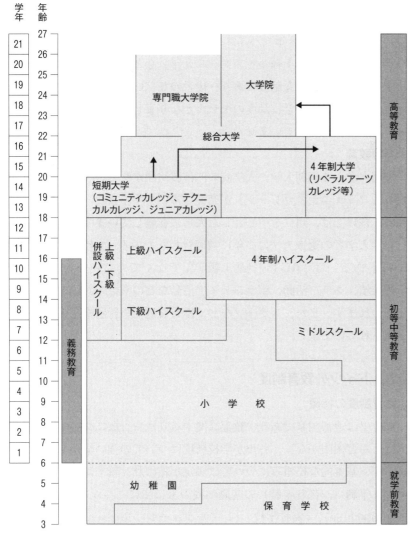

注：義務教育年限は州によって9年から13年（幼稚園の1年間を含む）と異なる。また、学校制度も州あるいは学区によって異なるため、図では、代表的な制度として、5-3-4制、6-3（2）-3（4）制、8-4制、6-6制を示した。
出典：文部科学省『世界の学校体系』ぎょうせい、2017年；文部科学省「諸外国の教育統計（平成30年版）」2018年をもとに作成

　アメリカでは、低所得層の子どもに認知、情緒、身体面において総合的な支援を行い、すべての子どもが小学校入学時において同じスタートラインに立てるようにすることを目指した国の教育政策である「**ヘッドスタート・プログラム***」があります。

③義務教育
　義務教育年限は州によって違いがあり、開始年齢については、5歳から始まるところもあれば、8歳からのところもあります。修了年齢は16

✳ 用語解説
ヘッドスタート・プログラム
ジョンソン大統領の「貧困撲滅」政策（経済機会法）の一環として、1965年に展開された。1994年のヘッドスタート法の更新の際に、低所得層の0～2歳児にも早期ヘッドスタートを提供することが決定され、妊婦と胎児の健康促進、乳児の健全な発達、家族の子育て支援にむけたサービスが提供されている。

歳が一般的ですが、18歳の州もあります。

　小学校入学年齢は６歳、中等教育機関であるハイスクールへの入学は12歳もしくは14歳で、アメリカの学校制度は州や学区によって異なっています。「小学校８年－ハイスクール４年」制や「小学校６年－下級ハイスクール３年－上級ハイスクール３年」などがあります。前者の８－４制は最も伝統的な制度であり、後者の６－３－３制はアメリカの都市部で発達し、日本の学校制度のモデルとなりました。ハイスクールへの入学試験は実施されていません。

④高等教育

　短期大学、４年制大学、大学院の門は広く開かれています。特に２年制の「コミュニティカレッジ」が充実しています。また、短大生や大学生の７割以上は、州立を中心とした大学に在籍しています。

　大学入学者の選抜方法は、年に数回行われている「**大学入学適性試験SAT**」あるいは「**ACT***」（最上級学年でなくても受験可能）、高校の学業成績、クラブ活動、ボランティア活動などの複数の評価方法をもって行われます。また、スポーツなどで優秀な選手の特別推薦入学も多く実施されています。

✚ 用語解説
大学入学適性試験SATとACT
SATは、批判的読解、作文、数学からなるSAT Reasoning Test と、５分野20科目からなる科目別のSAT Subject Test の２種類からなる。一方、ACTは、国語、数学、読解、科学論理、作文（選択）からなっている。

2　ドイツの教育制度

①教育制度の特徴

　ドイツは連邦国家であり、教育に関する立法や行政について連邦政府はほとんど権限がなく、各州が学校制度についての強い権限をもっていますが、基本的な枠組みについては協定が結ばれ、統一が図られています。４年制（一部６年制）の基礎学校の上に主に「ハウプトシューレ」（Hauptschule）、「実科学校」（レアルシューレ：Realschule）、「ギムナジウム」（Gymnasium）という中等教育学校が続いています。年限、教育内容、卒業後の進路も中等教育学校の種類によって異なります。また、あまりに早い段階での進路選択が、子どものその後の人生に大きな影響を与えるといった批判から誕生した総合制学校は、一部の州で普及しています。

②就学前教育・保育機関

　ドイツの学校体系は、図表10-2のようになります。

　就学前教育・保育機関として幼稚園があり、３～５歳の子どもを対象に教育が行われています。この機関の教育は義務ではありませんが、８～９割の子どもが就園しています。３歳未満の子どものためには、保育所があります。また、いくつかの州では、アメリカのように基礎学校に

図表 10 - 2 ドイツの学校体系図

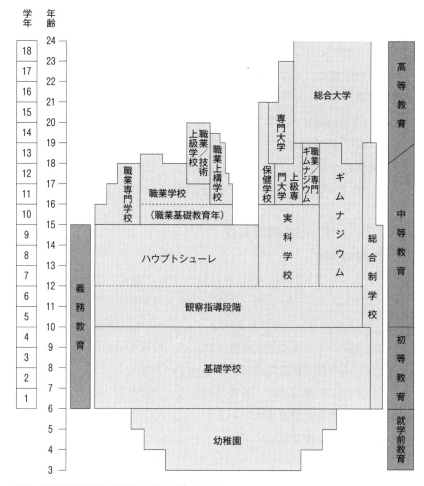

出典：文部科学省『世界の学校体系』ぎょうせい、2017年

5 歳児を受け入れているケースもあります。

③義務教育

　義務教育は 6 歳から始まります。義務教育の年限は、多くの州では 9 年ですが、ベルリン、ブランデンブルグなど 4 州では10年となっています。義務教育を終えたあとも、全日制の中等学校に進学しない者については、週 1 〜 2 日の定時制職業学校に通うことが義務となっています。4 年間の基礎学校（ベルリン、ブランデンブルグでは 6 年）のあと、4 種類の中等教育学校が用意されています。

④中等教育

　中等教育学校としてハウプトシューレ、実科学校、ギムナジウム、そしてすべての生徒を同じ学校で教育する総合制学校が、州によって設けられています。これらの学校への選択は、親の希望、基礎学校の所見な

どによって決定されます。

　ハウプトシューレは通常5年制で、卒業生の多くは就職しながら職業訓練を受けます。実科学校は6年制が一般的で、卒業後の進路は、全日制の職業学校への進学あるいは就職です。ギムナジウムは、通常9年制の中等教育学校で、多くの生徒は卒業後、大学に進学します。

⑤高等教育

　大学入学者選抜は入学試験ではなく、「アビトゥア」（Abitur）という大学入学資格試験と、中等学校最終2学年の成績を総合して行われます。高等教育機関としては、「学術大学」、「芸術大学」、「総合制大学」（Gesamthochschule）、「専門大学」（Fachhoschule）などがあります。

3　フィンランドの教育制度

①教育制度の特徴

　フィンランド共和国は、1917年にロシアから独立して建国し、フィンランド語とスウェーデン語（スウェーデン語を母国語とする住民の割合は、全人口の5.5％程度）を公用語としています。**OECD**が実施する国際的な生徒の「学習到達度調査（PISA）」では成績が良く、世界からその教育方法や教育制度に注目が集まっています。

　フィンランドの憲法では、基礎学校から大学、さらには大学院修了までの間無償の教育が保障されています。

　基礎学校では、授業についていけなかったり、病気による長期欠席などで学習が遅れたりしている子どもに対しては、補助員がついたり、授業前または放課後に少人数の補習授業をする場合もあります。これはリメディアル教育といい、各教員の判断で必要に応じて実施されています。また、保育所の先生になるためには、専門課程の修了と大学卒業が求められ、基礎学校以上の教師になるためには、最低でも5年間の大学院での専門課程を修了し、修士の学位取得が条件となります。

②就学前教育・保育機関

　フィンランドの学校体系は、図表10-3のようになっています。

　フィンランドでは、義務教育開始の前年に任意で就学前教育を受けることができます。これは所得に応じて費用を支払い、デイケアセンター（保育所）もしくは基礎学校で受けることができます。ここでは、基礎学校への就学準備に重点が置かれ、カリキュラムの内容は、多彩な科目領域を含みながらも科目や授業時間に区切られていません。

　社会保障制度や子育て支援制度および幼児教育制度の充実により、1歳未満の子どもについては、両親のいずれかが、産後休業制度によって

◆補足

OECD
（経済協力開発機構）
国際経済全般を協議することが目的とされている。

図表10-3 フィンランドの学校体系図

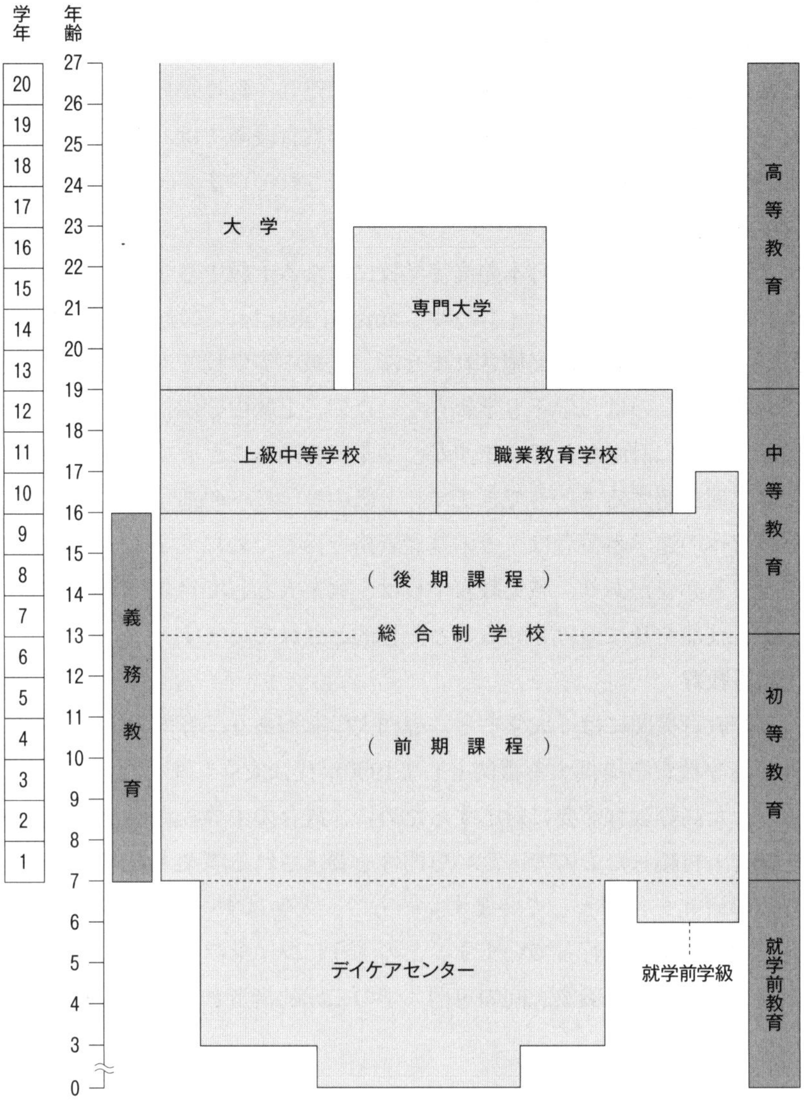

学年 / 年齢

学年	年齢
20	27
19	26
18	25
17	24
16	23
15	22
14	21
13	20
12	19
11	18
10	17
9	16
8	15
7	14
6	13
5	12
4	11
3	10
2	9
1	8
	7
	6
	5
	4
	3
	0

大学

専門大学

上級中等学校　　職業教育学校

（後期課程）

総合制学校

（前期課程）

デイケアセンター　　就学前学級

義務教育

高等教育

中等教育

初等教育

就学前教育

出典：文部科学省『世界の学校体系』ぎょうせい、2017年

自宅で子育てをするのが一般的です。子どもが1～3歳未満であれば、その期間のすべてまたは一部について、両親のいずれかが育児休業を取得し、自宅で子育てをするか、あるいは自治体や民間の保育所・家庭保育サービスに子どもを預けながら、保護者は仕事と子育ての両立を図ります。3～6歳の子どものケアの選択肢は、在宅育児（保護者自身での育児）、自治体保育所、民間保育所などがあります。

③義務教育

　義務教育では、フィンランド語とスウェーデン語の両方の言語を学ぶ

ことが義務づけられているうえ、さらに１言語以上の外国語も必須となっています。

教科書検定制度がないことに加え、教科書使用の有無に至るまで現場に裁量権があり、複数の教科書を使い分けたり、教員が自ら作成した教材を使用したりすることもあります。初等教育段階では、教科書に準拠した書き込み式のワークブックが広く使用されています。

④中等教育

基礎学校終了後は、日本の高等学校にあたる上級中等学校、または職業教育学校（アンマッティコウル：ammattikoulu）に進学できますが、原則として入学試験は実施されません。上級中等学校でも職業教育学校でも特徴的なのは、学年も学級もない点で、上級中等学校は３年で終了できるように計画されていますが、２年で終えることもできるし、最長で４年間在籍することもできます。上級中等学校への進学者のうち、高等教育への進学希望者は、その基礎資格を得るために大学入学資格試験を受ける必要があり、職業教育学校は、職業人として自立できるだけの知識と技能を身につけさせることが目的とされています。

⑤高等教育

高等教育機関には「大学」と「専門大学」があり、専門大学は大学以外の高等教育を提供する機関として1990年代に成立しました。これは、急増した高等教育需要に対応するために、既存の中等教育後の教育機関を統合・再編したもので、高い専門性を要求される職業人養成と、そのための研究を目的としています。一方で、大学はすべてが国立であり、各校独自に選抜を行っています。このようにフィンランドの高等教育は、学術志向の大学と職業志向の専門大学の二元的構造となっています。

２．アジアの教育制度

1 中国の教育制度

①教育制度の特徴

人口が13億人を超え、GDP（国内総生産）世界第２位となった中国は、経済大国として発展してきた、中国共産党政権下の社会主義国家です。教育制度も、ほかの社会制度と同様に、社会主義国家の制度として確立され発展してきました。

中国は中央集権的政治体制をとり、中央政府が全国の社会制度をコントロールしています。しかし、広大な国土と膨大な人口を抱え、さらに

55の少数民族を抱える多民族国家である中国では、制度の画一的な運用は行わず、各地方の実情に相応した運用を認めています。教育制度についても、原則は中央政府によって定められていますが、地方によって異なる運用も認めています。

②就学前教育・保育機関

中国の学校体系は、図表10-4のようになっています。

就学前教育・保育機関については、教育部管轄で3～6歳の幼児を預かる「幼稚園」と衛生部管轄で3歳未満を預かる「託児所」があります。近年、教育法が改正となり、幼稚園も0歳からの受け入れが可能となっています。大部分の幼稚園や託児所は全日制であり、朝7時半から夕方

図表10-4 中国の学校体系図

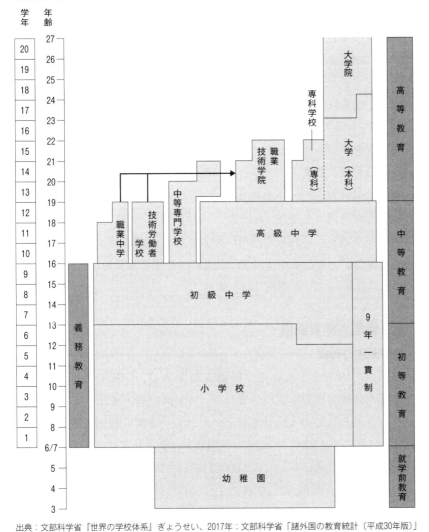

出典：文部科学省『世界の学校体系』ぎょうせい、2017年；文部科学省「諸外国の教育統計（平成30年版）」2018年をもとに作成

5時半までと在園時間が10時間程度となっていますが、半日制、季節制もあります。また、「全託制」とよばれる寄宿制保育を実施している施設もあります。

③義務教育

中国では、社会主義国家体制が確立されてからも、長い間、義務教育の普及が課題となっていました。初等義務教育の実施が決定されたのは、1982年のことです。1986年に義務教育法が制定され、入学年齢は6歳と規定され、義務教育の無償制もスタートしました。学校制度は統一されておらず、6-3制のほかに5-4制の地域も存在します。日本の中学校にあたるものが「初級中学」となります。

④中等教育

日本の高等学校にあたる「高級中学」への入学に際しては、各省・自治区・直轄市で統一入試が行われ、入学者が選抜されます。修業年限は3年となっており、普通教育を施す中学のほかに、職業技術教育を目的とする「中等専門学校」、「技術労働者学校」、および各種の「職業中学」があります。政府の政策によって、1980年代になって職業学校の整備と充実が図られ、後期中等学校の在籍者のほぼ半数が職業学校に在籍しています。

⑤高等教育

高等教育は、修業2～3年の実用的な専門教育を行う「専科」、4～5年の学部教育を行う「本科」、および「大学院」と3段階に分かれており、教育機関としては、「大学」、「専科学校」、「職業技術学院」の3種類があります。これらの機関への入学は、「高級中学」卒業かまたは同等の学力があることが基礎要件とされ、毎年7月初旬に行われる全国統一入学試験によって選抜されます。

2　韓国の教育制度

①教育制度の特徴

韓国は、1970年代以降高度経済成長を遂げ、1996年にはアジアで2番目のOECD加盟を実現しました。この高度経済成長を支えたのが、教育の成果としての人的資源だといわれています。韓国は教育のIT化を強力に推進する国の一つです。政府はスマート教育推進戦略（2011年）を発表し、約2兆ウォン（約2,000億円）の予算を投入し、2015年までに全国の初等・中等・高等学校のすべての教科書をデジタル化する方針を打ち出しました。

韓国は日本以上に学歴社会であり、学歴がその後のキャリアや所得、

社会的地位にまで影響すると考えられています。また、早期留学も盛ん
で、子どもを早くから留学させ、英語能力はもとより、国際的なコミュ
ニケーションスキルや自己表現力を身につけさせて、帰国後、韓国での
受験や就職を有利に進めようと思い描く親も多くいます。

　韓国は、英才教育の振興に大変熱心に取り組んでおり、1997年に制
定された「教育基本法」第19条で英才教育について明文化されているの
をはじめ、2000年には「英才教育振興法」が制定されました。

②就学前教育・保育機関

　韓国の学校体系は、図表10‐5のようになっています。

　就学前教育・保育機関については、教育科学技術部所管で、3～5歳

図表 10‐5　韓国の学校体系図

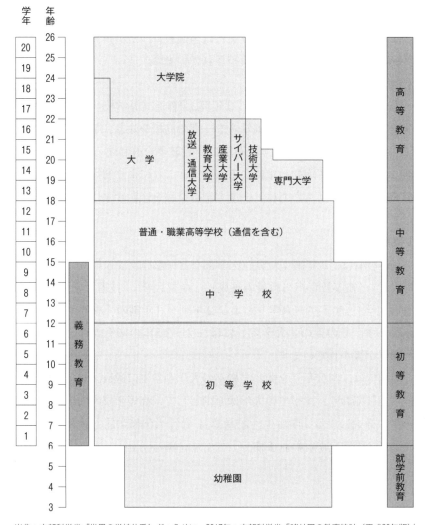

出典：文部科学省『世界の学校体系』ぎょうせい、2017年；文部科学省「諸外国の教育統計（平成30年版）」
2018年をもとに作成

児を対象とする「幼稚園」、保健福祉家庭部所管で6歳未満の子どもを対象とする「子どもの家」(保育所)、さらに幼児教室のような「学院」(ハゴン)の三つどもえ体制で行われています。日本でもかつて幼保一体化の議論が盛んであったように、韓国でも2013年度より、3〜5歳の幼児は、幼稚園や子どもの家で同じ教育プログラムを受けることができるようになっています。また、すでに2012年から、5歳児を対象に5歳児教育課程を導入しています。

③義務教育

韓国の学校制度は、初等学校6年、中学校3年、高等学校3年という6-3-3制をとっており、義務教育は「中学校」までの9年間です。「初等学校」の入学は満6歳からですが、早期入学(満5歳で入学し、満11歳で早期卒業)も認められています。1997年より小学校3年生から早期英語教育が行われているのも、学校教育カリキュラムの特徴です。中学に割り振られた場合でも、授業料は当該教育庁が負担します。私立中学校教員の給与も公費により負担されています。

④中等教育

中学校後の後期中等教育は、3年間、「普通高等学校」と「職業高等学校」で行われます。高校進学者も一部の高校を除き、学校群内の高校に抽選により配置されます。過度の受験競争を緩和する目的で、1974年に導入された平準化政策によるもので、これにより初等学校から高校まで約半数の子どもたちは、一度も選抜試験を経験せずに大学入試を迎えます。

⑤高等教育

高等教育は、4年制「大学」(医学部など一部専攻は6年)、4年制「教育大学」(初等教育担当教員の養成)、「産業大学」「技術大学」「放送・通信大学」「サイバー大学」および2年制〜3年制の「専門大学」で行われます。その上の「大学院」には、2〜2.5年の修士課程と3年の博士課程が置かれています。

韓国では、国公私立を問わず個々の大学が学生に選抜試験を課すことを禁止しており、すべての大学は原則として、高等学校の内申書(全国一律の様式による「学生生活記録簿」)と「大学修学能力試験」の成績により合否判定が行われます。

演 習 課 題

①インターネットなどで、このレッスンに出てきた国、また、それ以外の国の就学前教育について調べ、日本との違いをまわりの人と話し合ってみましょう。

②インターネットなどで、さまざまな国の学校について、何学期制をとっているのか、また、夏休みはどのくらいの期間あるのかなどを調べ、日本との違いをまわりの人と話し合ってみましょう。

③全世界の人々が共通に抱えている、子どもの貧困、児童虐待、教育の質保証などの問題を取り上げ、その問題を解決するためには、各国でどのような取り組みを行っていくべきかについて、まわりの人と話し合ってみましょう。

参考文献‥‥‥‥‥‥‥‥‥‥‥‥‥‥‥‥‥‥‥‥‥‥‥‥‥‥‥‥‥‥‥‥‥‥‥‥‥‥‥

レッスン8

子どもと保育総合研究所　森上史朗・大豆生田啓友編　『よくわかる保育原理（第4版）』　ミネルヴァ書房　2015年

汐見稔幸・伊藤毅・高田文子ほか編著　『よくわかる教育原理』　ミネルヴァ書房　2011年

諏訪英広・福本昌之編著　『教育制度と教育の経営──学校-家庭-地域をめぐる教育の営み』　あいり出版　2011年

広岡義之編著　『新しい教育原理（第2版）』　ミネルヴァ書房　2014年

吉田武男監修、藤井穂高編著　『教育の法と制度』　ミネルヴァ書房　2018年

レッスン9

姉崎洋一・荒牧重人・小川正人ほか編　『解説教育六法2018』　三省堂　2018年

石田美清編著　『子どもと教師のための教育原理』　保育出版社　2012年

岡本徹・佐々木司編著　『新しい時代の教育制度と経営』　ミネルヴァ書房　2009年

教育法令研究会編著　『完全整理図表でわかる教育法令（第3次改訂版）』　学陽書房　2015年

窪田眞二編著　『すぐわかる！　教育法規（第2次改訂版）』　学陽書房　2018年

坂田仰・河内祥子・黒川雅子ほか　『図解・表解 教育法規──"確かにわかる"法規・制度の総合テキスト（新訂第3版）』　教育開発研究所　2017年

坂田仰・山田知代　『学校を取り巻く法規・制度の最新動向』　教育開発研究所　2016年

新保育士養成講座編纂委員会編著　『教育原理（改訂2版）』　全国社会福祉協議会　2015年

諏訪英広・福本昌之編著　『教育制度と教育の経営──学校-家庭-地域をめぐる教育の営み』　あいり出版　2014年

文部科学省　『学校評価ガイドライン（平成28年改訂版）』　2016年

文部科学省　「幼稚園における学校評価ガイドライン」　2008年

文部科学省　「幼稚園における学校評価ガイドライン（平成23年改訂）」　2011年

古川治・今西幸蔵・五百住満編著　『教師のための教育法規・教育行政入門』　ミネルヴァ書房　2018年

矢藤誠慈郎・北野幸子編　『教育原理』　中央法規出版　2016年

レッスン10

石田美清編著　『子どもと教師のための教育原理』　保育出版社　2012年

石橋哲成編著　『新版　教育原理』　一藝社　2018年

泉千勢・一見真理子・汐見稔幸編著　『世界の幼児教育・保育改革と学力』　明石書店　2012年

OECD編著／星三和子・首藤美智子・大和洋子ほか訳　『OECD保育白書——人生の始まりこそ力強く：乳幼児期の教育とケア（ECEC）の国際比較』　明石書店　2011年

OECD／御園生純・稲川英嗣監訳　『世界の教育改革——OECD教育政策分析』　明石書店　2002年

大沼良子・榎沢良彦編著　『三訂　保育原理』　建帛社　2018年

二宮皓編著　『新版　世界の学校——教育制度から日常の学校風景まで』　学事出版　2014年

本間政雄・高橋誠　『諸外国の教育改革——世界の教育潮流を読む　主要 6 か国の最新動向』　ぎょうせい　2000年

文部科学省　「諸外国の教育統計（平成30年版）」　2018年

文部科学省　『世界の学校体系』　ぎょうせい　2017年

おすすめの 1 冊

二宮皓編著　『新版　世界の学校——教育制度から日常の学校風景まで』　学事出版 2014年

　世界各国の学校についての日常の学校風景から特色などをくわしく紹介しており、それぞれの国の教育制度や教育改革の動向などを比較しながら学ぶことができる。

第 **4** 章

教育の実践

本章では、教育実践の基礎理論とさまざまな取り組みを事例を通して学んでいきます。まずは内容や方法、計画と評価などの教育の実践における基本的事項を理解しましょう。そのうえで、いくつかの事例を通して、子どもの資質・能力を育む教育実践の多様な取り組みについて学びましょう。

レッスン **11**

教育実践の基礎理論：内容、方法、計画と評価

このレッスンでは、教育実践のための基礎理論について学びます。教育・保育の内容や方法、計画、評価について、いくつかの事例を通して理解を深めていきます。保育者には、豊かな人間性を基盤に確かな専門性に裏付けられた計画的で有意な教育・保育を実践していく力量が求められます。

◆補足

乳幼児期における保育の特徴

保育は子どもが一人の個性的な人間として尊重されることから始まる。年齢や個人差により未分化や未発達な状態であっても、身体や感情、認識や認知、社会性や情動、コミュニケーションなどについて、それぞれの時期の成長・発達の姿が確かなものとして存在する。保育は、それぞれの子どもの姿に始まり、その結果はそれぞれの子どもの成長・発達への意味においてとらえ直されていく必要がある。

2017（平成29）年の改定（訂）の背景

改定（訂）の最も大きな要因は、喫緊の課題である国際的規模からのわが国の生き残りをかけた国家的な戦略によるものである。それらは、世界のグローバル化とそれにつながる国の政策、OECDにより示される人材の育成と、それに係る国際標準化された学力観、少子高齢化がもたらす労働人口確保の問題、AIの発展による労働環境の変化、幼児期教育への経済的関心の高さなど、国内外の諸問題と国際的な動向に基づくものである。

1. 実践について考える前に

1 乳幼児期における教育・保育

　保育所・幼稚園・認定こども園（特に区別する必要のある場合以外は、これらを以下、園とする）では、子どもが保育者に支えられながら、さまざまな遊びや生活を通して人やものなどと出会い、多様な体験をしながら、それらを自らの成長・発達に昇華していきます。このような豊かな体験をして育った子どもの資質や能力は、生涯を通して健全で、前向きに生きていくための動機となっていきます。保育の目的は、環境を通して子ども一人ひとりの心身の発達を助長することにあります。そのため、乳幼児期の発達の特性や一人ひとりの発達の実態を把握し、それに応じた乳幼児期にふさわしい計画的な保育が必要となります。

2 教育の大きな転換における幼児の教育・保育

　2017（平成29）年に改定（訂）された「保育所保育指針」「幼稚園教育要領」「幼保連携型認定こども園教育・保育要領」が2018（平成30）年4月から施行され、今後小・中・高・特別支援学校においても順次改訂学習指導要領が施行されます。今回の改訂は、わが国を担っていく人材育成に重点を置いた改革であり、そのための一貫した保育・教育改革が打ち出されたわけです。こうしたことは、これまでほとんど経験のないことであり、一貫した全人的なあり方としての新たな教育・保育への見直しを進める機会となることが期待されます。

3 改革に向けた人間観・教育観と教育・保育のあり方

　今回の教育・保育改革の背景には、将来においてたくましく豊かに生き抜いていける人間像や、社会において豊かに自己実現に向かう人材の

育成などの基盤となる人間観があり、その基盤となる主な学力観が2つあります。一つは**コンテンツ・ベイス**といわれ、内容（領域固有な知識・技能）を中心・基盤とした、教科や領域の一つひとつを各授業で累積していくような学力のことです。「何を知っているか」や「どれだけ知っているか」に関する能力のことを示します。もう一つは**コンピテンシー・ベイス**といわれ、「資質・能力」（思考力・意欲・社会スキルなど）を中心とした自己調整して取り組む意欲や、協働したり相手と交渉したりしながら問題を解決するような力のことです。

　今回の指針・要領の改定（訂）では、主に以下の3点が議論されました。

　第1点は、教育の目的である資質・能力の育成についてです。これについては、新学力観が示され、教育の目的には資質・能力の育成を掲げ、教育課程編成の基盤を、内容（コンテンツ）と資質・能力（コンピテンシー）の調和的な育成を図ることとしました。第2点は、**アクティブ・ラーニング**＊の導入に関する検討についてです。第3点は、カリキュラム・マネジメントに基づく教育課程等再編に関する検討です。

4　「幼稚園教育要領」等の改訂について

　「幼稚園教育要領」の改訂においてポイントとされたのは、カリキュラムレベルでの教育の根本的な見直しから、学校教育で一貫して育成する**資質・能力の三つの柱**を系統的に明確化し、各校種において育てる姿の明確化と評価の客観化を行うことです。さらに、カリキュラム・マネジメントによる教育課程の再編ならびにアクティブ・ラーニングによる指導の改善・充実、工夫、保・幼・こ・小の連携の具体化、実質化です。

　保育所・幼稚園・認定こども園において明確化された「幼児教育において育成すべき資質・能力」は、小学校以上の教育において掲げられた「資質や能力の三つの柱」とつながるものです。幼児教育においては、「学校教育法」第22条に示される「義務教育及びその後の教育の基礎」となる力として、「知識や技能の基礎」「思考力・判断力・表現力等の基礎」を育み、高等学校まで一貫して「学びに向かう力、人間性等」といった態度を培っていくことが記されています（図表11-1）。

　保育や教育は、各年齢層特有の発達実態に基づいて行われます。幼児期には、環境による遊びを通しての総合的な指導が前提となります。

　一貫した資質・能力育成の観点において、とりわけ小学校教育と円滑な接続を図る必要性から、5歳児修了時までに育ってほしい具体的な姿を**幼児期の終わりまでに育ってほしい姿**として、「幼稚園教育要領」等に10項目で整理されました。10項目は、「保育所保育指針」「幼稚園教

✦ 補足

幼児期の終わりまでに育ってほしい姿

10項目は、「健康な心と体」「自立心」「協同性」「道徳性・規範意識の芽生え」「社会生活との関わり」「思考力の芽生え」「自然との関わり・生命尊重」「数量・図形、標識や文字などへの関心・感覚」「言葉による伝え合い」「豊かな感性と表現」である。

「保育所保育指針」第１章４(２)

「幼稚園教育要領」第１章第２３

「幼保連携型認定こども園教育・保育要領」第１章第１３(３)

図表11－1　資質・能力の３つの柱に沿った、幼児教育において育成すべき資質・能力のイメージ

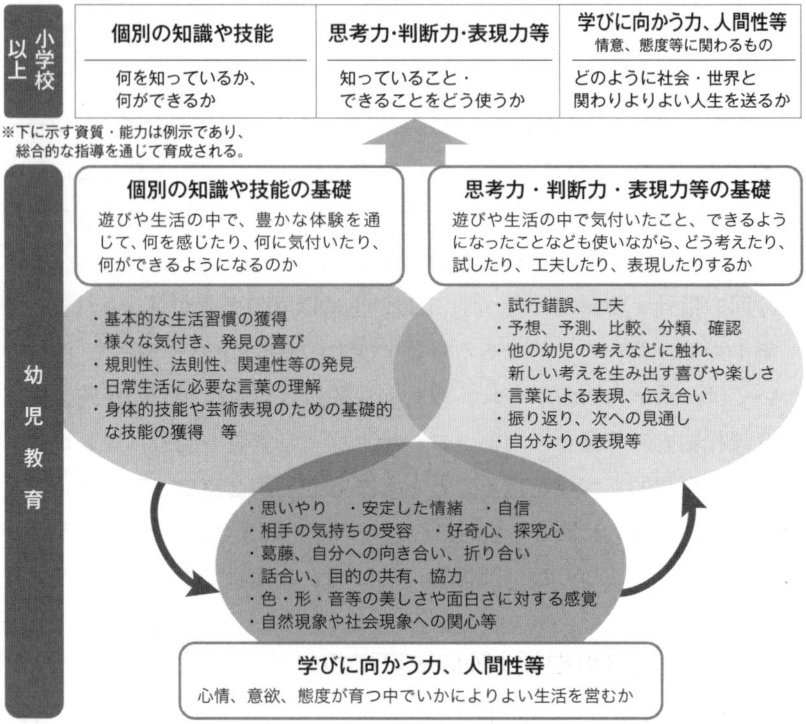

出典：文部科学省教育課程部会幼児教育部会配布資料（2016年４月25日）をもとに作成

育要領」等に示される「ねらい及び内容」に基づく保育活動の全体を通して資質・能力が育まれた子どもの、卒園を迎える時期の具体的な姿であり、指導を行う際に保育者が考慮すべきものと説明されています。10項目に示される文言は、各領域に示される「ねらい」や「内容」において用いられているものも多いことから、それらのなかの資質・能力につながる象徴的なものを取り上げたようなものと考えられます。

✦ 補足

資質・能力が育まれていくような保育の展開

指導上の留意点からもわかるように、幼児教育の基本を押さえつつ、子どもが環境と関わり遊ぶ過程で、「深い学び」「対話的な学び」「主体的な学び」がつながり合い、資質・能力が育まれていくような保育の展開が重視されている。

5　資質・能力の育成に向けた教育方法の改善

資質・能力を育成するために、教育や保育の方法についても学校・園において一貫してアクティブ・ラーニングを重視した「深い学び」「対話的な学び」「主体的な学び」の充実を図ることが打ち出されました（図表11－2）。これらは、年齢や発達の違いにかかわらず同じ教育や保育の方法を用いるというのではなく、教育改革の核である非認知能力育成のための方法として位置づけられた教育や保育の方法（「学び方」）です。

これまでと変わらず幼児教育では、学びの中心である遊びがさまざまな形態や状況として展開されることから、５歳後半の幼児においても以下のアクティブ・ラーニングの視点からの指導が求められています。指

導上の留意点として、以下が示されています[1]。

▶出典
†1　文部科学省教育課程
部会幼児教育部会配布資料
（2016年3月30日）

> ①直接的・具体的な体験の中で、見方・考え方を働かせて対象と関わって心を動かし、幼児なりのやり方やペースで試行錯誤を繰り返し、生活を意味あるものとして捉える「深い学び」が実現できているか。
>
> ②他者と関わりを深める中で、自分の思いや考えを表現し、伝え合ったり、考えを出し合ったり、協力したりして自らの考えを広げ深める「対話的な学び」が実現できているか。
>
> ③周囲の環境に興味や関心を持って積極的に働き掛け、見通しを持って粘り強く取り組み、自らの遊びを振り返って次につなげる「主体的な学び」が実現できているか。

「深い学び」「対話的な学び」「主体的な学び」を充実させていくためには、育成すべき資質・能力や保育の内容・方法・評価の理論について保育者が深く理解し、子ども個々のていねいな理解をもとに、目的と計画性のある保育を適切に行っていく必要があります。

図表11-2 アクティブ・ラーニングの3つの視点を踏まえた、幼児教育における学びの過程（5歳児後半の時期）のイメージ

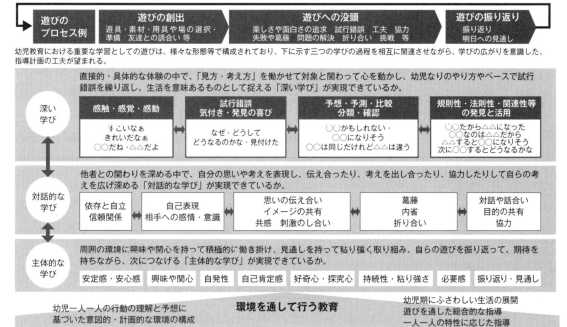

出典：文部科学省教育課程部会幼児教育部会配布資料（2016年3月30日）をもとに作成

2.　実践における基本的事項

1　教育・保育の基本

　保育は環境を通して行うことを基本としています。改訂以前の幼児教育においては、心情・意欲・態度などの情意的目標が第一義的なものとして強調され、知識、理解、技能などの認知的、技能的目標は、情意的側面が育つ結果として副次的に獲得されるものと考えられてきました。しかし、今回改訂された「幼稚園教育要領」では、さらに踏み込んで「知識や技能の基礎」「思考力・判断力・表現力等の基礎」「学びに向かう力、人間性等」を「育成すべき資質・能力」の柱として、知識や技能および思考力などに関する育ちを将来にわたる生涯学習への動機と人間性の育成に昇華させていこうとする意図がみられます。つまり、教育の目的は人間形成であり、一人の人間、社会の一員として、ふさわしい価値の発見や学びに対する意欲や関心の育成を志向し、その過程でその子らしい方法で知識や技能の基盤となるものを得て、自ら活用し探究していく態度を培うことにあります。乳幼児期から資質・能力を育んでいくために、保育者は、子どもからの環境への直接的・具体的な働きかけを重視し、直接的・間接的に好奇心や探究心などを刺激し、活性化していく必要があります。

　子どもが直接的・間接的に関わり、資質・能力を育んでいくための経験をもたらしてくれる環境を、特に**教育的・保育的環境**といいます。保育者が、ただあるだけの環境を、いかに子どもと関わりのある環境へと変換できるかが鍵となります。子どもが各々の能力や興味・関心、それまでの経験などをもとに環境に応答的・主体的に関わり、成長・発達の糧となっていくことで、はじめて教育的・保育的環境となるのです。

　環境を通して行われる保育は、子どもと保育者相互の理解に基づいた信頼関係が基盤となります。子どもの成長・発達に資する環境は、保育者が独善的に決定できるものではありません。乳幼児の保育に関する専門的な知識や、子ども一人ひとりの遊びや活動の姿の詳細な観察に基づき、保育者がその時期にふさわしい発達の姿や子どもの実態、生活における興味や関心などを把握し、構成すべきものです。

2　乳幼児期にふさわしい生活の展開

　乳幼児期の保育は、それぞれの時期の発達に**ふさわしい生活**を十分に経験することで、子ども自らが成長・発達を遂げていくという考えに基

づいています。

　乳幼児期には、子どもは周囲の大人や子どもとの望ましい信頼関係に基づく生活により自立していきます。園においても、子どもと保育者の信頼関係に支えられた生活が重要となります。そうした環境のなかで、子どもには、自らの力でさまざまなことに能動的に取り組み、試行錯誤し、挑んでいこうとする意欲が生じてきます。自分自身やごく身近な存在にしか目が向かなかった子どもは、しだいに周囲の環境に主体的・積極的に働きかけ、成長・発達に必要な体験を積み重ねていくようになります。乳幼児期の依存と自立の関係は微妙で、それらは相対するものではなく、子どもが心を通わせる対象と十分な依存関係を味わいながら心を安定させ、自立を獲得していく過程ととらえられます。

　乳幼児期の学び（広い意味で資質や能力を育んでいく過程）の特徴は、さまざまな事象を具体的・直接的な経験等から理解していくところにあります。そのため保育では、子どもが積極的に具体的体験を探究し、取り組むための動機となる心情や意欲が生じる環境が必要となります。子どもの実態を無視し、保育者主導の画一的で退屈な保育が日常化されれば、「保育は苦痛なもので逃げ出したい」という心情や態度が植えつけられていくことになります。

　身体的、認知的、社会的、情緒的発達の進行にともなう子どもの生活世界の拡大は、他者との関わりを誘発・発展させていきます。仲間との対等な**平行的関係**は、嗜好性や同調性の面から心理的な接点が生じやすく、子ども一人ひとりが主体的に考え、社会的態度を身につけていくうえで重要となります。一人よりもたくさんで遊ぶ方が楽しく、遊びもダイナミックなものとなっていきます。遊びを通して、子どもはさまざまな発達を遂げ、仲間と多くのことを体験し、達成感や充実感、葛藤や挫折を味わいながら、他者と関わることの素晴らしさを体感していきます。それらはとりもなおさず、将来にわたってよりよい生き方を模索していく社会的存在として、自己実現と共生の心を育て、さらには社会の担い手・再構築者として生きていくうえでの基盤となっていきます。

3　遊びを通しての総合的な保育

①保育における遊びの意味

　乳幼児期の生活の多くは遊びで占められています。教育や保育において、遊びは、限りなく「学び」に近い機能をもちつつも、子どもの興味・関心などの内的動機に基づいた自由で自主的・主体的な活動として位置づけられます。一方、子どもの側からは、遊びは何かを達成するための

手段ではなく、遊ぶこと自体が目的です（図表11 - 3）。

　教育や保育において、遊びは、その時々の子どもの実態に即し、それらをより発達・展開させていくための適時的な活動ともいえます。そうした連関により、乳幼児の教育・保育では子どもの遊びを特別なものとしてとらえ、成長・発達にとって重要な意味をもつものと考えるのです。

　乳幼児期は、自己中心的な特性から、しだいに興味・関心の対象が周囲の環境に広がっていく時期です。子どもは遊びを通して、周囲にある環境の存在について知るだけでなく、心情や思考力、想像力などを傾けて行動する楽しさや、他者とともに思いを同じくして行動することの楽しさを学んでいきます。遊びの過程で経験した満足感や達成感、充実感、挫折感および葛藤などは、子どもの一生にわたり必要となる資質や能力を育み、心情・意欲・態度を形成していきます。図表11 - 4は、そうした学びとしての遊びの機能について整理したものです。

②遊びと学び

　遊びの意義は、子どもがすでに体験したこと（既知）を再構成し、新

図表11 - 3　遊びと各心理的機能の関連

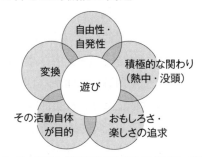

出典：高橋たまき・中沢和子・森上史朗編『遊びの発達学 基礎編』培風館、1996年をもとに作成

図表11 - 4　遊びの機能

機能	内容
心身の健康の維持と増進	活発に遊ぶことにより、健康をつくる。
運動機能の発達	運動能力、体力を育てる。
知的能力の発達	創意工夫する力、頑張る力を育てる。
情緒の発達	喜怒哀楽の感情体験を通して、豊かな情緒を育てる。
社会性の発達	遊びを通して、相手の存在と自分の役割を知り、ルールや規範と協調性を育てる。
コミュニケーション能力の発達	遊びを通して、家族や友だち、地域の人々と、愛情と信頼のある人間関係を育てる。
安全性の習得	遊ぶ場所、遊具、遊び方などにより、友だちや自分の身を守る安全性を身につける。

出典：野村和子・中谷孝子編『子どもの遊びとその環境』保育出版社、1999年、33-34頁をもとに作成

たな世界を広げ、成長・発達をより確かなものにしていくだけでなく、既知をその時々の子どもの思いや考え、思いつきなどで合成し、創造的なものへと変身させていくことです。

　子どもは、偶然の発見から遊びや活動をさらに発展させていくこともあります。それまでの遊びなどで獲得された知識や認識が、偶然の体験により打ち破られることで、新たな発見や出会いの驚き、喜びに気づく瞬間となります。それらは時に他者によりもたらされる場合もあり、そうしたなかで実感される環境との出会いや関わりの楽しさ、喜び、仲間のよさは、その後の子どもの学びに向かう力や人間性の基盤となっていきます。

　子どもが自らの思いで遊びに没頭し、充足感や充実感などを感じることは、情緒の安定にもつながり、以降の行動への自信となっていきます。それらはやがて、自分らしく落ち着いて生きていくという人間的成長への素地となっていくと考えられます。

③遊びの総合性と総合的な指導

　保育者は、子どもの成長・発達、内的な動機に目配りし、乳幼児期の教育・保育を総合的な視点から計画・実施しなければなりません。

　たとえば、4・5歳の子どもが集まって「はないちもんめ」をして遊んでいます。何人かが遊びに加えてほしいということで必要なやり取りが行われます。遊びのきまりやルールを熟知していない場合には、誰かが相手にわかるように説明しなければなりません。そこでは説明する内容を考え、言語・非言語のコミュニケーションなどを行う能力が求められます。遊びが始まると、引き合うときの身体的感覚や運動能力、ルールを守り、不正を行わない道徳性、自らの思いを自制し協調する力など、さまざまな状況に応じた多様な能力が子どもに求められます。

　子どもの身体的、社会的・情緒的、認知的、言語的発達などを促すための保育のあり方については、遊びとの関係から理解していく必要があります。子どもの成長・発達の場は生活そのものであり、生活のほとんどは遊びで占められています。遊びには多様な発達からもたらされた能力が必要とされることから、保育も子どもの総合的な発達の実態と、それ以後の発達への展開・促進の視点から構成されていく必要があります。

4　一人ひとりの発達の特性に応じた保育と保育内容

①一人ひとりの発達の特性に応じる意味

　教育・保育の起点ともなる子ども理解において、保育者が一般的な子どもの発達時期の姿と比較して子どもの生活をとらえることは、子ども

◆補足

一般的な発達時期と比較する意味

子どもの発達過程・段階、発達課題等は大枠で共通していること、あることが身につきやすい時期があること（臨界期）、保育が子どもの緩やかな社会化の文脈を有することから、保育者が子どもの「発達の課題」を明確にするうえで、重要な指標を与える。

個人差の要因

たとえば、生まれた場所が都会であるか田園であるか、きょうだい関係はどうか、親の年齢や世代はどうか、住居は集合住宅か一戸建てかなど、さまざまな生育や生活の状況によって、子どもの発達や生活の姿に多様な個人差が生じてくる。

保育者の関わり方

子どもの行動が同様な場合でも、状況などによって保育者の関わり方が異なる場合がある。たとえば入園当初には、保育者はある程度の逸脱行動は、周囲の子どもに重大な影響を及ぼさない限り、人間関係構築の観点から大目に見ることがある。しかし、修了間近であれば、就学などのことも視野に入れた積極的な指導となることもある。

の「発達の課題」を明確にするうえで重要な指標を与えます。しかし、詳細に子どもの成長・発達の姿を観察してみると、個性の多様さに驚かされます。とりわけ乳幼児期においては、わずかの生まれ月の差が発達の顕著な差となって現れたり、同時に生まれた子どもたちであっても、遺伝的な要因、生育歴や生活環境などの環境的な要因によって、発達に顕著な差が生じます。それらの個人差は、子どもの環境に対する感じ方や関わり方に多様な個人差を生じさせる要因となります。

　子どもは、しだいに園生活に慣れ親しむようになると、互いが類似した行動をとろうとしたり、**発達**が接近したりしていきます。しかし、保育のねらいは、子どもたちを画一的な行動や発達へ導いていくことではなく、一人ひとりの子どもの「その子らしさ」を伸ばすための支援にあります。ただし、あくまでも子どもの実態や将来的な視野に立った、成長・発達の課題に即したものでなくてはなりません。保育の実際において適切な関わりとは、一人ひとりの子どもの思いや欲求・要求に、即座に直接応じることばかりではありません。保育者が即座に、直接的に関われば、当面の解決は図られますが、子どもの気づきや考え、協力して問題を解決する機会を失わせることにもなりかねません。

　保育においては、子どもが自立・自律し、仲間と協力し合って主体的に遊びや生活をしていくことが目的となります。子どもが遊びや生活のなかで困難なことに出会い、それらに挑戦しようとしたときに、保育者や周囲の人々の適切な関わりや支援などが必要です。教育・保育は、子どもが個々に、仲間と、クラスで、多様に展開されるもので、活動への取り組み方やペースも子どもにより多様です。そのため、一人ひとりの子どもの実態に応じた、保育者の多様で柔軟な支援が必要となります。

②一人ひとりに応じる保育としていくために

　保育者が子ども一人ひとりの発達の特性を理解するうえで重要なのは、さまざまな場面で再三行われる詳細な観察や記録と、それにより把握された特性を繰り返し検証していくことです。

　遊びや活動などの現象面から子どもの発達の特性を把握することは難しく、担当する子どもの数が多ければ、なおさら困難なものとなります。そのため、保育者には、日常の子どもの生活する姿から発達の特性をとらえる高度な能力や、子どもの成長・発達について保護者やほかの保育者等からの情報を得ていくことも必要となります。

　保育者が子ども一人ひとりに応じるためにまず留意しなければならないのは、子どもの行動や、保育者や周囲の人に対する直接的・間接的な要求の背景について、意欲や意思の強さなども含めて、その動機や心の

状態などの内面から洞察することです。それらをもとに子どもの成長・発達につながる経験などについて検討を重ねていくことが大切です。

　たとえば、AとBという子どもの間で頻繁にトラブルが生じ、いつもAがBを泣かせてしまうということがあるとします。そうしたとき、保育者はAに一方的に注意を与えたり、ステレオタイプに「仲良くしようね」ということで対処せず、まずトラブルの背景にある要因を深く理解する必要があります。場合によっては、AはBが好きで一緒に遊びたいと思っているが、うまく意思を伝えることができないということもあります。一方、BはAの気持ちに気づかず、Aを自分の行動を邪魔する存在と考えていることもあります。保育者が両者の思いを深く理解していれば、頃合いを見計らってBにAの気持ちを伝えることで、二人の子どもの関係や活動は異なったものになっていくことが予想されます。

5　保育における領域と保育内容

　保育者が保育を計画し、実施するうえで重要な概念に領域があります。小学校以降の教育では「教科別学習」が中心で、ほぼ毎週決まった時間割でカリキュラムが構成されています。授業のねらいに、子どもの関心、意欲、態度の育成も位置づけられているものの、教科や単元ごとに明確な知識や技能の習得が第1の目標とされ、学習内容も綿密に系統化されています。

　乳幼児期の教育・保育は、この時期に育みたい資質・能力の形成を目指し、生きる力の基礎を培っていくことを目標に置いています。各領域においては、教育・保育において育みたい資質・能力を幼児の生活する姿からとらえたものを「**ねらい**」とし、ねらいを達成するために、保育者が幼児の発達の実情を踏まえつつ指導し、身につけていくことが望まれるものを「**内容**」としています。ねらいは、園生活の全体を通してさまざまな体験を積み重ねていくなかでしだいに達成に向かうものであり、緩やかな方向性をもって時間をかけて育んでいくといった考え方となっています。そうした教育・保育のあり方のなかで、領域は独特な概念で、資質・能力を発達の側面から束ねたものであり、幼児期の特性に基づく総合的な教育・保育の原理に連動するものです。

　各領域に示されるねらいは、総合的に指導されなければなりません。たとえば、「健康」領域では、ねらいは身体と心の健康に関するものであることから、単に保育に運動などを取り入れることでこと足りるわけではありません。子どもの遊びや活動を心身の健康という視点からみる

⊕ 補足
ねらいおよび内容の5つの領域
①心身の健康に関する「健康」領域、②人との関わりに関する「人間関係」領域、③身近な環境との関わりに関する「環境」領域、④言葉の獲得に関する「言葉」領域、⑤感性と表現に関する「表現」領域の5つである。

と、人間関係など、その他の領域とも関わりの深いことが理解できます。

　子どもは、生活のなかで生じるさまざまな出来事によって挫折感や無力感を味わっているようなときも、周囲の人の応援や関わりによって前向きにがんばっていくことができます。つまり、心身の健康は、子どもにとっては活動動機の一つの要件であり、友だちや保育者、地域の人などとの人間関係に支えられ相乗的に育まれていきます。

3．実践のための基本理論

1 ▶ 環境と活動

①環境の構成

　教育・保育の基本は「**環境を通して行う**」とされます。したがって、子どもの周囲にどのような環境があり、その環境とどう関わり、そこからどのような刺激を受けて育っていくのかが重要となります。つまり、子どもの周囲の環境のありようが、子どもにとって価値ある保育となるかどうかのカギを握る大きな条件であるといえます。

②環境構成の意味

　エピソードを通して環境構成について学んでいきましょう。

> **エピソード①　保育における環境構成のあり方（5歳6か月児）**
> 　水道工事などに使用される数本の塩ビ性のパイプや、子ども一人では扱いにくい約2〜3メートルの雨樋が、雨上がりの砂場の周辺に置いてあります。登園した子どもがそれらを見つけて、砂場で山をつくりながらトンネルにしたり、パイプや雨樋を組み合わせて高架道路や川に見立てたりして遊んでいます。その後、数人の子どもが加わり、高架道路や川に水溜まりの水を汲んできては、そこに流し始めました。その後、参加する子どもたちも増え、遊びは子どもたちの協力で、さらにダイナミックなものへと変化していきました。

　エピソード①で、子どもが登園する前に砂場の周辺にパイプや雨樋を置いたのは、もちろん保育者です。こうした環境構成が明らかに子どもの活動への興味や関心の度合い、参加する子どもの数、活動の規模などに影響を与えたことは確かです。それらの影響により、子どもの活動への主体性、協同性、コミュニケーション力、思考や工夫、試行錯誤などに関するさまざまな発達にとって有意義な活動となったわけです。

◆補足

保育の環境
エピソード①は、物的環境の構成を中心に説明しているが、ほかにも人的環境や自然事象・社会事象、雰囲気・時間・空間などが、多岐にわたり、複合的に関連し合って環境をつくっている。

年齢やねらいに応じた環境構成
同じ砂場の活動でも、年齢や保育のねらいが異なっていれば、環境構成も異なったものとなる。たとえば、入園当初の子どもや年少児などの個人的な活動を重視するという保育のねらいであれば、一人遊びが十分に楽しめるように、プリンのカップや砂場セットなどの玩具や道具が子どもの目につく場所に数多く置かれることになる。

乳幼児期の特徴
乳児期は保育者からの直接的な保育を十分に必要とする。入園当初や幼少期などには、不安や緊張を感じ、保育者に寄り添ってほしいと感じたり、安心できる居場所でじっとしている姿がみられる。幼児期になると、しだいに自分の力を発揮しながら仲間を求め生活するようになっていく。

保育者が環境を考える際には、子どもが好きなものを何でも用意すれば活動が活発になるという次元ではなく、保育者の願いや保育のねらい、子ども（個人や集団）の行動や感じ方などの実態、季節や天候、生活の流れ、活動の見通し、保育者との関わりなどと関連させて検討する必要があります。

③環境構成の考え方と留意点

保育者が環境構成を行う際に考えるべきことは、まず保育の具体的なねらいや内容に基づき、子どもの成長・発達や生活の実態に即して、子どもたちのこれまでの経験や身につけているもの、さらにどのような体験が必要か、利活用できる保育資源などを考慮に入れて検討していきます（図表11-5）。その際に考慮する視点は、子どもの「発達の時期に即した環境」「興味や欲求に応じた環境」「生活の流れに応じた環境」の3つです。それぞれの**環境構成**の留意点について以下に示します。

1）発達の時期に即した環境

保育者は、乳幼児期の子ども一人ひとりの成長・発達や行動の特性、個性などに目を配り、子どもの発達の傾向を十分考慮に入れたうえで環境構成を行う必要があります。

2）興味や欲求に応じた環境

保育者は、自らが計画的・意図的に構成した環境のなかで、子どもが環境にどのように関わり、感じ、学び、何がどう変化し育っているのかを把握し、子どもにとってより適切な環境となるよう、常に再構成を心がけていかなければなりません。また保育者は、日々の保育や子どもの遊び、生活などの場面で、子どもが興味・関心をもって取り組んでいる姿を拾い集め、環境構成の際の資源として情報を蓄えておく必要もあり

図表11-5　環境構成の過程

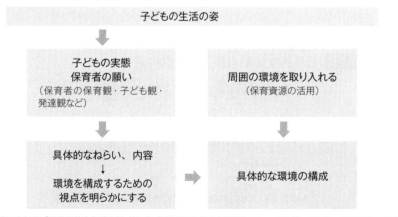

出典：文部省『幼稚園教育指導資料 第1集 指導計画の作成と展開』フレーベル館、1991年、22頁をもとに作成

◆補足

生活の流れに応じた環境構成

子どもは、変化や起伏のない生活のなかでは、遊びや生活、活動への意欲を減退させていく。そのため、子どもの生活の流れのなかに生じるリズムと変化を環境の構成の際に同調させることで、保育者は子どもの興味・関心に満ちた生活を保障していくことができる。

理由の確かな保育

保育は、子どもの実態を基盤とした明確な保育や、教育の目的・目標・ねらいに裏づけられたものでなくてはならない。そうした点から、保育における保育者の営みは、保育と関連づけてすべて説明できることが理想である。それは「理由の確かな保育」ともいえる。

園内外の環境構成

昨今の保育は、社会や地域とのつながりにおいてさまざまに実践・展開されている。園外保育の頻繁な実施、小・中・高・大や特別支援学校などとの交流、地域のゲストティーチャーを招いての活動、周囲のさまざまな社会的な施設での活動など、多様な実践がみられるようになってきた。

環境構成における留意点

保育者が、保育のねらいや内容、子どもの活動する姿を狭く画一的で硬直化したものととらえていれば、子どもの実態とのズレはさらに顕著なものとなる可能性が大きい。あくまで保育の主体は子どもであり、保育者の思いどおりに活動させることではないということに留意する。

ます。

3）生活の流れに応じた環境

環境を生活の流れに応じたものにしていくためには、生活のリズムと変化（一日の生活のなかでの遊びや食事、休息などの変化）や活動の動・静（身体を動かすなどの動的な活動と絵本を読むなどの静的な活動）、活動の規模（個別活動と集団活動）、時間的・現象的な関連性（過去〔昨日など〕の活動との連続性・関連性）、場の連続性（家庭や園生活以外での出来事との関連性）などを考慮に入れて構成します。

④環境構成における保育者の役割

保育者の役割は、子どもとともに環境と関わりながら、直接的な知識の伝達者にとどまらず、多様なコミュニケーションの対象者として、環境と子どもをつなぎ合わせるアレンジャーとして、環境との関わり方をともに模索する協働者などとして、さまざまな状況に応じた多様な役割を担っていかなければなりません。

⑤園内外の環境の保育・教育資源化

環境構成には、園内の限られた狭い範囲から検討されるばかりでなく、可能な範囲で多くの教育・保育資源を開拓し、利用していく保育者の態度が求められます。教育・保育資源化のために作成された園の周辺の自然や社会環境を表した地域（環境）マップや、地域の伝統行事への参加などの地域連携、ITの有効活用などは、その具体的な例といえます。

2　環境構成と活動の考え方

①環境と活動のとらえ方

環境構成から活動展開までの流れを示したものが図表11-6です。**子どもの活動**は、保育者が予測したとおりに進まないことも多く、そのつど、活動の実態に即して環境の再構成や保育者の直接的な支援が必要と

図表11-6 具体的な活動の選択と展開の過程

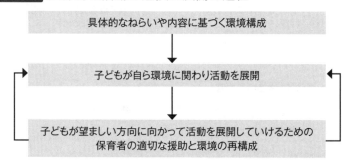

150

なります。保育の目標は柔軟な方向目標であり、ねらいは資質・能力を育むことにあります。子どもの予測される活動の姿は多様で、修正や調整が必要となることを、当初から想定しておきます。

活動が、子どもの実態や意思、思いつきによって保育者が想像しなかったような展開を示したとしても、創造的な保育を目指していくのであれば、ねらい達成のための保育展開をいくつも発想できるような柔軟で豊かな保育者の力量と資質、事前のていねいな準備が必要です。

②子どもの活動に目を向ける

環境構成や活動選択には、多様性と柔軟性が必要となります。保育者は、子どもが一人あるいは集団で環境と関わり、どのような活動を生み出していくのかを、文脈を追って理解し、記録しておく必要があります。「幼稚園教育要領」等に示されるカリキュラム・マネジメントでは、教育の計画と実施の整合性と成果が、客観的な評価のもとに求められています。記録は、その際の有力な材料となります。

3　教育・保育の方法

①多様な保育の方法（「自由保育」と「設定保育」）

保育の方法に関しては、保育のねらいや内容に応じて、それらの特徴や性格に合わせて、部分的に取り入れるなどと多様に考えられます。ここでは、自由保育と設定保育を掘り下げることで、保育の方法の本質について考えます。

自由保育とは、本質的に子どもの自発性や自主性、主体性、創造性などの自由さを基軸に、遊びや活動の展開を図る保育のことです。自由保育の本質的なとらえ方は、「保育所保育指針」や「幼稚園教育要領」に示される、子どもの主体的な活動である「遊び」を中心とした保育のありようそのものです。

一方、設定保育とは、保育者が設定した活動を一斉に展開する保育のことですが、形態的に自由保育との対比でとらえられている場合がよくあります。つまり保育者主導の保育、集団における個性の埋没や個別的指導の軽視などとみなされ、子どもの自発性や主体性などを損なうものとして批判される場合があります。

子ども中心の保育であるかどうかについては、常に点検していく必要がありますが、検討されなければならないのは、さらに踏み込んで、保育において育みたい力が育まれているかどうかということです。保育の目標が、資質・能力を育むなかで心情・意欲・態度を培うとされていることから、アクティブ・ラーニング推進の理由として示されているよう

◆ 補足

複数担任による保育

近年では、子どもたちへの
ていねいな保育を標榜し、
新たな保育方法として、複
数の保育者によるチーム
保育が導入されるようにな
ってきた。さらに、少子化
にともなう1クラスの人
数の減少傾向や認定こども
園の普及により、複数担任
による保育が随所でみられ
るようになってきた。

一人担任のデメリット

一人の保育者では、個々の
子どもの発達や生活の状況
に応じた適切な関わりや、
子どもの多様な要求や、生
じる出来事すべてに十分
に対応することは困難であ
るばかりか、時に大きな負
担となることもある。また、
クラスのなかで問題が生じ
たり、個人的に細かい指導
を要する場面で十分な対応
ができなかったり、対応の
ためにクラス全体への指導
にマイナスの影響を与えた
りすることもある。さらに、
密室性の高い保育環境では、
時に保育者一人では子ども
理解に偏りが生じ、子ども
への指導・支援が偏向する
など、子どもとの関係づく
りに問題が生じることもあ
る。

相互主体的な学び

多様な立場のボランティア
との関わりにより、支援を
受ける子どもたちは、多様
な人との出会いや奉仕の精
神に気づき、ボランティア
を行う人々は社会参加・貢
献の意義と喜びを感じるな
ど両義的な学びも期待でき
る。また、園にボランティ
アを招き入れることで、地
域との連携、保育の透明性
やアカウンタビリティーの
問題についても有効だと考
えられる。

に、保育の方法もそれに相応すべきと考えられます。アクティブ・ラー
ニングでの学びの過程としては、子どもの日々の遊びや生活のなかで「深
い学び」「対話的な学び」「主体的な学び」を実現していくことが求めら
れます。それらを実現していくには、保育者の計画的で意図的な保育の
展開や、積極的な関わりなどが必要となります。

　以上のことを、事例を通して学んでいきましょう。

エピソード② 「保育の中心」をとらえる

　ある日、トモエは登園後すぐに、祖母から習った折り紙の折り方
を保育者に伝えに来ました。それを見ていた周囲の子どもたちも加
わり、トモエから折り紙の折り方を習うことになりました。その後、
保育者がクラスの子どもたちにトモエの折り紙の件について話すと、
子どもたちは自分たちもやりたいと口々に言い出したので、トモエ
や、すでにトモエから学んだ子どもたちから習いながら、みんなで
折り紙活動をしました。

　事例の後半部分を形態的にみると、保育者が積極的に活動展開に関
わっていることから、設定保育ととらえられる場合が多いでしょう。し
かし、そもそもこの活動の発端はトモエによるもので、どの時点をとる
かによって判断は異なります。設定保育か自由保育かの区別は非常に曖
昧で、無意味なことがわかります。

　重要なのは、子どもの活動への思いや動機、活動によって何をどう学
び、何が子どものなかに育まれたのかということです。逆説的にいえば、
保育の方法は、ねらいや内容によってふさわしいものがあり、設定、自
由、一斉や個々などの方法は、そのつど柔軟に選択されるべきです。そ
のように考えれば、自由保育は非活動設定型保育、設定保育は活動設定
型保育と称するよう改めた方がわかりやすいと考えられます。

②ティーム保育

　ティーム保育（ティームティーチング）には多様な解釈があり、確固
たる定義はありませんが、一つのクラスに対して複数の保育者が協力し、
個別やグループへの指導などの役割をもって行う保育の方法のことです。
また、一部の保育者が複数のクラスを掛け持ちで担当する場合や、クラ
スや学年の枠を超えた弾力的なクラス編成などにより、複数の母集団の
担当者が協力して保育を実施するなどの多様な指導方法も含まれます。

　一人担任では、集団と個々の子どもへの対応や保育を同時に展開する
のには限界がありますが、複数担当なら、保育しながら個々の状況に応

じた適切な関わりや、特に配慮を要する事態にも敏速・適切に対応できるようになります。ティーム保育は、多様な状況に対して柔軟に対応できる、個々の子どもを大切にした有効な保育システムだといえます。

重要なのは、担当する保育者間の保育観の共有、保育のねらいの理解と共有、相互の役割理解、人間関係、連携体制などが適切かどうかです。複数の保育者すべてがうまく機能し、各自のもつ技能や個性・経験などを活かし、保育を価値あるものにできてこそ、ティーム保育の意義があるといえます。

ティーム保育では、すべての担当者が正規の保育者であるばかりではなく、保育ボランティアや保護者の協力によって実施される場合もあります。また、複数担当による保育は、保育者にも精神的安定や安心感を与え、自信や余裕をもって適切な保育を行うことへとつながります。

4　保育の反省と評価

①反省と評価

保育の評価とは、保育活動を子どもの育ちからとらえようとする行為であり、保育者の子ども理解と保育活動改善の二側面から行われるものです（図表11-7）。評価はPDCAサイクルにより実施され、最終的には以降の保育計画へ生かされていく（フィードバック）ものです。評価は、保育の節目や終了後だけではなく、指導計画の作成、環境構成、活動展開、活動への支援、反省・評価など、保育の過程で随時行われなければなりません。保育の過程において、保育者の保育活動と子どもの活動を関連づけ、保育者が一人ひとりの子どもとの関わりのなかでスモールステップを踏みながら実施される「**形成的評価**[*]」に重点が置かれるべきです。

保育者の子どもへの支援に関する評価の視点は、次の4点です。

図表11-7　評価の観点

子ども理解の側面	保育活動の側面
・子どもの生活実態や発達の理解が適切であったか ①子どもの良さをとらえているか ②子ども一人ひとりの活動の意味を理解しているか ③子どもの発達する姿をとらえているか ④子どもを集団と個の関係でとらえているか	・保育計画で設定した具体的なねらいや内容が適切であったか ・環境の構成が適切であったか ・子どもの活動に沿って必要な支援が行われたか ・保育者が保育を見直し、保育の改善を目指す意思をもっているか ・保育者の言動の潜在的影響の検証

出典：文部科学省『幼稚園教育要領解説』フレーベル館、2018年、121-122頁；文部科学省『幼稚園教育指導資料 第3集 幼児理解と評価』チャイルド本社、2010年をもとに作成

＋ 補足

保育における評価が難しい理由

①幼児教育においては、多くの場合、子どもの情意的側面が評価の対象となり、客観的な評価がしにくいこと。

②乳幼児期は、あらゆる面において変化の著しい時期であること。子どもの実態や発達の姿を評価に位置づけていくには、詳細な観察や細心の注意が必要となるが、評価実施後すぐに子どもの状況が変化している可能性があるなどの困難さがある。

✖ 用語解説

形成的評価

ブルーム（Bloom, B. S.）がマスタリー・ラーニング（完全習得学習）の理論のなかで示した評価方法で、教育活動のスモールステップで評価を形成的に実施することで、学習者すべての学習内容の理解を目指したものである。

＋ 補足

発達の最近接領域

（ZPD）

ヴィゴツキー（Vygotsky, L. S.）は「発達の最近接領域」という考え方で、子どもの発達の水準や段階を、従来のように個人の行動の結果ではなく、適切な支援を受けることで達成されるものにまで押し広げて考えた。子どもの発達を固定的なものとしてとらえるのではなく、子どもの発達の可能性と保育の適切性を常に保育者の責任として受け止めていくうえで、指針となる理論である。

1）保育者は、子どもたちの望ましい関係を構築するために、愛他的・向社会的な行動や情操を育てるなどの適切な支援を行ったか。

2）保育者は、子どもたちを全体としてではなく、個別の子どもの個性や主体性、創造性を培うための適切な支援をしたか。

3）保育者は、子どもたちが活動を望ましい方向に進めていくためや、活動を維持・持続するために適切な支援を与え、適切な役割を演じたか。

4）保育者は、子どもたちがさまざまな環境へ積極的に関わる意欲を育てるために、驚きや感動、知的好奇心を高めるための支援をしたか。

②発達観と評価

　保育者の発達観により、**評価の枠組み**は異なったものとなります。保育者が、目の前の子どもの獲得していること（今自分の力でできること、していること）をとらえて評価の材料にしていくのか、あるいは適切な支援によって可能になることをも含めて評価の材料としていくのかによって、評価のあり方は異なったものとなります。

　また、保育の評価は形成的に随時実施されるべきものですが、ある程度長い期間における継時的な視点からの評価も視野に入れていく必要が

◆補足

評価の方法
情意的側面の評価とそれを客観化する評価の方法としては、ポートフォリオ評価やドキュメンテーションの利用などいろいろと考えられているが、さらに有効で現実的な評価方法について早急に検討されなければならない。

図表11-8 構成要素別保育評価の観点（短期）

顕在的側面	潜在的側面
○**具体的なねらいや内容について** ・子どもの実態（興味や関心、経験、既知、育っているもの、つまずき、生活の特徴、当日の心理状態など）をとらえているか。 ・長期の指導計画との関連はどうか。 ・事前の活動との関連はどうか。 ○**環境構成について** ・具体的なねらい、内容との関連はどうか。 ・子どもの生活の流れとの関連はどうか。 ○**活動と保育者について** ・環境と関わる子どもの姿に見通しをもっているか。 ・適切な間接的、直接的支援がされているか。 ・環境の再構成が適切に行われているか。 ○**反省と評価について** ・それぞれの保育の過程で、評価の具体的な観点をもっていたか。 ・総括的な評価の具体的な観点をもっていたか。 ・次の保育計画の作成につなげる配慮をしていたか。 ・保育の計画、実施、反省・評価が系統的に明らかになるよう記録、保存がされたか。	○**クラスの雰囲気について** ・明るく温かく、民主的で自由な雰囲気であるか。 ・子ども一人ひとりが、自らの想いや自分らしさを十分に発揮できる雰囲気であるか。 〈年長の子どもの場合〉 ・（可能な範囲で）問題が生じたとき、子どもが自分たちで解決しようとする雰囲気があるか。 ・生活や活動の選択をクラスの多くの子どもたちで考える風土があるか。 ・活動への主体的な行動が評価される雰囲気があるか。 ○**保育者と子どもの関係性** ・子どもが保育者に愛着を感じているか。 ・保育者に子どもへの愛情があるか。 ・保育者が子どもに対して受容的であるか。 ・保育者が傲慢でなく、子どもの意思や主張、主体性を大切にしているか。 ・子どもが保育者からの働きかけに興味を示し、保育者との関係を楽しんでいるか。 ○**子ども同士の関係性** ・子ども同士が、ともに生活することを楽しんでいるか。 ・仲間はずれや仲間はずしの子どもはいないか。 ○**クラスの価値意識** ・愛他的、向社会的な行動などの望ましい価値を志向する雰囲気があるか。 ・正当な意味での努力や忍耐などを賞賛する雰囲気があるか。 ・正義や民主的な自由を志向する雰囲気があるか。

出典：図表11-7と同じ

あります。さらに、保育者の活動選択や環境構成、支援の方法などの理由などを通して、保育観や子ども観、発達観までも含んだ評価に深化させていく必要があります。そのためには、保育の顕在的側面と潜在的側面からの評価が不可欠となります。しかし、保育においては、そのような双方の視点からの評価はいまだ定着していません。

　文部科学省は「幼稚園教育要領」などにおいて育みたい資質・能力を示し、それらを一貫して育む教育を展開していくことを求めています。そうしたなかで示されたカリキュラム・マネジメントは、教育目標を明らかにし、教育課程と指導計画や教育内容・方法に至るまでを明確化し、組織的な取り組みを行い、教育の効果をエビデンスをもって客観的に評価していくというものです。

③評価の一環としての保育実践研究

　保育者の資質・力量は、子どもの環境や体験の中身に反映し、子どもの成長・発達に現れていきます。保育者は、経験の長短にかかわらず、倫理観をもち、反省・評価により保育を振り返り改善の努力を重ねるとともに、第三者評価を含め他者に評価してもらい客観的示唆を受けるなど、保育力を高めるための研鑽を積み上げていく必要があります。

　研究保育などで他人の保育を見る際にも、具体的な評価の観点が必要となります。他人の保育を深く洞察し、優れた点や課題を見つけ、それらを分析・統合していくことができれば、自らが保育を構成していく際の留意点や評価の観点を向上させることができます。評価はさまざまな次元や場面、期間で繰り返し行われるものですが、以下に、研究保育のような比較的短期の保育活動での評価について述べます。

　評価の基本は、保育の構造における構成要素に沿って評価を行うことです。保育は多層な構造から成立しているので、課題を見つけ改善していくためには、顕在的側面と潜在的側面から構造的に点検・評価をしていく必要があります（図表11-8）。保育者は、保育のもつ潜在的な面に留意し、自らの保育に関する構えや言動を慎重に検証していくために、自己をみつめる安定した心の状態や客観的な評価を志向する意識、自らの行動を分析する方法の理解と場や機会が必要です。具体的には、保育者間の子どもの育ちに対する保育観や倫理観の共有、保育者同士が互いを尊重し、相互に検証し合うことのできる同僚性、研修組織の構築や機会の保障などといった体制の整備、自らの保育を顧みることのできる保育研究法の開発と習得などです。保育研究法については、いまだ確立が待たれる状態です。調査や観察などに基づく量的な研究方法ももちろんですが、子どもと保育者の会話（プロトコル）を分析したり、保育にお

◆補足

評価の顕在的側面と潜在的側面
顕在的側面とは、指導計画をはじめ活動や環境、保育者と子どもの関わりなど、保育者と子どもによって繰り広げられる客観的にとらえられる側面である。潜在的側面とは、保育活動や日々の生活のなかで無意識につくられ、表面的には明らかにされない（されにくい）保育者の保育観や発達観、クラスの風土・雰囲気などの側面のことである。

保育研究法の例
子どもと保育者間で生成されるプロトコルを相互性に着目して分析する方法では、保育者の保育観や子ども観などの保育活動において基盤となる潜在性が、子ども中心であるか、保育者中心であるか、保育者の子どもとの関わり方が受容的であるか、指示的であるのかなどについて明らかにすることができる。保育を改善していくためには、まず自らの保育の課題を客観的にとらえることから始まる。

けるエピソードを分析したり、エスノグラフィーなどの方法による質的な研究法なども用いられています。

5　指導計画の作成

①指導計画の意味と意義

　指導計画は、教育や保育の目標に適った子どもの主体的な遊びや生活のなかで、基本に根ざして展開されるところに特徴があります。

　保育においては、緩やかな目標やねらいは保持されながらも、あくまでも子ども主体の活動を原則とし、状況に合わせて指導計画は柔軟に変更や修正が行われることが前提となります。

　指導計画を作成する意義は、次の7点です。

①保育者が、教育課程や全体的な計画、教育目標、長期や短期の指導計画など、それぞれの関連性について構造的、組織的に把握することができる。

②保育者が、保育の基盤である子どもの実態を整理・確認することができる。

③保育者が、保育展開の具体的なイメージや予想、見通しをもつことができる。

④保育者が、子どもへの具体的で多様な関わりを準備することができる。

⑤保育者が、保育の反省や評価の観点を明確にすることができる。

⑥保育研究や研修の際に具体的資料として提示すれば、保育者の専門性の向上に寄与することができる。

⑦指導計画に保育の反省・評価を位置づけることで、以後の保育計画のための資料として蓄積していくことができる。

　子どもにとってよりよい保育を志向するために、指導計画とそれを適切に作成・実施する力の重要性を述べてきました。キャリアにより目指すところが異なっていても、指導計画等の作成に難しさを感じるのは、新任もベテラン保育者も同じです。これから保育者を目指すみなさんのみならず、すべての保育者が段階を辿りながら、着実に粘り強く、指導計画作成などに関する保育の創造力を身につけてほしいと思います。

②指導計画作成の構造

　作成の前年度やそれ以前に作成された教育課程や全体的な計画から、大まかな一般的な子どもの姿を踏まえたうえで、まず長期の指導計画が

図表 11-9 教育課程・全体的な計画と指導計画の関係

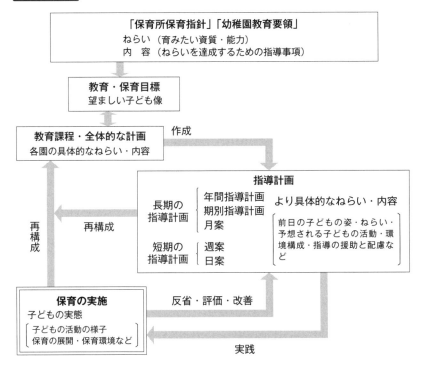

作成されます。次に、長期の指導計画をもとに担当する子どもの実態や季節、園内外の環境などに配慮して、短期の指導計画が詳細に作成されます。

　短期の指導計画をもとに実践された保育は、子どもの実際の活動実態との関係で反省・評価され、以降の短期の指導計画作成の基盤となります。やがて、長期の指導計画が示す期間の終了時などを節目に、繰り返し行ってきた「短期指導計画作成→実践→反省・評価→短期指導計画作成」をもとに、長期の指導計画の反省・評価を実施します。長期の指導計画の反省・評価は、以降の長期指導計画作成に反映されることで、短期の指導計画へと再び影響を与えていくことになります。年度の終盤には、繰り返し行われてきた長期の指導計画の反省・評価をもとに、教育・保育目標、教育課程・全体的な計画の反省・評価へとフィードバックされていきます（図表11-9）。指導計画の作成は、反省・評価と循環的に一体化しており、その構造の中心には「子どもの実態」があります。

③指導計画作成の手順

　図表11-10は、長期の指導計画と短期の指導計画の作成の手順を保育の構成要素ごとに示したものです。

　指導計画作成上の内容や様式などは、保育の基盤となる保育観などの

図表 11 - 10 指導計画作成の手順

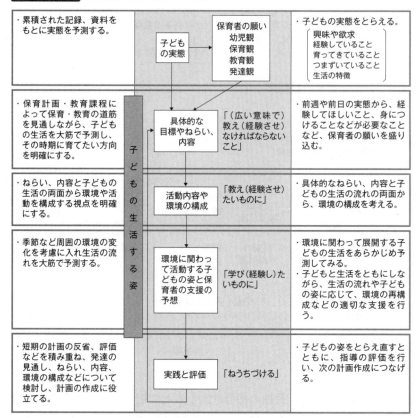

・累積された記録、資料をもとに実態を予測する。	子どもの実態 → 保育者の願い　幼児観　保育観　教育観　発達観	・子どもの実態をとらえる。 興味や欲求 経験していること 育ってきていること つまずいていること 生活の特徴
・保育計画・教育課程によって保育・教育の道筋を見通しながら、子どもの生活を大筋で予測し、その時期に育てたい方向を明確にする。	具体的な目標やねらい、内容　「（広い意味で）教え（経験させ）なければならないこと」	・前週や前日の実態から、経験してほしいこと、身につけることなどが必要なことなど、保育者の願いを盛り込む。
・ねらい、内容と子どもの生活の両面から環境や活動を構成する視点を明確にする。	活動内容や環境の構成　「教え（経験させ）たいものに」	・具体的なねらい、内容と子どもの生活の流れの両面から、環境の構成を考える。
・季節など周囲の環境の変化を考慮に入れ生活の流れを大筋で予測する。	環境に関わって活動する子どもの姿と保育者の支援の予想　「学び（経験し）たいものに」	・環境に関わって展開する子どもの生活をあらかじめ予測してみる。 ・子どもと生活をともにしながら、生活の流れや子どもの姿に応じて、環境の再構成などの適切な支援を行う。
・短期の計画の反省、評価などを積み重ね、発達の見通し、ねらい、内容、環境の構成などについて検討し、計画の作成に役立てる。	実践と評価　「ねうちづける」	・子どもの姿をとらえ直すとともに、指導の評価を行い、次の計画作成につなげる。

※中央縦帯：子どもの生活する姿

出典：文部科学省『幼稚園教育指導資料 第1集　指導計画の作成と保育の展開（平成25年7月改訂）』フレーベル館、2013年、28-32頁をもとに作成

保育に関する考え方や保育の形態、さらに地域におけるさまざまな事情や条件、活動の特性などにより多様なものとなります。

　　演 習 課 題

①子どもの遊びの姿を観察（想定）し、そのなかで子どもに育つ力（育つと思われる力）を領域ごとに整理してみましょう。

②さまざまな保育の方法について調べ、それぞれの特徴などについて整理してみましょう。

③実際の幼稚園等の教育課程、長期の指導計画、短期の指導計画を入手し、それぞれの関係について学びましょう（入手できない場合は、教科書等に記載されているものを用いる）。

レッスン**12**

教育実践の多様な取り組み

教育活動の具体的な取り組みを教育実践といいます。教育活動とは、園内外で行われる子どもの育ちに関わる直接的・間接的な営みのすべてを指しますが、ここでは直接子どもの教育に関わるものとします。このレッスンでは、多様な教育実践の事例から、子どもの資質・能力を育む保育の実際について学びます。

1. 教育実践を学ぶ前に

1 教育実践の考え方

　教育・保育の内容は、保育所保育、幼稚園教育、認定こども園等の目的などから導き出されるものです。

　「保育所保育指針」「幼稚園教育要領」「認定こども園教育・保育要領」に準拠した教育課程や全体的な計画に基づいて教育・保育が実施されることが、法的に定められています。したがって、**教育実践**はそれらに照らし合わせ、計画的・意図的な根拠のもとに実施されなければならないということになります。

2 事例理解のポイント

　教育実践を学ぶ機会の多くは、VTR等で自らの保育を記録し行う場合もありますが、他者の教育実践を直接的・間接的に学ぶことによります。他者の研究保育を見学し、そこから学ぶとしても、観点をもたなければ、何も学び取ることはできません。以下のような観点で保育をとらえることで、深く保育を理解し、学ぶことができます。

・保育のねらいとの関係で、活動の選択、環境構成や活動の進め方を理解する。
・子どもと保育者との関わりを理解する。
・環境構成（再構成）のきっかけは何かを理解する。
・環境構成（再構成）の意図は何かを理解する。
・多様な状況変化による環境の再構成の過程を理解する。
・子どもの周囲の環境への気づきや、心の動きを促す保育者の関わりや言葉かけ等について理解する。

◆ 補足
保育における教育活動
教育活動は、保育者が課題を設定して保育を行うものから、子どもたち自らが課題や楽しみを見つけて取り組む活動まで、幅広いものを指す。

参照
教育実践
→レッスン11

159

・子どもの思いや発想の変化について理解する。

・周囲の環境やその変化が、子どもの発想や活動に及ぼす影響について理解する。

・最終的に保育者の保育観について分析する。

2.　よりよく問題を解決する力の素地を培う教育実践

1　実践事例1　土団子づくり

　実践事例1は、どこの園でもよくみられる「土団子づくり」の活動です。「土団子づくり」を通して、子ども一人ひとりがそれぞれ活動への目的や動機をもち、それに向かって問題を解決すべく活動している場面です（写真12-1）。わかりやすくするため、事例を2つに分けて示しています。エピソード①、②に登場するアユミとヒロシはともに5歳児で、同じ「土団子づくり」をしていますが、2つの活動では異なった学びがみられます。エピソード①では、土団子づくりの経験の少ない年少コウタと経験の豊かなアユミとヒロシの関わりを通して、土団子づくりのコツをその子たちなりに説明する場面を取り上げました。また、エピソード②では、アユミが経験知から素材である土の性質に気づき、偶然の出来事から新たな発見をしていく様子について取り上げています。

エピソード①　「どうしてぼくのお団子壊れたの？」

　6月のある日、登園したアユミ（5歳）は、友だちのヒロシ（5歳）と4月に入園したコウタ（3歳）を連れて、砂場で土団子づくりをして遊び始めました。コウタのつくった土団子は、砂場の砂に水を含ませ握ったものなので、器に置くだけで壊れてしまいました。それに比べ、アユミやヒロシのつくった土団子は固く、数日経っても壊れません。

　このような活動が何日か続いたある日、コウタが5歳児の2人に尋ねました。

コウタ「お姉ちゃんのはどうして壊れないの？」（Ⓐ）

アユミ「パタパタした運動場のサラ砂を使っているから」（Ⓑ）

コウタ「ここ（砂場）の砂は、だめなの？」（Ⓒ）

ヒロシ「だめじゃないけど、すぐ壊れるでしょ。この砂（砂場の砂）の団子にサラ砂をかけながらつくったら固くなるよ」

　そんな会話がなされた次の日、3人はいつもの砂場ではなく、運

動場の真ん中で座り込んで遊んでいます。

保育者「今日は何して遊んでいるの?」

アユミ・ヒロシ「コウちゃんに固い団子のつくり方教えてあげてるの」(**D**)

保育者「ふぅーん、固い団子、先生もみていていい?」

3人「いいよ。先生にも教えてあげる」

　しばらくすると、アユミとヒロシは小石がたくさんある運動場の表層部の砂を両手でそっとよけ始めました。手で払っていると、下の固い部分が出てきました。その部分をパタパタと両手ではたき始めると、サラサラできめの細かい砂が少しずつ集まり始めました。

アユミ「ちょっと触ってみて」

ヒロシ「気持ちがいいよ、サラサラだから」(**E**)

コウタ「うわぁほんと、先生も触ってみて」(**F**)

保育者「どれどれ、ほんとサラサラだね。指がツルツルになっちゃった」(**G**)

アユミ・ヒロシ「でしょ」

ヒロシ「これをかけながらつくると固くなるよ」

　アユミとヒロシは、ずいぶんと前から団子づくりに熱中し、失敗を繰り返しながら、きめの細かい土を使うことで土団子を固くできることを知っていたのです。

アユミ「でも、これだけじゃないよ。つくった団子を陰に隠しておくと、次の日とかにもっと固くなるよ」(**H**)

写真 12-1 土団子づくりの様子

団子を乾燥させることでさらに固くなることも、経験から気づいています。

翌日、3人は、昨日つくった団子を隠した場所へ見に行きました。コウタの団子は壊れていましたが、アユミとヒロシの団子は壊れずに固く乾燥していました。

保育者「どうしてコウちゃんのは、壊れちゃったのかな？」（**❶**）

アユミ「先生、コウちゃんは力がまだ弱いから。でもしっかり丸めたら固いのがつくれるようになるよ」（**❶**）

（→エピソード②に続く）

注：エピソード中の丸付き英字は、文中での引用を示す。

エピソード①の考察

コウタが入園し、アユミやヒロシと関わるなかで、自分もお姉ちゃんたちのようにしたい、遊びの仲間に入れてほしい、楽しそうだという心情や意欲が、土団子づくりへの動機となっています。当初は、一緒に活動することで満足していますが、しだいに自分の土団子だけがすぐに壊れてしまうことに気づき疑問をもちます。経験のないコウタは、自分の団子だけがなぜ壊れるのかという問題に直面し、いろいろと考えます。その結果、コウタは問題解決の手段として、アユミとヒロシに質問します（**Ⓐ**）。そして、コウタはアユミから教えてもらうと、聞き直して確認しています（**ⒷⒸ**）。これは、使っている土（素材）の性質に違いがあるのではないかという考え（仮説）をもち、それを経験豊かなアユミとヒロシに尋ねることで確かめようとしていると思われます。しかし、土の性質というよりも、単に「ここの土」（場所）に問題があると思っている可能性もあります。

数日後、子どもたちの課題は、壊れずに形を維持できることから、団子の質を追求する「固い団子」へと展開しています（**Ⓓ**）。展開当初、コウタは、運動場のサラ砂を使う理由については意識していなかったと思われます。活動が進むにつれて、**Ⓔ**や**Ⓕ**などの体験から、サラサラした砂により固い団子をつくることができることを、説明ではなく、五感を通して習得していったと考えられます。

さらに、これまで材料に関する課題が意識されていましたが、**Ⓗ**や**Ⓙ**の言葉に示されるように、作成方法に関する課題へと関心が移っていきます。ただ土団子をつくることから、より固い土団子をつくることに動機が発展していった過程がみられます。

保育者の関わりにより活動が活性化しているだけでなく、砂の性質に

気づく「ツルツル」という言葉や、「どうして」という問いかけにより、問題解決継続への示唆や新たな課題提出が明確になっています（**G**・**I**）。また、その間、保育者は子どもたちの活動展開を見守り、時にはその気持ちに共感する言葉をかけることで、活動がより楽しくなるような援助となっています。

エピソード②　「サラ砂、みーつけた！」

　土団子づくりをしているときばかりでなく、そのほかの活動での経験が土団子づくりに生かされている場面にも遭遇しました。

　子どもたちが使用していた砂場のおもちゃを、水の張った大きなたらいのなかできれいに洗い、片づけているときのことです。

　洗い終わった水の上澄みは、プランターの花の水やりに使い、底に残った土は砂場に戻していました。そのとき、手伝っていたアユミが、その泥を両手につけ、手をこすり合わせていました。

保育者「何してるの？」（**K**）

アユミ「先生、この土ちょうだい」（**L**）

保育者「どうするの？」（**M**）

アユミ「先生、これ触ってみて。私サラ砂だと思うんだ」（**N**）

保育者「サラ砂？」（**O**）

アユミ「だって、手につけたら手がツルツルになるもん。サラ砂に似てる。乾かして明日団子づくりに使ってみようっと」（**P**）

　アユミは、毎日のようにしている土団子づくりのなかで、サラ砂の感触を覚えていたらしく、最後に残った泥を片づけているときにそれに気がついたのでした。

保育者「どうやって置いておこうか？」（**Q**）

アユミ「これ（プリンのケース）に入れて団子のそばに置いておく」（**R**）

　翌日、アユミたちは、その砂を使っていつものように土団子づくりをし、帰るときに保育者に報告しました。

アユミ「先生、やっぱり、あの土サラ砂だったよ。固くなっていたけど、ふるいで崩したら、サラサラになった」（**S**）

ヒロシ「先生、アユミちゃんの言ったとおりだった。サラ砂だったよ」

　アユミたちにとっては、また新しい発見をした一日でした。

エピソード②の考察

　エピソード①をきっかけに、アユミとヒロシは土団子づくりにさらに

関心を深めていきました。エピソード②では、そうした関心と偶然のサラ砂との出会いが、新たな発見と探求的な活動を生み出しています。それまでアユミとヒロシにとっては、日課であるおもちゃの後片づけの際に出ていた泥が、興味・関心による視点の変化から、アユミの発言（Ⓝ）でもわかるように、土団子の材料として連想・認識されるようになっています。アユミがたらいの底の土を触っているうちに「どこかで触ったことのある感触だ」「ひょっとしたら、土団子のサラ砂と同じではないか」と気づき、過去の十分な直接体験が基盤となり現在の直接体験へとつながっています。こうしたことは、幼児期の認識の発達の特徴である具体的・直接的な体験の重視という点から大切にされなければならないことで、豊かな体験が多様な概念や考え方、感じ方などを生み出す源泉になるというよい例です。

　前日のサラ砂への気づきは、アユミにとって翌日の活動への強い動機となり、Ⓢの発言へとつながるのです。そしてアユミは、その砂を使って土団子づくりを試みることで、自分の考えが正しかったことを確認します。アユミは、新しい発見をヒロシと保育者に共感してもらうことで満足感や達成感を得て、発見がさらに価値づけられています。そうした探求の魅力は、将来に向けて子どもの新たな問題への挑戦の原動力となっていくことが期待されます。

　以上のような過程を通して、保育者の適切な関わりが活動の継続と質の高まり、方向づけなどの要となっていることがよくわかります。保育者が、子どもの行動や心の動きを見逃さずに、子どもが発した言葉に対して応答しながら、アユミと保育者のやりとりが始まります（ⓀⓁ）。続く保育者の問いかけ（Ⓜ）に、アユミは思いや考えを整理しながら確認し、次の土団子づくりへの期待を膨らませていきます。それらは以降の会話のなかの保育者の確認する発言に対して、アユミが答えている発言からもわかります（ⓄⓅ）。この場面でアユミは、「だって」に続けて理由づけしながら論理的に保育者に説明しています。さらに、保育者の発言がアユミの発言を生み、翌日への活動につながる明確な動機づけの強化とともに、明日使うだろう材料の保存を確実にしています（ⓆⓇ）。それらは、子どもの継続的な活動を期待する保育者の意図によるものだと考えられます。

▌2 ▶ 実践事例1のまとめ

　この活動の起こりは、アユミとヒロシとコウタによる土団子づくりへの自発的な意思による取り組みであり、活動のなかでコウタには「どう

すれば壊れない土団子づくりができるか」、アユミとヒロシには「コウタにどのように土団子づくりを教えるか」の課題が生じます。当初、コウタは、どうすれば壊れないかを自分なりに考え試行錯誤しますがうまくいかず、アユミとヒロシに援助を求めることを考えます。それに対し、アユミとヒロシは、協力してコウタの願いを叶えてあげたいという養護性や思いやりに動機づけられて、コウタに理解できるように考えながら説明したり、手助けしたりしたと思われます。子ども自らが問題に直面し、考え、協力し、さまざまなものや人から学び、頭や身体を使ってよりよい解決を目指していく過程が理解できたと思います。

　本事例で取り上げた土団子づくりは、日本中の子どもたちがどこでも行っている活動です。この事例を通して、子どもたちには非常にたくさんのことを学ぶ機会となっていることがわかります。土はどこにでもある素材です。身近にあるこうした環境は、子どもが気づかなければ何の意味ももたないものです。しかし、何かのきっかけで子どもの心に生じた興味や関心は、ありきたりのものを輝く存在に変え、ワクワクさせるようなひらめきを与えてくれます。生きた経験による学びであるから、たらいに残った土（泥）を自分の手で触り、その感触がひらめきの瞬間となったのです。そうした経験こそが、生きる力の基礎となり、すべての人やものとの出会いをすばらしいものと感じる体験となり、生きることを輝いたものへと変えていく可能性をひらいていくのです。

　そうした子どもと環境・活動との橋渡しをするのが、保育者の役割です。毎日の子どもの生活のなかで見落とされていく環境との出会いや出来事は多いものです。保育者は、環境の存在に敏感となり、そのなかのいくらかを大切に拾い上げ、見つけ出し、子どもの育ちに役立てようと考えます。そのためには、まず子どもたちと生活や遊びをともにするなかで、「何を求めているのか」「何を感じているのか」「何が育っているのか」を注意深く分析しながら、その保育（活動）で「何が学べるのか」「何を学んでほしいのか」の意味を明確にしていくことから始める必要があります。

3. 好奇心や探究心を育てる教育実践

1 実践事例2 冷凍みかん

　この事例は、冷凍みかんを題材として、子どもたちが課題をもち、その解決に向かって、それまでの生活での経験をもとに発想できるように、

◆ 補足

領域の観点からの事例の整理

活動を継続するためには、まず領域「健康」に関係する気力や体力が必要となる。また、領域「環境」に示されているような土団子づくりに興味や関心をもち、土と触れ合うなかで子どもたちに好奇心が生じ、コウタには「なぜ、アユミやヒロシの団子は壊れないのか」といった疑問から、それを探ろうとする探求心が生まれている。ほかにも、領域「言葉」に示されるようなやりとりのなかで、要求を言葉で伝えたり、相手の説明を聞き理解したりすること、さらに領域「人間関係」に示される他者との親しみや支え合い、思いやりなどの人と関わる力など多くの学びがある。アユミとヒロシについても、各領域に関することに加え、さらに質的に高度な説明力や関わりの力が求められ、それらを学んでいる。特にエピソード②では、アユミとヒロシにとっても発見をもたらし、具体的な探求活動につながるなど、身近な発見を改めて土団子づくりに生かしていくような発達の進展がみられた。

保育者の意図的な環境構成のなかで展開しています。ここでは、子どもたちが主体的に探究活動に取り組めるように配慮した環境設定と、子どもたちが協同して行った探究活動の展開に注目します。

エピソード③　「みかんがカチカチ、どうしよう?」

　みかん農家に嫁いだ退職した保育者より送られてきたみかんを何回かに分け、5歳児クラスの子どもたちの給食に出すことになりました。

　ある日保育者たちは、子どもたちに協力して問題を解決する経験をしてほしいと考え、冷凍みかんにして出すことにしました。

アキラ「うわー、先生、今日のみかん、凍ってカチカチになってるよ」

ケンジ「うわー、どうするの?　先生、このみかん固くて皮がむけないよ」

保育者「どうすれば食べられるのかなぁ?　どうしよう?」（T）

アキラ「冷たくて手じゃもてない」

　子どもたちは困った様子をみせながら、はしやフォークをカチカチに凍ったみかんに突き立てたり、切り込みを入れたりしながら、何とか皮をむこうとしています。

　しばらく経つと、手が冷たくなったミワが手に息を吹きかけながら手をこすり合わせています。

レナ「そうだ、ハンカチに入れてこすったら溶けるかも」（U）

　ミワの行動を見ていたレナは、ハンカチを取り出し、みかんを包み込み両手で一生懸命こすって何とか溶かそうとしています。

　しばらくそうした状況が続いたあと、それを見ていたほかの子どもたちも、交代で温め始めました。

ケンジ「そうだ、先生、あのね、温かくしたら溶けて食べられるかもしれないね」

保育者「それはいい考えだね。早くみかんが食べられるといいね」

　ケンジはほかの何人かのみかんも集め、保育室の陽のあたる場所に置き、自分たちも一緒にひなたぼっこを始めました。

　するとナオも新たなアイデアを思いつき、保育者に頼みに来ました。

ナオ「先生、お湯ちょうだい。みかんをお風呂に入れたらいいよ。だってお風呂って体がポカポカになるもん。きっと、温かくなって食べられるようになるよ」

　自分が入浴するときのことを思い出し、みかんをお風呂に入れようと考えたのです。保育者は、子どもたちとお湯の支度に行きました。

　やがてハンカチに包んでいたタダシが、

タダシ「先生、ハンカチも冷たくなって、だめだ、この方法は」

保育者「そう。じゃあ、どうしようか。何かいい方法はない？」

　子どもの早く食べたいという気持ちが、周囲の子どもの活動を注意深く観察させるような緊張感を生み出しています。

　しばらくすると、みかんが少し溶け何とか皮をむくことができたので、小分けにしたみかんのかたまりを口に入れ、食べ始めました。

モモカ「うわー、シャーベットみたいになってる」

アキラ「シャリシャリでつめたーい」

　子どもたちは、みかんを食べながら活動を振り返っています。

ミノル「やっぱりお風呂に入れるのが一番早かったね」

レナ「寒かったら、なかなか溶けないもんね」

マサト「そうだよ。運動場の氷も、寒い日には、体操がすんでも残ってるもんね」

　寒い日には朝礼時に行われる体操のときでも、運動場の霜や水たまりに張った氷が残っていることを覚えていたようです。

エピソード③の考察

1）生活のなかから題材を選ぶ

　実践事例2では、子どもが日常生活で目にするものが、いつもと違う状態となっているものに遭遇するという事件を通して課題が出現し、集団での問題解決行動へとつながっていきます。保育者の環境設定の意図は、日常的な生活のなかから題材（教材）を選択し、これまでの子どもたちの生活経験をもとに、協力して問題解決を進めようとするところにあります。当初、子どもたちは「何とかなりそうだ」と解決に取りかかりますが、なかなか手強い冷凍みかんに四苦八苦することになります。状況は、解決のために、子どもが自ら考え、周囲の子どもと相談し、ほかのグループの子どもたちの様子を観察するなど、緊張感を生み出すこととなります。苦心しながらも、子どもたちが何とか自分たちの力で挑戦しようとすることの裏づけになっているのは、課題が生活と密着しており、子どもたちが見通しをもって取り組むことができるところにあったと考えられます。

2）主体的な問題解決と解決過程の重視

　導入の段階で、保育者は問題提起を行い（❶）、子どもたちの力で問題に取り組むよう促しています。そして子どもたちは、問題を解決するために、はじめは今までに経験した方法（凍っていない果物の皮をむく

◆補足
エピソード③の環境設定のタイミング
給食時間前という子どもたちが最も空腹な時間帯を狙ったことで、食欲も強く、いやおうなしに活動動機の高まりとなっている。

◆補足
保育者の姿勢
エピソード③で保育者は、常に子どもたちの様子を観察し、受容しながらも、適度な距離を保ちながら、子ども（たち）自身で解決するよう配慮し、注意深く見守っている。

方法）で解決を図ろうとしますが、それでは問題が解決しないことに気づきます。

　さまざまな方法で問題に取り組みながら、試行錯誤が続きますが、やがてレナのアイデア（**U**）の出現から発想が転換していき、次の課題は「いかに早く溶かすか」に移っていきます。子どもたちは、それまでの経験をもとに相談しながら、さまざまな予測（仮説）を立てて試してみては、仮説が正しいかどうかを検証しています。

　新たな発想の展開は、生活経験をもとに生じ、しだいに合理的なものになっていきます。早く食べたいという動機から、ほかの子どもの動向にも注目しており、新たな発想は、驚くほど効果的に、速やかに子どもたちに周知されていきます。子どもなりに選択した方法の利点や欠点を経験知から割り出し、次の課題解決に向けた新たな発想に役立てています。

　最終的に、温めることや、そのためにはお湯が効果的であることを発見して見事に問題を解決し、みんなでそれを共有することにより、おいしくみかんを味わうことができました。さらに、凍るという現象と運動場の氷の性質とが同じであることに気づき、氷の性質に関する理解を深める経験となったと考えられます。

2　実践事例2のまとめ

　事例の活動過程において、子どもは**好奇心から生じた課題解決への意識を探究心につなげ**、探究活動を行っていくことの楽しさを味わっています。こうした過程で子どもは、環境との関わりの楽しさや、じっくり考えたり、友だちと一緒に考えたりしながら、生活のなかのさまざまな問題を解決していく力を身につけていきます。

　また、その過程のなかで育まれていく知的好奇心や科学的探究心は、後に子どもの重要な力として結実していく可能性があります。環境構成を行う際には、子どもが、子どもの興味や関心をひく環境とどのように関わり、どのような思い（課題意識）をもち、どのような行動（知的活動も含めて）をするのかの見通しをもつことも必要です。また、環境構成には、試行錯誤を繰り返しながら、安全に、そして十分な時間をかけて活動が展開できるよう配慮することが求められます。環境は、活動の展開に応じて柔軟に再構成していくことも視野に入れ、可能な範囲で子どもたちとともに行うようにしていきます。さらに、保育者は、子どもたちとともに活動するなかで、子どもたちが「今、何に意識が集中しているのか」「どこにつまずいているのか」「何を実現しようとしているのか」などを理解し、その活動がより発展するような言葉かけや雰囲気づ

◆ 補足

知的好奇心や科学的探究心を育む保育
知的好奇心や科学的探究心を育む保育を目指すためには、子どもに対して単に科学的な知識を直接与えようとするのではなく、好奇心や探究心を育む過程を重視する。そのためには、子どもの心が動き、興味や関心をひく環境や出来事を知り、探すことが必要である。

くりなどの支援をしていくことです。活動の節目には、満足感や達成感、充実感などに支えられた**自己効力感**[*]、自信に支えられた問題解決の楽しさを感じることのできる保育者の賞賛や価値づけが必要です。

✥ 用語解説

自己効力感

バンデューラ（Bandura, A.）の社会的認知理論の中核となる概念。自分がある状況において適切な行動をとれるかという可能性についての認知で、自己に対する信頼感や有能感のことをいう。

4．ルールをつくる力を育てる教育実践

1　実践事例3　ルールが遊びを楽しくする

実践事例3は、子どもがトランポリンで遊ぶ際に必要となった順番待ちに関するルールづくりを、子どもが主体となって行うことで、よりトランポリン遊びを魅力あるものにしています。ルールが遊びをより楽しいものとする働きももっていることを、子どもたちが学んでいった実践です（写真12-2）。

エピソード④　「トランポリンで遊びたいのに！」

当初、男子・女子それぞれ5〜6人がトランポリンで遊んでいます。しだいに人数が多くなり、互いが交錯し合ってしまい、子どもたちの多くはトランポリンで跳ぶことができなくなってしまっています。

子どもたちは思うように跳べないので、口々に文句を言っています。

ジュン「ちょっと、そんなにたくさん上がったらトランポリンできなくなる」

カズヤ「そんなこといっても、僕だってトランポリンしたい」

ジュン「後からきた子は、あっちいってよ」

口々に不満を言っていますが、状況が改善しないので、集まって話し合いをしています。

ラナ「順番にしようよ」

写真 12-2 トランポリンで遊ぶ様子

サチコ「10数えよう」

ラナ「10数える間だけ跳べるようにしよう」

チエ「2つのグループに分かれたらいいよ」

　子どもたちの話し合いの結果、適当に2組に分かれて、それぞれの組が10数える間跳ぶというルールとなりました。

　それまでのトランポリンの遊び方は、子どもが各々勝手に跳んでいたのが、ルールが決まったあとは、ルールをいろいろと変化させながら遊べるようになっています。

サオリ「ジュン君、どっちのグループだった？　さっきも跳んでなかった？」

ジュン「あっ、そうか！」

　グループ分けが人数の変化により不確定になるため、特定のメンバーのグループ編成から、男子と女子のような一見して誰にでもわかるような属性のグループ編成に変化していきます。

　新たに参加する子どもにも、互いがルールを教え合う場面もみられます。わかりやすいルールになったことから混乱は起きません。

　相手の跳ぶ間、回数をカウントすることが楽しいらしく、待っている子どもたちは声を合わせて大きな声で数を数えています。

　活動は40分近くも続けられましたが、やがて跳んでいる子どもが減り、ルールの必要性や緊張感がなくなると、遊びは消滅していきました。

エピソード④の考察

　トランポリン遊びは、トランポリンの面が狭く、調子を合わせないと跳べないという条件があるため、各々が勝手に跳ぶことはできません。そのため、子どもは活動するために、遊びのルールをつくらざるを得なかったのです。つまり、ルールづくりは、子どもが楽しく遊ぶためには必然性をもったものであり、先生が言うからとか、しかたなくといったことからではない、まさに子どもの主体的な行動といえます。

　活動当初は、子どもにとって活動の遂行上必要なルールでしたが、しだいにルールづくりや運用を楽しむ雰囲気へと変化していきました。長時間活動が維持された理由は、ルールが子どもにとってわかりやすく、大勢で声を合わせて跳んだ回数を数えるなどの**新しく楽しい体験**がもたらされたことにあります。また、ほどよく待つという、がまんする時間があったことも影響したと思われます。跳んでいる友だちの楽しそうな笑顔は、いやがおうにも活動への動機を高めるとともに、さまざまなス

キルの学習への動機にもつながっています。高く、うまく跳び上がる子どもへの歓声が、それらを物語っています。

　このエピソードから、ルールには、人の行動を縛ったり、抑制したりするばかりではなく、ルールを守ることで生じるよさや楽しさも含まれていることを子どもに体験させています。どのような雰囲気や状況、人間関係のなかでルールに接する機会をもつかが、子どもがルールの意味などを学ぶことに大きく影響します。このエピソードは、子どもの主体的なルールづくりや価値づけ、よりよく生活を改善しようとする態度を学ぶ実践のあり方として示唆を与えています。みんなで楽しいルールをつくり、楽しく遊ぶことのできる心地よさを味わうことで、ルールづくりがより身近なものとなっています。それらは、ジュンの活動する姿の変化からも明らかです。ジュンはいわゆる家庭児（入園以前は、家庭でのみ養育されていた子ども）で、ルールを守って遊ぶ体験に乏しく、頻繁にトラブルを起こしていました。しかし、この活動を通して初めてルールのもとで楽しく遊ぶことを学んだようで、ほかの子どもの顔を見ながら「楽しいなあ」を連発しながら、みんなと一緒に熱心に最後まで遊んでいたのが印象的でした。

2　実践事例4　子ども主体のルールづくり

　この事例は、子どもたちが、リレー遊びをしながらルールや人数を調整し、少しずつリレー遊びの成立に近づけていく過程を示したものです。その間、保育者は、子どもたちが主体となって協調して問題が解決されるよう、関わりを必要最低限にとどめ見守っています。時間は要しましたが、子どもたちはしだいに活動やルールを調整し、自分たちでリレー遊びを成立させていきました（写真12−3）。

エピソード⑤　「リレーだいすき！」

　オサムは保育者のところにハチマキをもってきて、締めてくれと頼んでいます。しばらくの間オサムと保育者がかけっこをしていると、興味をもった子どもたちが集まってきます。オサムやアツシ、ヒロトなど7人が紅白のハチマキを締め、準備しています。さらに、ほかの子どもも加わり総勢11人となっています。
　オサム「赤組と白組でやろうか」
　赤白組が同じ人数で競争することを考えたオサムは、赤白組に人数を分けようとしますが、赤白組の人数が揃わなかったため、ヒロトと相談して参加者を探してくることになります。

写真 12-3　リレー遊びの様子

オサム「赤組が少ないなあ」

ヒロト「誰か、（仲間）呼んでくるよ」

　参加者は 14 人となったものの、ほとんどの子どもがルールやリレー遊びのことについて知らず、仕切って活動を進めようとする者が誰もいないので、リレーは始まりません。

　我慢しきれず、合図でサヤとヒロトが出発してリレーが始まりますが、各々が別々のコースを走ったり、同じ組の子どもが同時に何人も走ってリレーになりません。

　また、特定の子どもが何度も走り、自分から走り出せない子どもたちは、誰も指示してくれないので、ずっと走ることができずに待っています。

　だんだんとルールやリレーのしかたについてのクレームなどが、参加している子どもから出ています。

　サヤがコースをはずれて走っていたため、オサムはコースを間違っていることを指摘しています。

　リレー遊びのルールがわからず、走って帰ってくると、「赤組の負け、白組の勝ち、1 対 0！」とそのつど勝敗を言っている子どももいます。

　ヒロトなどリレー遊びを理解している子どもたちは、バトンを渡されるとすぐにスタートしています。一方、走ることのできない子どもは意欲がなくなり、脱退していき、遊びは停滞しています。

　ヒロトは、リレー遊びになっていないことに気づき、ルールなどを確認することを提案しています。

ヒロト「このリレー、ちょっとへんだよ」

オサム「ちょっと、みんなでどうやるか決めようよ」

ヒロト「まず、走る人はここ（スタートライン）で待って、バトンを渡してもらってから走る」

　ヒロトやオサム、そのほかのルールがわかる子どもが、コースや勝敗、待つ場所などについてみんなに説明したあと、多少ルールの曖昧さは残るものの活動は再開し、活性化し、盛り上がりを取り戻しました。

　活動の終了後、保育者はリレー遊びをしていた子どもたちを集めて、次のように話しています。

保育者「みんな、リレーどうだった？」

カナコ「楽しかった！」

　そのほかの子どもたちも、口々に「おもしろかった」「楽しかった」と言っています。

保育者「みんなでルールを決めて楽しくリレーができるようになって、ビックリしました。ほんとうにすごかったね」

ヒロト「みんなで決めてやったら、リレーできた」

オサム「よかったなあ。またやろうなあ」

エピソード⑤の考察

　エピソード⑤の活動は、リレー遊びが展開されることを見通したうえで、保育者がハチマキやバトンなどを子どもの目にとまりやすいところに置いておくという環境構成から始まっています。活動の始まりは、オサムが発端となり、ハチマキやバトンへの興味からかけっこになり、ルールも曖昧なまま赤白組に分かれて走り出しますが、活動の細かい内容やルールについては決まっていませんでした。

　その後、徐々に参加する子どもも増えていきますが、統一したルールは存在せず、リレーの方法を知らない子どもがほとんどであったため、なかなかうまくいきません。オサムとヒロトは両チームの人数を合わせようと苦労しますが、参加している子どもたちには、同じ人数で行うという理解がないため、人数の調整は難航します。そうこうしているうちにリレーは始まりますが、コースも参加する人数も不確定で、走りたい子どもが同時に何人も走るなど、どちらかといえば1対1や複数のかけっこの様相です。

　子どもたちは、発達的に競うことに興味をもちはじめている時期ですが、リレーのルールが決まっていなかったり、不明確であったりするようでは、競争としては成立しません。そのため、しだいに子どもの活動に対する意欲も減退していきます。活動が維持されるためには、子どもたちにとってルールが明快で、競うための秩序の確保が必要です。

　保育者が子どもに直接ルールを教えて、そのとおりに活動させるのは

支援の留意点

保育者の支援において留意しなければならないのは、ルールをつくることは、子どもにとっては活動遂行のための一過程としてとらえられていることを忘れないことである。保育者のねらいとして、さまざまな生活の場面で役立つ力を身につけさせたいということで、ルールづくりのための話し合いの機会が頻繁になり過ぎると、活動の中断などから活動意欲が減退していくことがある。保育者は、子どもが話し合いを疎んじたり、活動自体を回避したりすることにならないよう配慮する必要もある。

ルールづくりと子どもの認知の発達との関係

認知の発達は、子どものその場の状況の理解やルールの内容、他者への視点の取得、コミュニケーション力などに影響を与えている。

簡単です。しかし、子どもが活動に見通しをもち、問題に気づき、自らの経験や考えを出し合い、話し合いにより解決していくことが重要です。事例では、保育者が積極的に介入していないことからもわかるように、あえてリレーの内容やルールについては口を出さず、子ども自身でルールをつくり活動することをねらったと思われます。保育者は、子どもの活動に対する不満や問題意識を引き出し、必要感をもって工夫しながらルールをつくり、やがてリレー遊びが成立することをねらっています。

　子どもたちは、何度か走ることを繰り返しているうちに、活動内容やルールの問題点に気づき、参加する子どもたちなりに協調し、それまでの経験や知識をもとに解決を図ろうとしていきます。こうした過程が、必要感から協調して**ルールづくり**にあたるという問題解決の過程を子どもたちに学ばせていくのです。そのためには、子どもたちが強く必要感を感じる状況になるまで根気よく見守る保育者の態度が求められます。スムーズなゲームの成立のみを目的とするのではなく、ルールづくりの過程で身につけられる力が、社会生活を送るうえでさまざまな問題に対応する力へと展開していくため、大切にされる必要があります。

　子ども主体の決まりづくりにおいて重要なことは、子どもの行動への価値づけです。子どもの主体性の育成をより確かなものとするためには、心を通わせる保育者からの賞賛が大切です。この事例のリレー終了後の保育者の子どもへの言葉かけがそれにあたります。混乱した事実を想起させながら、みんなで力を合わせ、どこをどのようにがんばったのかを示しながら褒めています。その結果、次の活動への期待として、オサムの「よかったなあ。またやろうなあ」が出てきたと思われます。

3　実践事例4のまとめ

　ルールをつくる力は、さまざまな生活や活動のなかで培われていきます。それらを育てるためにふさわしい生活や活動の要件、保育者の配慮について、次のことがあげられます。

①みんなが意欲をもって生活・活動している場面で。
②みんながルールの必要性を感じている場面で。
③具体的・直接的な生活・遊び・活動のなかで。
④問題への対応について、これまでの子どもの経験や情報を引き出し、利用・活用する。
⑤出来事（問題）とルールの関係が明確に理解できること。
⑥誰もが理解できるわかりやすいルールを目指して。

⑦早急に完全なルールを求めず、生活や活動のなかで修正しな
　がら徐々に完成に近づけていくように余裕をもって。
⑧話し合いの力、コミュニケーションの力も育てながら。
⑨ルールづくりによる活動への効果や価値づけを実感させる。
⑩子どもたちの社会性や認知など発達の実態に配慮する。

　どうしてもその好きな遊びや活動がしたい、続けたいという意欲が問
題解決の際のエネルギーとなります。したがって、日々の保育において
は、子どもの興味や関心、活動意欲の高い活動が保障されていることが
前提となります。そうした生活や遊び、活動であってこそ、はじめて問
題解決の必然性や解決動機が高まる有意義な体験が生じるのです。
　子どものルールづくりには、それぞれの時期の発達の特徴や個性的な
実態を踏まえた配慮が必要となります。解決すべき問題の把握やルール
との関係性の理解など、保育者の配慮や支援が必要となる場面も多々あ
ります。
　ルールをつくる力の育成は、特にそれだけをねらった保育により行わ
れるのではなく、生活のなかのさまざまな出来事における必要感から始
まります。それらは、日々の生活、園やクラスのルールなどに気づき生
活することや、集団などのなかでルールづくりと運営を体験していくこ
とで育っていきます。将来的に生きて働く、決まりをつくる力は、みん
なで楽しく、豊かに生きていくためには、関わり合い、話し合う力を基
盤としながら、生活全体を通して育成していくことが求められます。

演 習 課 題

①実践事例1～4のどれかを選んで同様な活動を行い、そのなかで子ど
　もが何を感じ、何が育まれていくのかを整理してみましょう。
②授業等で実施する模擬保育等を「事例理解のポイント」（159-160頁）
　の研究保育等における理解の観点（枠内）をもって見学し、整理して
　みましょう。
③子どもの生活や遊びにおける「きまり」や「ルール」の意味について、
　グループで話し合ってみましょう。また、それらを子どもなりに理解
　し、自分たちでつくっていく力が培われる場面を含めた保育を具体的
　に計画してみましょう。

参考文献··

レッスン11

荒木紀幸編　『新時代の教育の方法を問う』　北大路書房　1993年

梶田叡一　『形成的な評価のために』　明治図書出版　1986年

キング, R.／森楙・大塚忠剛監訳　『幼児教育の理想と現実』　北大路書房　1984年

厚生労働省編　『保育所保育指針解説 平成30年3月』　フレーベル館　2018年

高橋たまき・中沢和子・森上史朗編　『遊びの発達学 基礎編』　培風館　1996年

田中亨胤・三宅茂夫編　『シリーズ知のゆりかご　教育・保育カリキュラム論』　みらい　2019年

野村知子・中谷孝子編　『子どもの遊びとその環境』　保育出版社　1999年

原田碩三・日坂歩都恵・松本和美・三宅茂夫　『保育の原理と実践』　みらい　2004年

ヘックマン, ジェームズ・J.／古草秀子訳　『幼児教育の経済学』　東洋経済新報社　2015年

三宅茂夫　「保育におけるコミュニケーション生成の改善――誘因としての保育者の"ことばがけ"」　日本保育学会編　『保育学研究』39（2）　2001年　185-194頁

文部科学省　『幼稚園教育指導資料 第3集 幼児理解と評価』　チャイルド本社　2010年

文部科学省　『幼稚園教育指導資料 第1集 指導計画の作成と保育の展開（平成25年7月改訂）』　フレーベル館　2013年

文部省　『幼稚園教育要領解説』　フレーベル館　1991年

Jackson, P. W., *Life in Classrooms*, Holt, Rinehart & Winston, 1968

レッスン12

バンデューラ, アルバート編／本明寛・野口京子監訳　『激動社会の中の自己効力』　金子書房　1997年

おすすめの1冊

津守真　『保育者の地平――私的体験から普遍に向けて』　ミネルヴァ書房　1997年

障害をもつ子どもたちとの12年間におよぶ実践記録である。子どもを深く理解し、保育を進めるうえでの考え方などが示されており、保育の意味や実践者の役割など保育の真髄について学ぶことができる。子どもに心から寄り添い、実践と省察（深く情況や自らをとらえる）を大切にすることにより、保育者が自らを振り返り、冷静・客観的に評価し、常に子どもにとって意味のある保育を展開するための示唆を与えてくれる名著である。

第5章

生涯学習における
教育の現状と課題

本章では、生涯学習とそれを保障する社会（生涯学習社会）における教育の現状と課題、今後の展望などについて学んでいきます。生涯学習はなぜ必要なのか、現代では何が教育課題となっているのかなどを知ることを通して、生涯学習社会の意義や課題について考えていきます。

生涯学習社会と教育

このレッスンでは、生涯学習について学びます。生涯学習はなぜ必要なのか、具体的にはどのようなことが行われているのかを知ることを通して、学習機会が保障される生涯学習社会の実現の意義について考えていきます。

1. 生涯学習社会の必要性

1 生涯学習社会とは何か

　生涯学習という言葉は、一般的には、人々が生涯に行うあらゆる学習、すなわち学校教育、社会教育、文化活動、スポーツ活動、レクリエーション活動、ボランティア活動、企業内教育、趣味など、さまざまな場や機会、内容において行う学習の意味で用いられます。生涯学習社会を目指そうという考え方・理念自体を表していることもあります。生涯学習社会とは、「人々が、生涯のいつでも、自由に学習機会を選択して学ぶことができ、その成果が適切に評価される[1]」社会であるとされています。

　生涯学習とは文字どおり、生まれてから死ぬまでの生涯にわたる自発的・主体的な学習のことで、生涯学習社会とは、その学習機会が保障され、その成果が適切に評価される社会です。では、人はなぜ学び続ける必要を感じ、あるいは学び続けたいと思うのでしょうか。また、そのことを保障する社会がなぜ必要となるのでしょうか。

　生涯学習社会の構築が必要な理由は、次の3点にまとめられます。

> ①社会・経済の変化に対応する。
> ②自由時間の増大などの社会の成熟化にともない、心の豊かさや生きがいのための学習需要が増大していることに対応する。
> ③生涯学習の基盤を整備し、学歴だけでなくさまざまな「学習の成果」が適切に評価される社会を構築する。

　まず①は、現代の私たちが絶えず新しい知識や技術の習得を迫られる状況に置かれていることが背景にあります。新しい知識や技術の習得という学習需要に的確に対応し、生涯学習の基盤を整備することは、学習

▶ 出典
†1　生涯学習審議会「今後の社会の動向に対応した生涯学習の振興方策について（答申）」1992年7月

者自身の技能・経歴の向上のほか、社会制度の基盤である人材育成にもつながり、社会・経済の発展に寄与することが期待されると考えられているのです。②は、①に述べた学習需要に応えるための生涯学習の基盤を整備することは、学習者の自己実現のみならず、地域社会の活性化、高齢者の社会参加、青少年の健全育成など、社会全体にとっても有意義であるとの考えに基づくものです。③は、これまで進められてきている教育改革の課題の一つである学歴社会の弊害の是正にもつながるとする考えに基づくものです。

今日の社会は「高齢化社会」「知識基盤社会」と形容されるように、成人後も社会のニーズに対応し、変化に受動的に対応するだけではなく、社会のさまざまな課題に対して共同で学び合い、変化に柔軟に対応することが必要なのです。そのために必要なのが生涯学習であり、その学習機会を保障する社会が生涯学習社会なのです。

生涯学習についてのこれまでの考え方を踏まえつつ、本審議会としては、基本的な考え方として、今後人々が、生涯のいつでも自由に学習機会を選択して学ぶことができ、その成果が社会において適切に評価されるような生涯学習社会を築いていくことを目指すべきであると考える[2]。

▶出典
†2　†1と同じ

2　生涯学習の理念

生涯学習という考え方が日本ではじめて公に定義されたのは、1981（昭和56）年の中央教育審議会答申においてです。具体的には、生涯学習とは各人が自発的意思に基づいて行うことを基本とし、自己の充実や生活の向上のために、自ら選んで、生涯を通じて行うものであると記されています。また、生涯教育との関係については、「生涯教育とは、国民の一人一人が充実した人生を送ることを目指して生涯にわたって行う学習を助けるために、教育制度全体がその上に打ち立てられるべき基本的な理念である[3]」とされ、そのために自らの学習する意欲と能力を養い、社会のさまざまな教育機能を相互の関連性を考慮しつつ、総合的に整備・充実しようとするのが生涯学習であると考えられています。

▶出典
†3　中央教育審議会「生涯教育について（答申）」1981年6月

（生涯学習）

　今日、変化の激しい社会にあって、人々は、自己の充実・啓発や生活の向上のため、適切かつ豊かな学習の機会を求めている。これらの学習は、各人が自発的意思に基づいて行うことを基本とするものであり、必要に応じ、自己に適した手段・方法は、これを自ら選んで、生涯を通じて行うものである。この意味では、これを生涯学習と呼ぶのがふさわしい。

（生涯教育）

　この生涯学習のために、自ら学習する意欲と能力を養い、社会の様々な教育機能を相互の関連性を考慮しつつ総合的に整備・充実しようとするのが生涯教育の考え方である。言い換えれば、生涯教育とは、国民の一人一人が充実した人生を送ることを目指して生涯にわたって行う学習を助けるために、教育制度全体がその上に打ち立てられるべき基本的な理念である[4]。

▶出典
†4　†3と同じ

　中央教育審議会では、1981年以降にも生涯学習社会の実現を推進するさまざまな提言等を行っています。1984（昭和59）年設置の臨時教育審議会では、人生の初期に獲得した学歴によって評価される学歴社会を問い直し、生涯を通して学習する機会が用意された社会や、働きつつ学ぶ社会をつくることが重要であるとしています。1990（平成2）年の答申「生涯学習の基盤整備について」では、生涯学習を推進する留意点として、各人が自発的意思に基づいて行うことを基本とすること、必要に応じ可能な限り自己に適した手段および方法を自ら選びながら生涯を通じて行うこととされています。それらは、学校や社会のなかで意図的、組織的な学習活動として行われるだけでなく、人々のスポーツ活動、文化活動、趣味、レクリエーション活動、ボランティア活動などのなかでも行われるものであるとまとめられています。

　また、1998（平成10）年の答申「社会の変化に対応した今後の社会教育行政の在り方について」では、社会教育行政は、生涯学習社会の構築を目指して、その中核的な役割を果たしていかなければならないとされています。

　このような経過を経て、2006（平成18）年に改正された「教育基本法」の第3条には、生涯学習の理念および生涯学習社会の実現に努めることが規定されています。

　　国民一人一人が、自己の人格を磨き、豊かな人生を送ることができるよう、その生涯にわたって、あらゆる機会に、あらゆる場所において学習することができ、その成果を適切に生かすことのできる社会の実現が図られなければならない。

　生涯学習とは、個人的な成長だけでなく、社会のあり方も視野に入れた考え方なのです。誰もが、いつでも、どこでも学習できるように生涯学習の機会を整え、学習成果を生かすことができる学習社会が、目標として設定されているのです。

3　生涯学習の源流

　このような生涯学習および生涯学習社会の考えに影響を与えたものが、ユネスコ（国連教育科学文化機構）の「生涯教育論」やOECD（経済協力開発機構）の「リカレント教育論」です。

　ユネスコの「生涯教育論」は、1965年にユネスコの諮問機関である「成人教育推進国際委員会」において、**ラングラン**[*]が永続教育についての報告書を提出したことが始まりです。ラングランは、長寿社会や知識基盤社会等の到来を見越して、人生のあらゆる時期という時間軸に沿った「垂直的」次元と、学校教育だけでなく職業教育に代表されるさまざまな学校外教育における学習機会の提供という「水平的」次元での教育機会の充実の必要性を説いています。このような考え方が、その後の**ハッチンス**[*]の『学習社会論』および「21世紀教育国際委員会」委員長の**ドロール**[*]の『学習——秘められた宝』報告書等に受け継がれ、今日に至っています。

　ラングランに始まるユネスコの流れとは別に、OECDがわが国の生涯学習に与えた影響も大きいものがあります。その代表が1973年のリカレント教育に関する報告書です。この報告書では、教育を終えたら働き、一定の年齢になれば隠退するという、教育期・労働期・隠退期のように人生を一方向にとらえるライフサイクルを問い直しています。そこから教育期と労働期を柔軟に何度も繰り返すことのできるリカレントモデルをつくることを提唱しています。リカレントモデルでは、人々の潜在能力を開花させる可能性を高めること、教育機会の世代間格差を是正すること、教育と労働の相互作用などが目指されています。また、社会人にも教育を受ける休暇を取得する権利があると、有給休暇制度の重要性にも言及しています。成人になると、働かなければならないためにまとまっ

👤人物

ラングラン
(Lengrand, P.)
1910〜2003年
フランスの教育思想家。ユネスコの成人教育長を務め、生涯学習の考え方の原点を示すワーキングペーパーを提出した。

ハッチンス
(Hutchins, R. M.)
1899〜1977年
1929年に30歳の若さでシカゴ大学学長になり、1951年までシカゴ大学で大学行政、改革に従事した。

ドロール
(Delors, J.)
1925年〜
フランスの政治家。欧州委員会委員長、フランス蔵相、予算相。「学習は宝である」と述べ、人間の潜在的能力を開花させる学習の重要性に言及している。

た教育を受けにくくなります。そこで、学校教育期間を終了しても教育を受けられるように、学び直せる枠組みであるリカレントモデルを示したのです。そのことが、わが国の生涯学習社会の考え方に大きな影響を与えたのです。

2．生涯学習をとらえる視点

　生涯学習という考え方は、これまで述べたように、生まれてから死ぬまでの生涯にわたる学習を、個人的なものととらえるよりも、社会のなかに位置づけ直しているという点にその意義があります。その意味で、生涯学習を考えるときには、①生涯教育と生涯学習の関係性、②教育や社会システムの変革の2つの視点が大切となります。

1 生涯教育と生涯学習の関係性

　①の「生涯教育と生涯学習の関係性」という視点は、生涯学習という理念が、ユネスコおよびOECD等の国際的な観点からの教育改革論に基づいていて、これまでの学校教育のあり方や、学校教育を重視する教育観や、社会のあり方を見直すことに由来しているということが背景にあります。わが国においても、教育改革を目指す過程で生涯教育・生涯学習という理念が導入されました。しかし、今日、教育政策等について検討する場合でも、明確に教育と学習を使い分けず、生涯学習という言葉が中心的に使用されるようになっています。生涯学習という言葉のほうが、個人の主体性を尊重した表現として好まれているのかもしれませんが、生涯教育を生涯学習と安易に言い換えることには理念の矮小化において注意が必要です。生涯教育とは、前述の1981（昭和56）年の答申に記されているとおり「国民の一人一人が充実した人生を送ることを目指して生涯にわたって行う学習を助けるために、教育制度全体がその上に打ち立てられるべき基本的な理念」です。学習をする側よりも教育をする側のあり方についての理念です。生涯学習という言葉を用いて、個人の主体性や自発性に重点を置きすぎると、国および地方公共団体が担うべき教育責任の範囲が不明確になる可能性が出てきます。今日では、さまざまな学習機会が商品化されているとともに、公民館に代表される社会教育施設等においても、受益者負担の考え方が広まってきています。生涯学習という言葉を用いて、自己責任や主体性を強調しすぎると、教育格差を拡大させてしまう危険性を内包していることにも注意しておか

なければなりません。

2 教育や社会システムの変革

　②の「教育や社会システムの変革」という視点は、生涯学習の理念において、さまざまな社会的変化に能動的に対応していくために学び続けることの意義が説かれているとともに、教育や社会システムの変革も意図されています。個人と社会は切り離して考えることはできないので、一人ひとりが教育や学習のあり方をとらえ直すことで、教育や社会のシステムを変革し得る可能性を有しているということにも配慮が必要となります。

　生涯学習のあり方を検討する際には、生涯学習と生涯教育の関係性、個人の学習や教育のシステムの変化は、社会の教育のシステム、さらには社会そのものの変化を引き起こす可能性があるとの認識をもつことが大切になります。

3．生涯学習の場

　生涯学習という考え方は、これまで述べたように生まれてから死ぬまでの生涯にわたる学習のことですが、人生の各段階で私たちが参加機会を得ることができる「場」は異なります。生涯学習の場を大まかにとらえると、家庭教育、学校教育、社会教育の3つの場ととらえることができます。

1 家庭教育

　家庭教育とは、家庭において学ぶことを意味します。主に小学校に就学するまでの家庭における学びを想像するかもしれません。確かに、就学するまでの家庭教育において、子どもは基本的な生活習慣の確立や道徳性の芽生えなどの人格形成の基幹を形成していきます。教科書などもなく、子どもが親から学ぶことがその中心ではありますが、反対に親が子どもから学ぶことも多々あります。親以外のきょうだいや家族から学ぶことも多くあります。何より家庭教育は小学校への就学で終了するのではなく、学校教育へ移行後も家庭から学ぶことは多く、生涯を通しての家庭での学びを理解し、大切にしていく必要があります。

2　学校教育

　家庭教育に続くのが、学校教育の場です。幼稚園教育を含め学校教育は、一般的に高校・大学卒業まで続きます。最終学校を卒業すると学校教育は終わると考えられていますが、その後社会人になっても、大学等で学ぶ機会は提供され続けています。社会人学生などがその例であり、本人の意思に基づき学校で学ぶことは生涯可能です。その代表的なものが**リカレント教育**[*]です。リカレント教育とは、先にも述べたとおり、学校教育の機会や機能を、生涯にわたって継続させようとする考え方です。その本来の意味は「職業上必要な知識・技術」を修得するために、フルタイムの就学と、フルタイムの就職を繰り返すことです。ただ、わが国では長期雇用の慣行から、この意味でのリカレント教育が行われることはまれです。わが国では、一般的にリカレント教育の概念を諸外国より広くとらえ、働きながら学ぶ場合、心の豊かさや生きがいのために学ぶ場合、学校以外の場で学ぶ場合もこれに含めています。具体的には、社会人特別選抜、編入学、夜間部・昼夜開講制などがこれに当たります。

3　社会教育

　社会教育とは、家庭・学校以外の場（社会）で提供される教育のことを指しています。具体的には、公民館、カルチャーセンター、企業内教育、大学の公開講座等がそれに当たります。家庭教育・学校教育以外の学習を対象とするので、とても範囲の広いものとなります。

4　そのほかの生涯学習の場

　家庭教育・学校教育・社会教育以外からも、人々は多くのことを学びます。たとえば、ボランティア活動、娯楽のTV視聴、子どもの仲間集団、友人との自由な会話からの学びなどです。これらは偶発的学習（無意図的学習）として分類されます。偶発的学習とは、生活や行動を通して偶然に学ぶことです。意図的でありながらも、教育活動として仕組まれたものを利用しない形の学習もあります。たとえば、郷土の歴史を理解するために、昔から地元に住んでいるお年寄りに個人的にインタビューすることなどです。これらは独力的学習とされています。

　以上のように、生涯学習は家庭教育・学校教育・社会教育をその中心として、偶発的学習、独力的学習を含む、とても広い範囲の教育・学習を対象とするものです。家庭教育、学校教育、社会教育へと教育の場は変遷していきますが、その中心となる場が変わるだけで、どの学習の場も常に存在することに気づくことが重要です。

✳ 用語解説

リカレント教育
生涯教育の一形態。フォーマルな学校教育を終えて社会の諸活動に従事してからも、個人の必要に応じて教育機関に戻り、繰り返し再教育を受けられる教育システム。経済協力開発機構（OECD）が1970年代に提唱した。

4．生涯学習推進体制の整備

　生涯学習は個人的な営みだととらえられやすいのですが、社会との関係でとらえる視点が重要であることは先に述べたとおりです。確かに、学習するのは個人ですが、個人の学習は、所属する組織、さらには社会の影響を受けながら、逆に組織や社会を変化させる力をも有しています。社会の変化に対応する知識・態度・技能等を身につけていくことが必要です。

　生涯学習は非常に広い概念であることから、生涯学習社会を実現するための取り組みは、文部科学省や教育委員会だけではなく、さまざまな主催によって多様な形態で行われています。

　たとえば、**文部科学省**では、総合教育政策局生涯学習推進課を設置するとともに、中央教育審議会には、生涯学習の推進に関する重要事項の審議を行う生涯学習分科会が置かれています。また、地域における生涯学習推進のための取り組みを支援する窓口として、総合教育政策局に地域学習推進課を設置しています。さらに、男女共同参画共生社会学習・安全課を設置し、社会教育を中心とした学びを総合的に推進する体制を構築しています。このほか、生涯学習推進のための情報提供として、生涯学習に関する総合情報誌『マナビィ』の刊行、生涯学習推進のための市町村などの取り組み事例集の作成・配付、調査研究の実施・周知などを行っています。都道府県教育委員会や民間社会教育団体、NPO、経済団体などと定期的な協議や意見交換の場をもつなどの取り組みも行っています。また、人づくりを通じた地域づくりを推進するため、マネジメント能力の育成に関する諸外国の先進事例調査やデータベースの構築、生涯学習まちづくり研究協議会の開催などへの支援も行っています。これらの取り組みを通して、国全体に生涯学習の機運を高めようとしているのです。

　文部科学省の取り組みに加え、地方公共団体も各種の取り組みを行っています。すべての都道府県に生涯学習担当部課が設置されているとともに、多くの都道府県に、生涯学習の総合的な推進に関する重要事項を審議するための生涯学習審議会が設置されています。また、ほとんどの市町村にも生涯学習を担当する部課が設置されています。また、生涯学習振興のための中長期的な基本計画や基本構想「生涯学習振興計画」を策定しています。これは市町村レベルでも同じで、市町村の状況に応じた独自の基本計画や基本構想を策定しています。さらに、市町村のなか

参照
文部科学省の組織図
→レッスン9

には、千葉県の館山市、木更津市のように「生涯学習のまち」などの都市宣言を行って、生涯学習の振興に努めているところもあります。そして、各地域の生涯学習を推進するための中心機関として、学習情報の提供や学習相談、学習需要の把握、学習プログラムの開発を行うことなどを目的とする生涯学習推進センターが設置されています。このように各地方公共団体の連携を図り、情報交換や人材交流などによるネットワークづくりを進めるために、全国生涯学習市町村協議会も発足しています。

　このように、地方公共団体の首長部局や職業訓練施設などの機関、民間教育事業者、団体などが、職業能力の向上や社会福祉などに関し、生涯学習の実現を推進するためのさまざまな施策を行っています。

　またこのほかにも、民間団体・NPO等が中心となり、生涯学習社会の構築に努め、生涯学習の機会を拡大しようとさまざまな取り組みやイベント等が実施されています。

　国・地方自治体・民間それぞれのレベルで、多様な生涯学習の機会を提供することが重要であるとともに、これらの生涯学習に関係する機関・団体間の連携・協力体制をつくることもとても重要となっています。各機関・団体の活動には限りがあるので、連携・協力体制を構築することで生涯学習社会の構築を図ろうとする態度が、今後一層求められるようになります。

演 習 課 題

①生涯学習社会が実現されることによって、私たちの生活が学習という観点からどのように変化するのかについて、みんなで話し合ってみましょう。

②リカレント教育には、具体的にどのようなものがあるのかを調べ、その課題についてグループで話し合ってみましょう。

③自分が住んでいる自治体では、どのような生涯学習に関する取り組みが行われているのかを調べて、発表してみましょう。

レッスン 14

現代の教育課題

このレッスンでは、現代の教育課題について学びます。教育本来の機能からみて何が課題となっているのか、また時代の課題は何であるのか、教師の課題が教育の課題とどのような関係性をもっているのかを知ることを通して、教育の本質を見つめ直し、解決の方法を考えていきます。

1. 教育の機能

　教育の本来の機能は2つあります。「社会化」と「個性化」です。

　「社会化」とは、人間の社会を維持するために文化を次の世代に伝えていくことです。人間は、それぞれ人種や民族あるいは国家といった固有の集団によって、独自の生活のしかた（a way of life）や様式、行動パターン、価値観などを有しています。子どもは、その共同体の一員として生きていくために、その集団の様式を身につけていく必要があるのです。そのために、生活のしかたを文化として次世代に伝えていくことこそが教育の「社会化」の機能なのです。

　一方、「個性化」とは、子どもの能力や個性を伸ばしていくことをいいます。「社会化」を中心に教育をみれば、集団への適応が重要となりますので、クラスなどで一斉に行動するとき、その集団から外れた行動をしている子どもは、問題のある子どもとみられてしまいがちです。しかし、集団になじめない子どもがいても、そのことのみを問題とするのではなく、なぜその子どもが異なった行動をとるのか、集団に問題はないのか、いつも集団から逸脱するのかなど、さまざまな視点から子どもをとらえていく必要があります。集団への適応ばかりに気をとられないように配慮することも必要です。特に幼児教育・保育においては、一人ひとりの子どもがどのような過程をたどって成長・発達をしていくのかを大切にするようにします。子どもの個性、特徴を十分に発揮させることが「個性化」であり、教育の機能として重要な側面です。

　子どもは、ほかの子どもと一緒に生活や活動をすることで、他者との違いに気づいたり、他者から認められたいという気持ちをもつことによって、集団生活の意義を見出したりします。子ども一人ひとりが自分らしさを発揮することと、他者からその子らしさを受け入れられること

187

が複雑に絡み合いながら、集団としてまとまっていきます。一人ひとり
が育つこと、「個性化」することが、集団としてまとまっていくことや、
「社会化」につながっていくことになります。「個性化」と「社会化」は、
個と集団というように一見すると相反する育ちにみえますが、そうでは
なく、相互に育ち合うという関係性をもっているのです。

2．PISAショック後のわが国の教育の現状と課題

1 ▶ PISAショック

　これまで述べてきたように、教育の機能として「社会化」「個性化」
はとても重要な観点です。しかし、その過程や成果は目に見えにくいも
のでもあります。そのため「社会化」「個性化」という本来の教育の機
能を軽視し、子どもにどのような知識や技術が身についたのかを判断す
るテストの点数等によって、教育の成果を求めてしまう傾向があります。
　たとえば、OECD（経済協力開発機構）が実施しているPISA
（Programme for International Student Assessment：生徒の学習到達
度調査）がそのよい例でしょう。PISAとは、参加国が共同して国際的
に開発し、実施している、15歳児を対象とする学習到達度調査です。わ
が国は2000年から参加しており、読解力、数学的リテラシー、科学的
リテラシーの3分野について調査されます。3年ごとに実施され、2015
年実施の調査では、世界72か国・地域の約54万人が対象になりました。
　わが国は、2000年の調査で各分野とも上位に位置していましたが、

図表14-1 PISA調査結果の推移

分野		2000年調査	2003年調査	2006年調査	2009年調査	2012年調査	2015年調査
数学的リテラシー	日本の得点	557点	534点	523点	529点	536点	532点
	OECD平均	500点	500点	498点	496点	494点	490点
	全参加国中の順位	1位／32か国	6位／41か国	10位／57か国	9位／65か国	7位／65か国	5位／72か国
読解力	日本の得点	522点	498点	498点	520点	538点	516点
	OECD平均	500点	494点	492点	493点	496点	493点
	全参加国中の順位	8位／32か国	14位／41か国	15位／57か国	8位／65か国	4位／65か国	8位／72か国
科学的リテラシー	日本の得点	550点	548点	531点	529点	547点	538点
	OECD平均	500点	500点	500点	501点	501点	493点
	全参加国中の順位	2位／32か国	2位／41か国	6位／57か国	5位／65か国	4位／65か国	2位／72か国

出典：文部科学省「PISA（OECD生徒の学習到達度調査）」各年をもとに作成

2003年の調査で数学的リテラシー、読解力で大きく順位を下げました（図表14-1）。このことをPISAショックといいます。さらに、2006年の調査でも、数学的リテラシー、科学的リテラシーともに一層順位が下がりました。このような学力低下の原因は、子どもに自律的な時間を与えすぎた「ゆとり」教育にあると考えられ、教育改革すなわち「脱ゆとり」に方向転換をしていくきっかけとなりました。

　PISAショックを受けて、わが国の教育において、思考力・判断力・表現力等を問う読解力や記述式問題、知識・技術を活用する問題に課題があること、読解力で成績分布の分散が拡大しており、その背景に家庭での学習時間などの学習意欲、学習習慣・生活習慣の課題があること、自信の欠如や将来への不安、体力の低下といった課題があることなどがあげられました。そこで2005（平成17）年に、文部科学大臣が中央教育審議会に、国の教育課程の基準全体の見直しを諮問しました。

　さらに、教育課程の問題に加えて、1947（昭和22）年に制定された「教育基本法」の改正も検討されることになりました。それらは、少子高齢化・高度情報化社会等が一層進み、日本の社会はどのような方向へ進むのか、「知識基盤社会」というキーワードに代表されるように、21世紀を迎え新しい知識・情報・技術が社会の諸活動の基盤になり、それらのことにいかに対応するのかに関する検討です。そのほかにも、制定からすでに半世紀が過ぎて時代に対応していないとの指摘や、子どものモラルの低下への対応などについて検討がなされました。1947（昭和22）年の制定後、初めて2006（平成18）年に「教育基本法」が改正されました。主たる改正点としては、道徳教育への言及、愛国心への言及、普通教育の年数の削除、教員の養成や研修への言及、教育が法律に基づいて行われる旨の明示などが柱となっています。この改正については、その是非を含め、多様な議論が起こりました。

■2 ■「教育基本法」と教育課程の改正

　「教育基本法」の改正にともない、2007（平成19）年には**教育三法**＊が改正されました。2005（平成17）年に、文部科学大臣が中央教育審議会に国の教育課程の基準全体の見直しを諮問したことに対して、2008（平成20）年に「幼稚園、小学校、中学校、高等学校及び特別支援学校の学習指導要領等の改善について」として答申が出されました。答申の基本的な方針は、次の7点です。

✳ 用語解説
教育三法
「学校教育法」「地方教育行政の組織及び運営に関する法律」「教育職員免許法及び教育公務員特例法」の3つの法律。

①改正教育基本法等を踏まえた改訂

　　（教育基本法の改正によりこれからの教育の新しい理念が示されることとなり、新たに義務教育の目標が定められ、各学校段階の目的・目標規定が改訂）

②「生きる力」という理念の共有

③基礎的・基本的な知識・技術の習得

　　（小学校低学年・中学年において体験的な理解や繰り返し学習の重視）

④思考力・判断力・表現力等の育成

　　（観察・実験、レポートの作成、論述などの知識・技能の活用を図る学習活動を充実させ、言語に関する能力育成を求める。たとえば、小学校低学年・中学年の国語科においては、音読・暗唱、漢字の読み書きなどの基礎的な力を定着させることを求める。各教科等においては、記録、要約、説明、論述等の学習活動の充実を求める）

⑤確かな学力を確立するために必要な授業時間数の確保

⑥学習意欲の向上や学習習慣の確立

⑦豊かな心や健やかな体の育成のための指導の充実

　　（徳育や体育の充実を求める。その他、言語に関する能力の重視や体験活動の充実も求める）

　これらの基本方針を受けて、小学校教育では、第5・6学年に「外国語」活動を新設、年間授業時数を第1学年で68時間、第2学年で70時間、第3〜6学年で35時間の増加（国語、算数、理科等が増加、総合的な学習の時間は縮減）などが行われました。また、児童の言語活動の充実、見通しをたてたり・振り返ったりする学習活動の重視、障害のある児童の指導、情報教育の充実、基本的な操作（文字入力）と情報モラルが、指導計画作成時の配慮すべき事項としてあげられました。

　幼稚園教育では、次の2点が方針として示されました。

　1．幼稚園教育については、近年の子どもたちの育ちの変化や社会の変化に対応し、発達や学びの連続性及び幼稚園での生活と家庭などでの生活の連続性を確保し、計画的に環境を構成することを通じて、幼児の健やかな成長を促す。

　2．子育て支援と教育課程に係る教育時間の終了後等に行う教

> 育活動については、その活動の内容や意義を明確化する。ま
> た、教育課程に係る教育時間終了後等に行う教育活動につい
> ては、幼稚園における教育活動として適切な活動となるよう
> にする。

　このような方針が「幼稚園教育要領」（2008［平成20］年3月公示）
に反映され、その後現在の「幼稚園教育要領」（2017［平成29］年3月
公示）にも受け継がれています。

　PISA調査に関しては、その後、2012年の調査では、2009年より順位
も得点も大幅にアップし、学力回復傾向が鮮明になりました。2015年
の調査でも、分野により異なりますが、一定の順位を保持することがで
き、「脱ゆとり」の施策や教育課程改定などの効果だとする声があがり、
現在に至っています。わが国の教育カリキュラムは、「ゆとり」と「詰
め込み」の間を交互にゆれ返すという振り子の状況にあります。

　PISA調査に代表されるように、数字で教育の成果、学力を把握しよ
うとする試みは、大勢の人の納得を得やすいものです。偏差値至上主義
なども同じ考え方だといえます。確かに、学力の一面、教育効果の一面
を計ることは可能でしょうが、全人的な教育の観点から教育全体の質を
いかに計るのかといったことについては、今後の課題でもあります。

3 　教育の質を評価するツール

　近年、世界的にさまざまな評価ツールを用いて教育の質を評価し
ようとする試みが行われています。たとえばECERS/ECERS-S*、
CLASS*、CIS/SICS*などがその代表です。

　わが国においても各種評価ツールの検証が行われています。たとえば、
構造的要因と過程的要因に類型化し、それぞれを具体的にとらえ、測定
や記述評価する必要があります。構造的要因とは、クラスの規模や教師
の教育歴などといったことで数量的に把握しやすい指標です。これに比
べ、子どもの発達に直接的な影響を及ぼす過程的要因は、子どもと教師、
子ども同士、教師と保護者、教師同士のやりとりが中心で、観察や評定
が困難な指標です。この教育の過程的要因をいかに観察し評価するか
が、教育の質の向上につながると考えられます。そのほか、ルーブリッ
ク評価や教育を質的に評価することも必要です。ルーブリックによる評
価とは「パフォーマンスの成功の度合いを示す尺度と、それぞれの尺度
に見られるパフォーマンスの特徴を説明する記述語で構成される、評価
基準の記述形式」の教育評価ツールです。アメリカで開発され、わが国

✳ 用語解説

ECERS/ECERS-S
ハームス（Harms, T.）ら
によって開発された教育
環境評価スケール（Early
Childhood Environmental
Rating Scale）であり、教
育環境を空間と家具配置、
日常的な個人のケア、言語
－推理、活動、相互作用、
教育の構造、保護者と保育
者の7項目を観察・質問す
ることで評点する数量的評
価方法である。ECERS-S
はその改良版である。

CLASS
ピアンタ（Pianta, R. C.）
によって開発された評
価システム（Classroom
Assessment Scoring
Sytem）である。ECERS/
ECERS-Sとは異なり、教
材や環境、安全性、特定の
カリキュラムといった構造
的な質に焦点を当てるので
はなく、教師と子どもの
相互作用が評価の対象で
あり、教育的営みに重点
をおく評価システムである。

CIS/SICS
ラヴァース（Laevers, F.）
が作成した評価の尺度
（Child Involvement Scale）
であり、一人ひとりの子ど
もの主体的経験を評価対象
にしているところに特徴が
ある。SICSはその自己評
価版である。

においても多くの高等教育機関が導入・活用し、現在では初等教育の場でも一定の評価を得ています。ルーブリックによる評価は、パフォーマンスの評価に適していて、その意味で幼児教育・保育の質の評価にも役立つと考えられます。教育の質を評価するには、単に成績や学力に着目するのではなく、現在の社会の一員としてルールを身につける「社会化」、子どもの個性、特徴を十分に発揮させる「個性化」の過程も視野に入れて、多元的に教育をとらえていく態度が必要となるでしょう。

　教育を展開していくのは子どもと教師ですが、キーパーソンとなる教師がどのような考え方をしているのか、行動をとるのかが、教育の質に大きな影響を与えていくのは確かです。教育の質の向上を図るためには、顕在的・潜在的側面について教師が主体的に自ら、または組織的に教育に関する認識、それにともなう行動を検証していくことも求められます。

3.　学校における格差の再生産

　複雑な知識の体系を授ける学校教育というものは、現在の社会を平等化するのに役立っているのか、それとも地位や報酬の格差をつくり上げるのに役立っているのかという大きな命題があります。

　ブルデュー[*]は、文化的再生産論という考え方から答えを導き出そうとしました。ブルデューは、社会における階級的格差がどのように形成され、その構造がどのように社会において正当化されていくかということを、教育という観点に注目し、分析を行いました。具体的には、フランスでは、法的に平等な教育機会が保障されているにもかかわらず、大学以上の高等教育機関への進学に関して、中産階級の子どもと労働者階級の子どもの進学者数の間に明らかな階級間格差が生じていると指摘しています。ブルデューは、この原因を「文化資本（ハビトゥス）」の格差にあると考えました。文化資本の代表的なものとして言語資本があります。日常的に使用される言語体系（「言語コード」）のことです。家族によって用いられる言語資本は、家族の階級的地位によって異なっており、中産階級以上の言語は抽象的、形式主義、婉曲語法を特徴としているのに対して、労働者階級の言語は個別特殊的、具体直接的な特徴をもっているとブルデューは考えました。学校文化のなかでは中産階級以上の言語体系が一般的なものとして受け入れられている現実があります。そのような言語体系での教育は、労働者階級の子どもたちに戸惑いを与え、さらには理解力にまで影響していると彼は考えたのです。一見すると中

人物
ブルデュー
（Bourdieu, P.）
1930〜2002年
フランスの社会学者。コレージュ・ド・フランス名誉教授。哲学から文学理論、社会学、人類学など研究分野は幅広い。著書に『ディスタンクシオン』などがある。

立的で民主的な学校という枠組みは、実際は中産階級優位の環境であり、知らず知らずに選別が起こり、しかもそれが結果として社会的に正当化されていることを指摘したのです。言語や文化を身につけることは、きわめて後天的なことですが、社会のなかにおいて、それらは特定の階級内で繰り返し再生産され、その結果、不平等な階級格差も再生産されていくと指摘したのです。教育の格差という課題について、文化的再生産という視点から解明しようとしたのです。

このような傾向は、わが国においてもみられるものです。たとえば、保護者の年収別による子どもの学力や大学進学率などは、やはり大きく異なります。保護者の収入により、子どもの教育機会に不均衡が生じているのです。そのことに学校が寄与しているというような状況は、早急に解決しなければならない課題です。

4．わが国の教師の現状と課題

学校教育が再生産の機能を果たしていることは、前述したとおりです。なかでも、教師は文化的再生産の基点となっているなど重要な役割を果たしています。その意味で、教師がどのような状況で教育に関わっているのかが問題となります。教育の質の向上のためには、教師の質の向上がその前提となります。しかし、わが国の教師は世界一忙しいといわれます。2014年にOECDが発表したTALIS（Teaching and Learning International Survey：国際教員指導環境調査）によると、参加国・地

図表 14-2　1 週間あたりの勤務時間

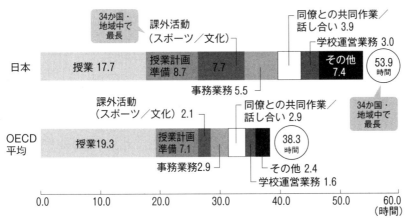

出典：OECD「国際教員指導環境調査（TALIS）」2013年調査をもとに作成

域の中学教師の平均勤務時間が1週間で38.3時間だったのに対し、日本は約1.4倍の53.9時間で最長でした。勤務の内容をくわしくみてみると、授業時間は参加国平均と同程度でしたが、部活に代表される課外活動（スポーツ・文化活動）の指導時間が特に長く、事務業務、授業の計画・準備時間も長いことが明らかとなりました（図表14-2）。欧米を中心とするほかの先進国の教師の仕事は教科を教えるだけなのに対し、わが国の教師の仕事は生活指導や部活なども担うオールラウンド型であることが負担を大きくしている要因です。1クラスの生徒数も、2015年調査でOECD諸国の平均が約23人なのに対し、日本は32人と約3割多いという現状があります。さらに、10年ほど前から学校現場に導入されたPDCAサイクルという考え方が、書類作成、調査、会議を増やし、教師の多忙に拍車をかけているとの指摘もあります。

　文部科学省は、学校現場における業務の適正化に向け、教師の事務作業を補助するアシスタント配置の検討や、調査の削減、スクールカウンセラーやソーシャルワーカー拡充などの方針を打ち出しています。その一方で、小学校の英語教育拡充なども打ち出され、教師がさらに多忙を極めるのは、避けられない状況です。その背景には、わが国は、国際的にみても教育予算が少なすぎることも要因としてあるかもしれません。まずはOECD諸国並みの少人数学級を実現する努力が必要です。教育予算を増やして、教師が働きやすい環境を構築していかなければ、教師の多忙問題を解決することは不可能です。

5．教師のワーク・ライフ・バランス

　教育の質は、教師の質と直結しているといっても過言ではありません。そこで必要となってくるのが、教師のワーク・ライフ・バランスです。

　ワーク・ライフ・バランスとは、仕事（ワーク）と生活（ライフ）の調和のことで、内閣府の『平成19年度版　男女共同参画白書』では、「男女がともに、人生の各段階において、仕事、家庭生活、地域生活、個人の自己啓発など、さまざまな活動について、自らの希望に沿った形で、バランスをとりながら展開できる状態のこと」だと定義されています。一生のうちで、現役時代には働きすぎ、退職後は余暇をもてあますような人生における時間配分を改めるという意味での、調和のとれた働き方を目指すものです。また、男性の正社員は労働時間が長く、家庭生活と家事参加の割合が非常に低いのに対して、女性は家庭において、もっぱ

ら家事・育児を任されてしまうため、希望する職場でのフルタイムの仕事に就くことが難しい状況を解消する方向として、仕事と生活の調和をとることも推奨されています。男女関係なく、個人として、社会のいろいろなレベルでの仕事と生活の調和を目指すものです。

このようなワーク・ライフ・バランスは、教師にとっても重要です。なぜなら、ワーク・ライフ・バランスは、仕事や生活の充実につながるものであるからです。毎日が楽しくない教師、仕事に行くのが嫌だと感じている教師の教育を受けて、子どもの生活が楽しくなるでしょうか。子どもは教師の不満や態度に気づき、学校での生活を楽しいものだと感じることはできないでしょう。なぜならば、教師の仕事や生活の充実度が再生産され、子どもに反映されるからです。

また、ワーク・ライフ・バランスがとれている教師とそうではない教師を比較した場合、バランスがとれている教師の教育の質は、そうではない場合よりも高いとの研究報告もあります。子どもの生活を楽しく充実したものにするためには、教師の生活が楽しく充実したものでなければならないのです。ここに教師のワーク・ライフ・バランスが重要であることの意味があります。

教師のワーク・ライフ・バランスを実現するためには、教師自身の意識変革も必要です。しかし、職場環境や雇用制度そのものにも改革が必要と考えられます。教師個人と学校や社会体制による両輪の対応が必要となります。

6．教師の成長のために必要なこと

ワーク・ライフ・バランス以外にも、教師が教育の質を高め、自分自身が成長するためには、多くの努力が必要となります。

校内・校外をはじめ、多くの研修が実施されています。教育理論を学ぶもの、教育制度の変更にともなう説明会、実践的な教授技術に関するものなど、多様な内容の研修があります。勤務年数が長くなり教師として成長するにつれて、必要な知識や力量は高度になるので、自己研修を起点とし、さらに研修の「場」を利用して効果的に資質を高めていくことは必要です。教育の理論・専門的知識や技術については、大学教員や専門家などの教授・指導を受ける研修も有効でしょう。

教師に求められる資質向上は、教育の専門的知識・技術のみではありません。子どもの現状と子どもを取り巻く社会の動向を無視して、教育

は実践できません。教師が社会的な視野をもつことも教師の資質向上につながります。現在の教育ニーズは多様化しているといわれています。地域との協同的な取り組みも要請されています。このような多様化した教育ニーズの背景には、社会の変化があります。社会の変化を反映して、教育ニーズも変化してきたのです。社会の変化を理解しないままでは、教育ニーズに十分に応えることはできません。

　また、政治や、それに関連する行政の動きを知ることなしに進める教育も、子どもを真に援助しているとはいえません。教育に対する補助政策や、クラス編成に関わる法令等の改正など、教育に具体的に関わる事項も数多く議論されている現実があり、これらにも眼を向けていく必要があります。教師にとって、教職の専門性を確立することは重要ですが、社会人として社会の状況に敏感になることも同様に重要です。この2つは、車の両輪のような関係にあり、一方だけが機能していても、目的の方向へ進んでいくことは困難です。両方が適切に、バランスよく働くことにより、目的の方向へ進んでいくことができます。子どもを望ましい方向へ育てていくためには、教職の専門性の確立と社会的視野の両方が必要となります。

　加えて、教育実践を研究の対象とする力量も必要となるでしょう。日々繰り返し行われている日常的な教育活動や教育内容などを取り上げて、いろいろな角度から見直し、多角的に検討する態度です。今までの教育の考え方、方法や内容を、必要に応じて修正し、新たに仮説を立てて実践し効果性を立証していかなければなりません。教育実践の過程において、解決を必要とする問題は山積みになっています。それらが研究の対象として教師に認識されていなければ、教育の改善は進みません。何が問題なのかを可視化することは、問題解決の前提となります。みえない問題や隠された問題を可視化する力が、教育実践を研究の対象とする力量であり、これも教師に求められる力です。教育に関わるさまざまな問題をまず明確にして、そこから解決策を導く態度を培っていかなければなりません。

　また、自治体や学校が、専門職としての教師のキャリアパスを作成し、提示することも必要です。キャリアパスとは、昇進・昇格のモデル、あるいはその人が最終的に目指すべき仕事上のゴールまでの道筋のモデル、仕事における専門性を極める領域に達するまでの基本的なパターンのことをいいます。一般に、企業がキャリアパスを示すことで、従業員は中長期的にどのようなスキルや専門性を身につけていくべきかを理解するのです。そのことは同時に、自分の目指すべき道を自分で考える材料と

もなり、自己啓発意識の醸成やモチベーションの向上につながるとされます。キャリアパスは、組織における役職や職務に関わる客観的な側面、個人の価値観やモチベーションの変化などの主観的な側面の両方を含み、やりがいにもつながるのです。

　教師にも、より専門性を高め、生涯をかけてどのように成長していくのかという目指すべきモデルをイメージできることが、キャリア形成において重要な意味をもってきます。また、このような教師が成長していく環境を、学校や保護者、自治体、社会が構築していくことが必要となります。一見すると遠回りにみえるかもしれませんが、そのことが子どもの健全な成長、学力向上等に寄与するのです。

　教師からは、実際に有意義な研修であっても、参加する時間をとることが難しいとの声を聞くことが多いのも現実です。日々の仕事に追われ、研修などで自らの専門性を高めることが難しい現状もあります。ただ、子どもの健全な成長を促すためにも教師の成長は欠かすことのできないものであり、学校内外と協力しながら積極的に研修の時間を確保することが、今後ますます必要となってきます。

　教師は、教育に関する専門性を確立し、社会的視野や、教育実践を研究の対象とする力量などをバランスよく有することを目指し、学校や社会・地域がその環境を整えることが、教師の資質向上につながっていきます。

演 習 課 題

①2006年の「教育基本法」の改正の内容、およびその是非について、どのような議論が行われたのかについて調べてみましょう。

②教師のワーク・ライフ・バランスを実現するためには、どのような施策や方法が有効であるかを、グループで話し合ってみましょう。

③このレッスンで取り上げていること以外に、わが国には現在どのような教育課題があるのかを調べ、その背景・原因を探り、解決の方策について意見を交換してみましょう。

今後の教育の展望と課題

このレッスンでは、幼児教育を視点に、今後の教育の展望と課題について考えていきます。学校教育という体系のなかで幼児教育をとらえていく意味、幼児教育を充実させるための方策、教師・保育者が知っておくべき概念・言葉を検証することにより、教育の方向性を見極める力を育てていきます。

1. 学校教育の一貫した流れのなかでの幼児教育の課題の顕在化

　ここまで生涯学習社会を構築するための教育の現状と課題について学んできました。教育という営みのなかでも、人格形成に大きな影響力をもつ幼児教育に絞って、これからどのように教育を展開していくのか、そのときに何が問題となるのかについて考えてみたいと思います。

　少子化、核家族化に代表されるような社会構造や家庭・地域社会の変化にともない、子どもの育ちそのものも変化しています。子どもの生活体験の不足、友だちと十分に関わって活動する体験の不足、話の理解や言葉による伝え合いの体験の不足などが課題であるとの指摘があります。今まで以上に、幼児教育の質が問われるようになっています。

　子どもを取り巻く環境や制度も大きく変わろうとしています。代表的なものが、2015（平成27）年4月に開始となった「**子ども・子育て支援新制度**[*]」です。保護者の保育料の負担や認定こども園化、幼稚園の預かり保育の拡充など、集団施設保育のあり方もこれまでとは変わってきています。

　このような課題や変化に対応するためには、幼児期の教育のあり方のみを検討するだけでは不十分です。学校教育の一貫した流れのなかで、幼児教育の充実を図るという視点が必要です。教育改革全体の課題として、幼児教育も取り上げられる必要があります。これまでも幼稚園教育と小学校教育との接続は、子どもや教員の交流のレベルでは進んできているものの、教育観のすり合わせや教育課程の接続が十分ではないなどの課題がありました。今後はこのような課題を克服したうえで、幼児教育から小中高校という学校教育体系における一貫性が重視されます。

　あわせて、保育所・幼稚園・認定こども園の関係においては、幼児教育を担う各施設の教育内容について、できるだけ共通化を図ることも求

✚ 用語解説

子ども・子育て支援新制度
2012（平成24）年8月に成立した「子ども・子育て支援法」「認定こども園法の一部改正」「子ども・子育て支援法及び認定こども園法の一部改正法の施行に伴う関係法律の整備等に関する法律」の子ども・子育て関連3法に基づく制度。

められます。保育所においては、3歳未満児の利用増加に対応して、乳児や1歳以上3歳未満児の内容を充実させることを目指すということも必要となります。

　保育所・幼稚園・認定こども園という横の連携に加え、小学校期・中学・高校期とのタテの連続性のなかで、子どもの育ちをとらえるという態度および、幼児教育への一層の注目に応えるための方策が求められています。

2.　幼児教育振興のための法整備

　幼児教育への注目に応えるために、幼児教育の充実や無償化等を目指す幼児教育振興法案が検討されています。この法案は、幼児教育の無償化、都道府県幼児教育センターの設置、市町村幼児教育アドバイザーの確保など、幼児教育の振興に関するいろいろな施策についての根拠となる法案です。この法案により、幼児教育の振興に大きな弾みがつくことになります。

1　基本理念
　この法案は、幼児教育の振興を図ることが目的であり、対象は、幼児教育の機能を有する施設という表現で、保育所・幼稚園・認定こども園を対象としています。基本理念として、以下のことがあげられています。

---

①幼児教育の水準の維持向上が図られること
②全ての子供がひとしく幼児教育を受けることができるような
　環境の整備が図られること
③障害のある子供がその特性を踏まえた十分な幼児教育を受け
　られるよう配慮されること
④幼児教育と小学校における教育との円滑な接続に配慮される
　こと
⑤幼児教育に携わる者の自主性が十分に尊重されること

　この理念を具体化するために、政府が、幼児教育の振興に関する基本的な方向や目標、施策などを盛り込んだ基本方針を策定し、地方公共団体が努力義務として地方幼児教育振興基本方針を策定するように求めています。これまで文部科学省は、幼児教育振興プログラム（2001〜

2005年)、幼児教育振興アクションプログラム（2006〜2010年）などを策定し、都道府県等にも地方版のプログラム策定を求めてきましたが、法的根拠が明確ではなかったため、地方により取り組みにバラツキがありました。「幼児教育振興法」により、努力義務とはいえ都道府県・市長村の地方版基本方針の策定は進むと考えられます。

2　基本的施策

法案の中心となる基本的施策として、次の7つがあげられています。

---

①幼児教育の内容・方法の改善・充実
②人材の確保
③質の評価の促進
④家庭・地域における幼児教育の支援
⑤国における調査研究の推進
⑥地方公共団体における幼児教育の振興に関する施策の実施体
　制の整備
⑦無償化の推進

このうち①「幼児教育の内容・方法の改善・充実」については、幼児教育施設における1クラス当たりの人数を含む幼児教育の基準や施設設備の見直し、参考資料の情報の提供、教材の開発など、必要な施策を計画するように国や地方公共団体に求めています。

また、保育士不足に代表されるような人材難の状況を踏まえて、②「人材の確保」が法案にも盛り込まれています。公立以外の私立施設を中心に、教職員の確保・養成・資質向上を図るために、待遇の改善、適切な配置、研修の充実、その他必要な取り組みの実施を求めています。

さらに、③の質の評価についても、必要な手法の開発およびその成果の普及などの施策を講じ、評価の促進に努めるように求めています。幼稚園の場合、すでに自己評価が義務化され、学校関係者評価が努力義務とされていることから、第三者評価の導入を見据えていると考えられています。

⑥「地方公共団体における幼児教育の振興に関する施策の実施体制の整備」では、市町村に対して、幼児教育に対し専門的な知識または技能に基づき、助言その他の支援を行う者の確保等に努めるものとすると規定しています。地域レベルでの幼児教育の振興を図るために、市町村にいわゆる**幼児教育アドバイザー**[*]を確保し、配置するように求めています。

✳ 用語解説
幼児教育アドバイザー
幼児教育の専門的な知見や豊富な実践経験をもち、域内の幼児教育施設等を巡回して、教育内容や指導方法、環境の改善等について指導を行う者のこと。

都道府県に対しては、各市町村に通ずる広域的な見地から、幼児教育に関する調査研究、幼児教育に携わる者の研修や、市町村や幼児教育施設に対する情報提供・助言などを総合的に実施するための拠点としての機能を担う体制の設備として、**幼児教育センター**[*]を設置するように求めています。

　⑦の幼児教育の無償化については、子ども・子育て支援法の一部改正により、2019（令和元）年10月から実施されることになりました。幼児教育の無償化に伴い、新たな保育需要が増えるのか等、今後の幼児教育の在り方、制度への影響を注視していく必要があります。

　また、「幼児教育振興法」のような教育政策にとどまらず、わが国の公的な教育費を増加させることも必要となります。OECDの調査では、国内総生産（GDP）に占める教育機関への公的支出の割合は、2015年では2.9％で、わが国は加盟国のなかで最低のランクです。少ない公的支出を私費負担で補い教育を支えているというわが国の現状が、ここからも読み取れます。「幼児教育振興法案」で議論されている幼児教育の無償化も、公的支出の不足で実現は不透明です。私費負担で教育費をまかなえない家庭との教育格差は、今後拡大するばかりでしょう。それぞれの園、家庭の努力だけではどうにもならない格差を解消するための国レベルの対応も急務です。

3. 幼児教育において育みたい資質・能力

　これまで述べてきたように幼児教育は、生涯にわたる人格形成の基礎を築くことを促す重要なものであるという考えのもと、質の高い幼児教育を実践することが求められています。このレッスンの冒頭で述べたように学校教育の一貫した流れのなかで幼児教育をどのように位置づけるのか、子どもをどのようにとらえるのか、どのようなキーワード、概念を理解することが必要なのかを考えてみたいと思います。

　幼児期は、子ども一人ひとりが異なる家庭環境や生活経験のなかで、自分が親しんだ具体的な"もの"や"こと"を手がかりにして、自分自身のイメージを形成し、それに基づいて物事を感じ取ったり気づいたりする時期です。そのため、子どもが世界をどのようにとらえるのかという「見方・考え方」が大切です。

　幼児教育において「育みたい資質・能力」を明確にするために、まず、子どもはどのように世界をとらえるのかという、「見方・考え方」を整

✳ **用語解説**

幼児教育センター
都道府県等が広域に、幼児教育の内容・指導方法等に関する調査研究を行ったり、幼稚園教諭・保育士・保育教諭や幼児教育アドバイザーに対する研修機会の提供や相談業務、市区町村や幼児教育施設に対する助言・情報提供等を行う地域の拠点のこと。

理しなければなりません。「見方・考え方」は、子どもがそれぞれの発達に即しながら身近な環境に主体的に関わり、心動かされる体験を重ね、遊びが発展し生活が広がるなかで、環境との関わり方や意味に気づき、これらを取り込もうとして、諸感覚を働かせながら、試行錯誤したり、思いめぐらしたりすることだととらえます。思いめぐらすという表現は、単に考えたり、思うだけではない、子どもの学びのプロセスを表しています。このようなさまざまな体験を通して培われた「見方・考え方」は、小学校以降において、各教科等の「見方・考え方」の基礎になるとともに、これらを統合化することの基礎ともなるものです。

　このような「見方・考え方」を踏まえつつ「高等学校を卒業する段階で身に付けておくべきことは何か」「義務教育を終える段階で身に付けておくべき力は何か」といった視点から、小学校以降の各教科との関係性を考慮し、幼児期において育みたい資質・能力として整理されたのが以下のものです。

---

①知識及び技能の基礎（豊かな体験を通じて、子どもが自ら感じたり、気付いたり、分かったり、できるようになったりすること）

②思考力、判断力、表現力等の基礎（気付いたことや、できるようになったことなどを使い、考えたり、試したり、工夫したり、表現したりすること）

③学びに向かう力、人間性等（心情、意欲、態度が育つ中で、よりよい生活を営もうとすること）

　幼児教育において、小学校以降の資質・能力の基礎的なものが育成されるということです。ただ、これらの資質・能力は、個別に取り出して身につけていくものではありません。遊びを通しての総合的な指導を行うなかで、「知識及び技能の基礎」「思考力、判断力、表現力等の基礎」「学びに向かう力、人間性等」を一体的に育んでいくことが重要です。

　5領域の内容を踏まえ、具体的に示したものが、「幼児期の終わりまでに育ってほしい姿[1]」です（図表15-1）。これは、保育者が指導し、子どもが身につけていくことが望まれるものを選び出し、具体的な姿として整理したものです。それぞれの項目は、個別に取り出し、指導していくものではありません。幼児教育の基本は環境を通して行うものであり、とりわけ幼児の主体的な活動としての遊びを通してこれらの姿が育っていくことに配慮しながら、教育を行う必要があります。

▶ 出典
†1 「幼稚園教育要領」
第1章第2

　また、「幼児期の終わりまでに育ってほしい姿」は、5歳児だけでなく、3歳児、4歳児においても、これをイメージしながら指導が行われる必要があります。3歳児、4歳児それぞれの時期にふさわしい指導の積み重ねが、やがてこの「幼児期の終わりまでに育ってほしい姿」につながっていくのです。

　さらに、「幼児期の終わりまでに育ってほしい姿」は、5歳児後半の評価の基準ともなるものです。幼稚園等と小学校の教師の間で5歳児修了時の姿が共有化されることにより、幼児教育と小学校教育との接続の一層の強化が図られることが期待できます。小学校の各教科等においても、幼児期の終わりまでに育った姿が発揮できるよう工夫をしながら、短時間学習なども含めた工夫を行うことにより、幼児期に育まれた「見方・考え方」や資質・能力を、徐々に各教科等の特質に応じた学びにつなげていく必要があります。

図表 15－1 「幼児期の終わりまでに育ってほしい姿」

（1）健康な心と体
　　幼稚園等の生活の中で、充実感をもって自分のやりたいことに向かって心と体を十分に働かせ、見通しをもって行動し、自ら健康で安全な生活をつくり出すようになる。
（2）自立心
　　身近な環境に主体的に関わり様々な活動を楽しむ中で、しなければならないことを自覚し、自分の力で行うために考えたり、工夫したりしながら、諦めずにやり遂げることで達成感を味わい、自信をもって行動するようになる。
（3）協同性
　　友達と関わる中で、互いの思いや考えなどを共有し、共通の目的の実現に向けて、考えたり、工夫したり、協力したりし、充実感をもってやり遂げるようになる。
（4）道徳性・規範意識の芽生え
　　友達と様々な体験を重ねる中で、してよいことや悪いことが分かり、自分の行動を振り返ったり、友達の気持ちに共感したりし、相手の立場に立って行動するようになる。また、きまりを守る必要性が分かり、自分の気持ちを調整し、友達と折り合いを付けながら、きまりをつくったり守ったりするようになる。
（5）社会生活との関わり
　　家族を大切にしようとする気持ちをもつとともに、地域の身近な人と触れ合う中で、人との様々な関わり方に気付き、相手の気持ちを考えて関わり、自分が役に立つ喜びを感じ、地域に親しみをもつようになる。また、保育所内外の様々な環境に関わる中で、遊びや生活に必要な情報を取り入れ、情報に基づき判断したり、情報を伝え合ったり、活用したりするなど、情報を役立てながら活動するようになるとともに、公共の施設を大切に利用するなどして、社会とのつながりなどを意識するようになる。
（6）思考力の芽生え
　　身近な事象に積極的に関わる中で、物の性質や仕組みなどを感じ取ったり、気付いたりし、考えたり、予想したり、工夫したりするなど、多様な関わりを楽しむようになる。また、友達の様々な考えに触れる中で、自分と異なる考えがあることに気付き、自ら判断したり、考え直したり、新しい考えを生み出す喜びを味わいながら、自分の考えをよりよいものにするようになる。

（7）自然との関わり・生命尊重

　　自然に触れて感動する体験を通して、自然の変化などを感じ取り、好奇心や探究心をもって考え言葉などで表しながら、身近な事象への関心が高まるとともに、自然への愛情や畏敬の念をもつようになる。また、身近な動植物に心を動かされる中で、生命の不思議さや尊さに気付き、身近な動植物への接し方を考え、命あるものとしていたわり、大切にする気持ちをもって関わるようになる。

（8）数量や図形、文字などへの関心・感覚

　　遊びや生活の中で、数量や図形、標識や文字などに親しむ体験を重ねたり、標識や文字の役割に気付いたりし、自らの必要感に基づきこれらを活用し、興味や関心、感覚をもつようになる。

（9）言葉による伝え合い

　　先生や友達と心を通わせる中で、絵本や物語などに親しみながら、豊かな言葉や表現を身に付け、経験したことや考えたことなどを言葉で伝えたり、相手の話を注意して聞いたりし、言葉による伝え合いを楽しむようになる。

（10）豊かな感性と表現

　　心を動かす出来事などに触れ感性を働かせる中で、様々な素材の特徴や表現の仕方などに気付き、感じたことや考えたことを自分で表現したり、友達同士で表現する過程を楽しんだりし、表現する喜びを味わい、意欲をもつようになる。

4.　今後の幼児教育の展望と課題

　最後に、いくつかのキーワードから、今後の幼児教育の具体的な展望と課題を考えていきます。

1　カリキュラム・マネジメント

　幼児教育の質の向上・充実のためには、施設運営全体のなかでカリキュラムを見直すことが必要です。子どもの姿や地域の実情に応じて教育課程に代表されるカリキュラムを編成し、実施・評価し、改善していくことを、「カリキュラム・マネジメント」といいます。幼児教育では教科書がなく、環境を通して教育を行うことが基本です。家庭との関係が強く、幼稚園等における預かり保育、子育て支援などの通常の教育課程外の活動が幅広く行われているため、カリキュラム・マネジメントの重要性も一層高いものとなります。

　特に以下の3点が重要だと考えられています[2]。

①各領域のねらいを相互に関連させ、「幼児期の終わりまでに育ってほしい姿」や小学校の学びを念頭に置きながら、幼児の調和の取れた発達を目指し、幼稚園等の教育目標等を踏まえた総合的な視点で、その目標の達成のために必要な具体的なねらいや内容を組織すること。

②教育内容の質の向上に向けて、幼児の姿や就学後の状況、家庭や地域

▶出典
†2　文部科学省幼児教育部会「幼児部会における審議の取りまとめ（報告）」2016年

　　の現状等に基づき、教育課程を編成し、実施し、評価して改善を図る
　　一連のPDCAサイクルを確立すること。
③教育内容と、教育活動に必要な人的・物的資源等を、家庭や地域の外
　　部の資源も含めて活用しながら効果的に組み合わせること。

　このような3つの側面からカリキュラムをとらえることは、従来の幼
児教育においても実際に行われてきました。しかし、これまで以上に上
記の3つの側面を認識し、意識的に徹底した「カリキュラム・マネジメ
ント」の機能を発揮することが求められているのです。子どもの実態を
踏まえた最も適切なカリキュラムを編成し、家庭等の協力を得ながら改
善・充実を図っていくことを目指していかなければなりません。

2　アクティブ・ラーニング

　今後の教育に求められる課題の一つに「どのように学ぶのか」という
問題があります。この課題については、「アクティブ・ラーニング」と
いう視点が重要だと考えられています。
　アクティブ・ラーニングとは、「教員による一方向的な講義形式の教
育とは異なり、学修者の能動的な学修への参加を取り入れた教授・学習
法の総称。学修者が能動的に学修することによって、認知的、倫理的、
社会的能力、教養、知識、経験を含めた汎用的能力の育成を図る。発見
学習、問題解決学習、体験学習、調査学習等が含まれるが、教室内での
グループ・ディスカッション、ディベート、グループ・ワーク等も有効
なアクティブ・ラーニングの方法である[3]」と定義されています。教師
からの一方的な知識の伝達ではなく、学ぶ側の意欲やモチベーションを
高める方法が重要だということです。
　具体的には、①問題発見・解決を念頭に置いた深い学びの過程、②他
者との協同や他者との相互作用などを通じた対話的な学びの過程、③子
どもたちが見通しをもって取り組み、振り返る、主体的な学びの過程の
実現を目指しています。
　アクティブ・ラーニングの推進とは、「主体的・対話的で深い学び」
の充実と言い換えることが可能です。幼児期において「深い学び」とは、
対象と関わって心を動かし、試行錯誤を繰り返すなかで、生活を意味あ
るものとしてとらえる姿です。「対話的な学び」は、伝え合い、考えを
出し合い、協力し合いながら、自らの考えを広げ、深める姿です。「主
体的な学び」とは、周囲の環境に積極的に働きかけ、見通しをもって粘
り強く取り組み、自らの遊びを振り返り、次につなげる姿ととらえられ

▶ **出典**
†3　文部科学省用語集
http://www.mext.go.jp/
component/b_menu/
shingi/toushin/__ics
Files/afieldfile/2012/10
/04/1325048_3.pdf

ます。アクティブ・ラーニングの考え方、手法は、これまでも幼児教育では当たり前に行われていたことです。子どもの意欲や主体性を重要視する幼児教育では、当たり前のことでした。小学校以降の学校段階で、アクティブ・ラーニングの実施を積極的に求めるということは、学校教育において一貫したとらえ方をしようとする表れです。これまでのアクティブ・ラーニングの手法を踏まえながら、教師・保育者がそのことを再度意識化することが重要となります。

3　非認知能力

　認知能力とは、いわゆる「読み・書き・計算」に象徴される理解、論理、判断などの知的能力のことで、学力やIQ、記憶力などで示すことが可能です。これに対して非認知能力の解釈は多様ですが、意欲や協調性、自制心、思いやり、自尊心、粘り強さ、忍耐力、他者理解などに代表されるような能力のことを指します。この非認知能力に近い考え方として、社会情動的スキルといわれるものもあります。両者の違いは明確にはされていませんが、OECDは、社会情動的スキルに関して①一貫した思考・感情・行動のパターンに発現し、②学校教育またはインフォーマルな学習によって発達させることができ、③個人の一生を通じて社会・経済的成果に重要な影響を与えるような個人の能力、として定義しています。具体的なイメージとしては、①目標を達成する力（忍耐力、意欲、自己制御など）、②他者と協働する力（協調性、信頼、共感など）、③情動を抑制する力（自尊心、自信、問題行動のリスクの低さ）であり、非認知能力と重なるものです。

　このような能力は、5つの基本的なパーソナリティ特性の側面に着目して、①外向性（外の世界に関心が向く、社交的で人と交わるのが好きかどうか）、②開放性（どれだけ開かれているか、新しい物事や考え方に対して開放的かどうか）、③協調性（周りに同調しやすいか、他者を基本的に信頼しているかどうか）、④勤勉性・誠実性（最後までやり遂げようとするか）、⑤神経症傾向・情緒安定性（外部の刺激に落ち着いて対応できるか、環境への適応性）といった特性で表されることもあります。

　認知能力については、学力テストやIQテストなどによって把握することができ、「できる・できない」というわかりやすさもあって、入学試験や入社試験をはじめ、人間の能力を測るものとして伝統的に重視されてきました。しかし、さまざまな調査研究によって、非認知能力は、学力や学歴、健康などにも影響を及ぼすことがわかってきました。非認

知能力が高いことが、認知能力の形成にも役立ち、社会的・経済的な成功に結びつきやすいと考えられるようになったのです。

　認知能力も非認知能力も、家庭環境や教育政策が大きく影響するといわれています。特に非認知能力については、家庭環境とともに乳幼児期の教育政策が重要であり、非認知能力を向上させるためには、就学前の教育が最も効率的・効果的だと考えられています。たとえば、家庭環境が良好でなくても、質の高い教育・保育を受けることでそれを補うことができると考えられるのです。

　また、先ほど小学校以上で育成すべき資質・能力を受けて、幼児教育において育みたい資質・能力は、①知識及び技能の基礎、②思考力、判断力、表現力等の基礎、③学びに向かう力、人間性等をあげましたが、それぞれ①認知能力、②応用力（認知能力を応用する力）、③非認知能力にあたると考えられます。認知能力・非認知能力をバランスよく子どもに育んでいくことが、その後の成長を促進し、充実した人生を送る前提となります。

　以上、今後の幼児教育の展望と課題を読み解くうえで重要だと考えられるキーワードについて考えてきました。このほかに、時代の進展や環境の変化にともない、新しい概念や考え方も必要となってくるでしょう。教育に関わる事象・考え方は、常に時代とともに変化していきます。教育の不易について深く理解しつつ、その変化に気づく力が、教育に携わる者には不可欠です。

演 習 課 題

①幼児教育から小中高校というように、学校教育体系における一貫性が重視されることの意義とメリットについて、みんなで話し合ってみましょう。

②幼児期の終わりまでに育ってほしい姿と小学校教育の各教科とはどのような関連性があるのかを、具体的に検討してみましょう。

③このレッスンには記されていない教育の課題にはどのようなものがあるのかを考え、グループで発表し、意見を交換してみましょう。

参考文献……………………………………………………………………………

レッスン13

中村香・三輪建二編著　『生涯学習社会の展開』　玉川大学出版部　2012年

三輪建二　『生涯学習の理論と実践』　放送大学教育振興会　2010年

レッスン14

小内透　『教育と不平等の社会理論——再生産論をこえて』　東信堂　2005年

佐藤和順　『保育者のワーク・ライフ・バランス——現状とその課題』　みらい　2014年

高橋陽一　『教育通義』　武蔵野美術大学出版局　2013年

山口一男・樋口美雄編　『論争　日本のワーク・ライフ・バランス』　日本経済新聞出版社　2008年

レッスン15

汐見稔幸・無藤隆監修　『〈平成30年施行〉保育所保育指針 幼稚園教育要領 幼保連携型認定こども園教育・保育要領 解説とポイント』　ミネルヴァ書房　2018年

無藤隆・汐見稔幸編　『イラストで読む！ 幼稚園教育要領 保育所保育指針 幼保連携型認定こども園教育・保育要領はやわかりBOOK』　学陽書房　2017年

おすすめの 1 冊

広田照幸・伊藤茂樹　『教育問題はなぜまちがって語られるのか？——「わかったつもり」からの脱却』　日本図書センター　2010年

教育問題を考える際に前提となる、「教育問題をどのように考えるべきか」というヒントを与えてくれる 1 冊。

さくいん

監修者

名須川知子（なすかわ ともこ）　兵庫教育大学 教授

大方美香（おおがた みか）　大阪総合保育大学 学長

執筆者紹介（執筆順、＊は編著者）

三宅茂夫＊（みやけ しげお）
担当：はじめに、第4章
神戸女子大学 教授
主著：『新・保育原理——すばらしき保育の世界へ（第4版）』（編著）　みらい　2018年
　　　『保育内容総論——保育所・幼稚園の保育内容の総合的理解と実践の探求』（編著）　あいり出版　2013年

田中亨胤（たなか ゆきたね）
担当：第1章
岐阜聖徳学園大学短期大学部 教授
主著：『教育・保育カリキュラム論（シリーズ 知のゆりかご）』（編著）　みらい　2019年
　　　『改訂 未来に生きる教育学——変動期の教育の構築』（編著）　あいり出版　2018年

西本　望（にしもと のぞむ）
担当：第2章
武庫川女子大学 教授
主著：『はじめて学ぶ教育課程』（共著）　ミネルヴァ書房　2016年
　　　『新しい保育・幼児教育方法』（共著）　ミネルヴァ書房　2013年

川村高弘（かわむら たかひろ）
担当：第3章
神戸女子短期大学 教授
主著：『哲学する保育原理』（共著）　教育情報出版　2018年
　　　『保育者論——子どものかたわらに（シリーズ 知のゆりかご）』（共著）　みらい　2017年

佐藤和順（さとう かずゆき）
担当：第5章
佛教大学 教授
主著：『保育者のワーク・ライフ・バランス——現状とその課題』（単著）　みらい　2014年
　　　『男女共同参画意識の芽生え——保育者から子どもへの再生産』（単著）　ふくろう出版　2010年

編集協力：株式会社桂樹社グループ
装画：後藤美月
本文イラスト：宮下やすこ
本文デザイン：中田聡美

MINERVA はじめて学ぶ保育②

教育原理

2020年1月10日　初版第1刷発行　　　　　　　　〈検印省略〉

定価はカバーに
表示しています

監 修 者	名須川 知 子
	大 方 美 香
編 著 者	三 宅 茂 夫
発 行 者	杉 田 啓 三
印 刷 者	坂 本 喜 杏

発行所　株式会社　ミネルヴァ書房
607-8494　京都市山科区日ノ岡堤谷町1
電話代表　(075) 581 - 5191
振替口座　01020 - 0 - 8076

© 三宅ほか, 2020　　　　冨山房インターナショナル

ISBN978-4-623-07963-6
Printed in Japan

名須川知子／大方美香 監修

MINERVAはじめて学ぶ保育

全12巻／B5判／美装カバー

（定価のないものは続刊）